本书得到成都信息工程大学研究生处2024年学位与研究生教育教学改革重大项目（项目批准号：CUITGOMP202401）的支持

# 审计理论与实务
## 案|例|研|究

万国超 马慧知 等
著

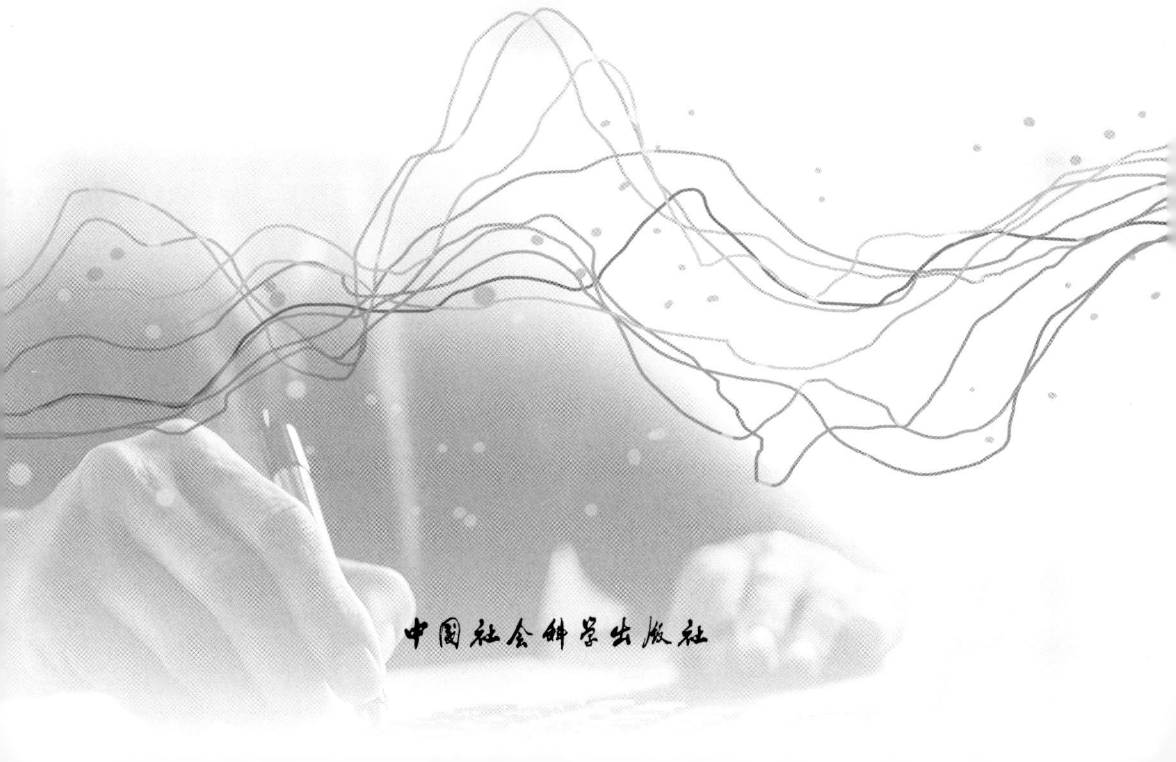

中国社会科学出版社

# 图书在版编目（CIP）数据

审计理论与实务：案例研究／万国超等著. —北京：中国社会科学出版社，2024.6
ISBN 978-7-5227-3334-0

Ⅰ.①审⋯ Ⅱ.①万⋯ Ⅲ.①审计学 Ⅳ.①F239.0

中国国家版本馆 CIP 数据核字（2024）第 065648 号

| 出 版 人 | 赵剑英 |
| --- | --- |
| 责任编辑 | 周　佳 |
| 责任校对 | 胡新芳 |
| 责任印制 | 王　超 |

| 出　　版 | 中国社会科学出版社 |
| --- | --- |
| 社　　址 | 北京鼓楼西大街甲 158 号 |
| 邮　　编 | 100720 |
| 网　　址 | http://www.csspw.cn |
| 发 行 部 | 010-84083685 |
| 门 市 部 | 010-84029450 |
| 经　　销 | 新华书店及其他书店 |

| 印　　刷 | 北京明恒达印务有限公司 |
| --- | --- |
| 装　　订 | 廊坊市广阳区广增装订厂 |
| 版　　次 | 2024 年 6 月第 1 版 |
| 印　　次 | 2024 年 6 月第 1 次印刷 |

| 开　　本 | 710×1000　1/16 |
| --- | --- |
| 印　　张 | 19 |
| 插　　页 | 2 |
| 字　　数 | 283 千字 |
| 定　　价 | 99.00 元 |

凡购买中国社会科学出版社图书，如有质量问题请与本社营销中心联系调换
电话：010-84083683
**版权所有　侵权必究**

# 前　言

　　MPAcc（专业会计硕士）的培养面向会计职业，强调以实务为导向，注重理论联系实际，培养学生的创新精神。案例研究是 MPAcc 教育的关键环节之一。《审计理论与实务》是 MPAcc 的核心专业课程之一，课程设置与本科教育的课程设置一脉相承，以审计理论的传授为主。这在一定程度上忽视了案例研究对学生探索精神的培养。当前，该课程虽然在内容上重视案例教学，但要达到培养高素质应用型人才的市场需求，提升案例研究的广度和深度很有必要。本书认为，遵循审计理论的逻辑体系要求，以现代风险导向审计为主线，在对审计理论与方法进行案例研究的基础上，侧重审计流程的初步业务活动和风险评估与应对，进而展开不同专题的审计案例研究，这不仅能确保案例研究的系统性和完整性，更能激发学习者学习审计理论的兴趣。鉴于此，本书以"审计理论与实务：案例研究"为题，以审计准则作为逻辑起点，对与审计相关的案例展开严密的逻辑推理和严谨的分析查证，以期拓展审计案例研究的广度、挖掘审计案例研究的深度。本书呈现出以下特征。一是从内容框架来看，全面涵盖注册会计师审计、政府审计、ESG 审计以及新经济环境下的大数据审计，力求对各审计领域的典型案例进行系统研究。二是从案例公司来看，部分审计专题采用了多案例的比较研究，以阐明该专题的主要内容与问题，深化对审计理论源头的理解。案例对象主要来自中国资本市场，也有来自笔者科研项目的案例，如公共卫生服务专项资金绩效审计、退捕禁捕项目绩效审计、整体支出绩效审计、ESG 审计等。三是从案例研究方法来看，在引入某个审计理论或知识点的基础上，揭示案例公司的直观背景，然后展开多角度、多维度的研究，呈现案例公司的数据逻辑关系和剖析案例问题。四是从审计理论的内涵和外延来看，力求体现审计准则的新变化，从历史的角度了解前沿的审计理论和研究角度，如舞弊审计、绩效审计、ESG 审计和大数据审计等。

本书共分 6 个专题，具体如下。专题一是初步业务活动，案例角度体现在前后任注册会计师的沟通、存货监盘等基础审计理论。专题二是风险评估与应对，从新零售商业模式下经营风险的识别与应对、战略风险对重大错报风险的传导、经营环节的重大错报风险三个角度探讨审计理论。专题三是舞弊审计，以中国资本市场的重大案例为对象，提供了较为系统的深入而一致的舞弊审计研究框架。专题四是绩效审计，作为财政预算绩效改革深入推进的重要举措，该专题为拓宽审计在政府审计领域的运用提供了较为新颖的视角。专题五是企业 ESG 表现与审计决策。企业 ESG 表现已经成为新时代企业高质量发展的重要体现之一，但企业 ESG 表现的信息价值对审计决策的影响有待理论探索。本专题探索审计师如何依据企业 ESG 表现信息做出审计决策，为审计师在实务中合理使用企业 ESG 表现信息提供了新的思路。专题六是大数据审计，结合"大智移云物区"时代审计技术与模式的重大变革，从社交媒体互动质量对审计决策的影响视角，为学习者提供了数据时代审计的前瞻性案例研究。

本书具体分工如下。万国超负责全书统筹，进行全书统稿。案例一的撰写人是马慧知、王维华和杨萌，案例二的撰写人是万国超和黄珈，案例三的撰写人是万国超和钟杰可，案例四的撰写人是万国超和吴佳春，案例五的撰写人是万国超和李锦涵，案例六的撰写人是李超和马慧知，案例七的撰写人是曾琰，案例八的撰写人是马慧知、王维华和马利红，案例九的撰写人是万国超和张恒嘉，案例十的撰写人是万国超，案例十一的撰写人是万国超，案例十二的撰写人是万国超和钟杰可，案例十三的撰写人是万国超和刘怡宁，案例十四的撰写人是曾鑫宇和万国超。王维华是东软汉枫医疗科技有限公司的高级会计师，其他成员均为成都信息工程大学的教师

# 前　言

或学生。本书的撰写缘起于成都信息工程大学第一届会计专业硕士的培养。在给会计专业研究生讲授《审计理论与实务》课程的过程中，我们深感当前教学手段的不足和案例研究的重要性。今天呈现在大家面前的作品或不够精美、完善，但凝聚了团队共同的力量，感谢成都信息工程大学会计专业研究生收集整理资料，感谢课程组老师们集思广益，感谢为本书撰写提供参考文献的各位学者！

因为经验、时间和研究能力有限，本书尚存诸多不足，恳请读者与同行不吝赐教，批评指正。

万国超

2024年6月于成都

# 目　录

## 专题一　初步业务活动

案例一　LDD频繁更换藏玄机：前后任注册会计师的沟通 …………（3）
案例二　无贝生还：存货监盘 ……………………………………（20）

## 专题二　风险评估与应对

案例三　复盘RX：新零售商业模式下经营风险的识别
　　　　与应对 ………………………………………………（45）
案例四　STFG"滑铁卢"：战略风险对重大错报风险的传导 ………（65）
案例五　KDX"122亿元存款不翼而飞"：经营环节的重大
　　　　错报风险 ………………………………………………（84）

## 专题三　舞弊审计

案例六　KM药业：财务造假的多米诺骨牌效应 …………………（105）
案例七　JY科技造假案落锤："阴阳账本"虚增利润 ……………（124）
案例八　XL股份：对赌协议能"赌赢"吗？ ………………………（136）

## 专题四 绩效审计

案例九　X市公共卫生服务专项资金绩效审计 ………………（149）
案例十　Y市退捕禁捕项目绩效审计 …………………………（184）
案例十一　W镇整体支出绩效审计 ……………………………（199）

## 专题五 企业ESG表现与审计决策

案例十二　企业ESG表现能影响审计师意见决策吗？ ………（217）
案例十三　企业ESG表现与关键审计事项披露 ………………（234）

## 专题六 大数据审计

案例十四　社交媒体互动质量与审计收费——互动文本分析
　　　　　案例研究 ……………………………………………（265）

**参考文献** ………………………………………………………（289）

## 初步业务活动

# 案例一

## LDD 频繁更换藏玄机：
## 前后任注册会计师的沟通

马慧知　王维华　杨　萌

**摘要**：前后任注册会计师之间的沟通是会计师事务所在承接业务阶段必须执行的重要程序。当会计师事务所发生变更时，可能会出现"购买审计意见"的情况，此时需要后任注册会计师与前任注册会计师进行充分沟通，以决定是否接受业务委托。近年来，中国部分上市公司存在频繁更换审计机构的现象，引起了投资者和监管机构的广泛关注。对于上市公司披露财务信息的真实性和可靠性，会计师事务所应该发表独立客观公允的鉴证意见。对于更换会计师事务所，上市公司也应当具备正当理由。本研究以 LDD 公司为例，挖掘了上市公司变更会计师事务所的真实意图，并对更换审计机构后公司的情况进行了分析，在此基础上提出规范上市公司更换会计师事务所行为的建议。

**关键词**：审计机构变更；LDD 公司；沟通；动因；后果

## 第一部分　理论导入

### 一　前任注册会计师和后任注册会计师的沟通

前任注册会计师指两种情况：第一种是已经为被审计单位上期财务报表进行审计，但由其他会计师事务所的注册会计师接替的前任注册会师；第二种是接受委托但未完成审计工作，已经或可能与委托人解除业务约定的注册会计师。

后任注册会计师指正在考虑接受委托或已经接受委托，接替前任注册会计师对被审计单位本期财务报表进行审计的注册会计师。

前任注册会计师和后任注册会计师应该进行沟通，根据要求，这种沟通分为接受委托前的沟通和接受委托后的沟通。沟通通常在征得被审计单位同意的情况下，由后任注册会计师主动发起，前任注册会计师对后任注册会计师提出的沟通要求应该予以必要的配合。

注册会计师进行沟通以实现以下目标：（1）在接受委托前，为了确定是否接受委托，后任注册会计师需要就影响业务承接决策的事项与前任注册会计师进行必要的沟通；（2）在接受委托后，为获取必要的审计证据，后任注册会计师与前任注册会计师就对审计有重大影响的事项需要进行沟通。

## 二 接受委托前的沟通

在接受委托前，注册会计师通过沟通了解被审计单位更换会计师事务所的原因、是否存在不应接受该业务委托的情况，从而确定是否接受该委托。当然，征得被审计单位的同意是进行主动沟通的前提，同时应提请被审计单位以书面方式同意前任注册会计师对其问做出充分答复。

如果被审计单位不同意前任注册会计师做出答复，或限制答复的范围，后任注册会计师应当向被审计单位询问原因，并考虑是否接受委托。除非可以通过其他方式获知必要的事实，或有充分的证据表明审计风险水平非常低。当出现这种情况时，后任注册会计师一般需要拒绝接受委托。

后任注册会计师向前任注册会计师沟通的内容应当合理、具体，至少包括以下内容：（1）前任注册会计师向被审计单位治理层通报的管理层舞弊、违反法律法规行为以及值得关注的内部控制缺陷；（2）前任注册会计师认为导致被审计单位变更会计师事务所的原因；（3）是否发现被审计单位管理层存在正直和诚信方面的问题；（4）前任注册会计师与管理层在重大会计、审计等问题上存在的意见分歧。

在征得被审计单位书面同意后，前任注册会计师应当根据所了解的事实，对后任注册会计师的合理询问及时做出充分答复。对于沟通的结果，后任注册会计师应当进行恰当的评价，以确定是否接受委托。特别是当被审计单位与前任注册会计师在会计、审计问题上存在着重大意见分歧时，被审计单位可能会试图通过后任注册会计师寻求有利于自己的审计意见。在这种情况下，后任注册会计师应慎重考虑是否接受委托。

### 三　接受委托后的沟通

接受委托后的沟通与接受委托前有所不同。它不是必要的程序，而是由后任注册会计师根据审计工作的需要自行决定。一旦接受了委托，如果需要查阅前任注册会计师的审计工作底稿，后任注册会计师应征得被审计单位同意，并与前任注册会计师进行沟通。沟通的方式有多种，如电话询问、会议讨论、发送审计问卷等。然而，查阅前任注册会计师的工作底稿是最有效、最常用的方式。通过查阅前任注册会计师的审计工作底稿，后任注册会计师可以获取有关审计程序的性质、时间安排和范围的信息。但是，后任注册会计师必须对自己实施的审计程序和得出的审计结论负责。

## 第二部分　案例情况

### 一　LDD 公司简介

LDD 公司成立于 1996 年，于 2001 年完成了股份制改造，变更为股份有限公司。在其上市前，每股净资产为 4.43 元。该公司的注册资本为 1.5 亿元人民币，主营业务包括绿化工程设计、施工，绿化苗木的种植及销售，拥有 2.9 万余亩的自主苗木生产基地。在 2006 年，LDD 公司未能成功申请上市，直到次年 12 月才在深交所中小板成功挂牌上市，成为 A 股中唯一的园林绿化公司。该公司堪称国内顶级特色苗木的生产企业，表 1 列示了其发展情况。

表1　　　　　　　　　　　LDD 发展情况

| 时间 | 重大事项 |
| --- | --- |
| 1996 年 6 月 | LDD 公司成立 |
| 2001 年 3 月 | 股份制改造完成，变更成股份有限公司，每股净资产为 4.43 元 |
| 2006 年 11 月 | 深交所否定其首次上市 |
| 2007 年 12 月 | 在深交所中小板成功挂牌上市，成为 A 股中唯一园林绿化公司 |
| 2010 年 3 月 | 被证监会立案调查 |
| 2011 年 3 月 17 日 | 董事长被捕 |
| 2011 年 4 月 7 日 | 财务总监被公安机关采取强制措施 |

## 二　LDD 公司财务造假事件介绍

自 2008 年以来，LDD 公司涉及财务造假的事情频频发生。LDD 公司先后更换了三位财务总监和三家会计师事务所，对 2009 年度业绩预告进行了五次修改。此外，LDD 公司的 2009 年年报、2010 年第一季度报告以及 2011 年的会计估计也多次被大幅修改。这些行为引起了业界和社会公众的广泛关注。2010 年 3 月，证监会就 LDD 公司违规披露问题展开了专项调查。2011 年 3 月，当地公安厅逮捕了 LDD 公司董事长何某某，同时 LDD 财务总监因涉嫌财务信息违规披露等也被执法部门强制控制。LDD 财务造假事件随之浮出水面，成为社会各界广泛关注的焦点。表 2 列示了 LDD 财务造假的主要事件。

表2　　　　　　　　　LDD 财务造假的主要事件

| 时间 | 事件 |
| --- | --- |
| 2008—2011 年 | 更换财务总监三次 |
| | 更换会计师事务所三次 |
| | 业绩预告修改五次 |
| | 年报被大幅度修改 |
| 2010 年 3 月 | 证监会对 LDD 违规披露问题展开专项调查 |
| 2011 年 3 月 | 当地公安厅逮捕 LDD 公司董事长何某某 |
| | LDD 财务总监被执法部门强制控制 |

案例一　LDD频繁更换藏玄机：前后任注册会计师的沟通

2013年，证监会公布了有关LDD公司的《行政处罚决定书》，公布了LDD存在的违法事实（见表3）。随后，证监会和财政部又公布了SZPC会计师事务所的《行政处罚决定书》，认为其未勤勉尽责，未发现LDD为发行上市编造虚假资产、虚假业务收入和编制虚假财务报表的事实，导致出具无保留意见的审计报告和不恰当的审计意见。司法机关认定，LDD在招股说明书中编造了虚假资产和虚假业务收入，造假金额巨大，性质严重。

表3　　　　　　　　　　　　LDD主要违法情况

| 时间 | 造假文书 | 造假事项 |
| --- | --- | --- |
| 2004年至2007年6月 | 招股说明书 | 虚增资产70114000元，虚增收入296102891.70元 |
| 2007年 | 年度报告 | 虚增资产21240000元，虚增收入96599026.78元 |
| 2008年 | 年度报告 | 虚增资产163353150元，虚增收入85646822.39元 |
| 2009年 | 年度报告 | 虚增资产104070550元，虚增收入68560911.94元 |

### 三　LDD频繁更换审计机构情况

在年报披露前期，上市公司突然变更审计机构是一件非常少见的事情。然而，在LDD公司身上发生的更换审计机构的次数却有些不寻常。LDD公司上市之后的三年，每年都在年报披露前夕变更审计机构。2008—2010年短短三年内，LDD公司便三次更换了会计师事务所（见表4）。2008年10月，LDD公司改聘ZHZX会计师事务所替代为其服务了7年的SZPC会计师事务所；2009年11月，LDD改聘ZSYT会计师事务所为其审计机构；2011年1月，LDD公司改聘ZZ会计师事务所为其2010年的审计机构。而2011年1月的变更，则是何某某持股被公安机关冻结后发生的。这种频繁更换审计机构和财务经理的行为，可能意味着公司存在深层次的财务风险。①

---

① 刘晓波、王玥：《云南绿大地公司财务舞弊案例研究》，《会计之友》2013年第2期。

· 7 ·

表4　　　　　　　LDD 会计师事务所的变更情况

| 年份 | 变更事务所名称 | 审计费用 | 审计意见 | 变更原因 |
|---|---|---|---|---|
| 2008 | 中和正信 | 30 万元 | 无保留意见 | SZPC 会计师事务所安排 |
| 2009 | 中审亚太 | 50 万元 | 保留意见 | ZHZX 与 TJGH 合作 |
| 2010 | 中准 | 50 万元 | 无法表示意见 | ZSYT 的工作安排 |

资料来源：LDD 2008—2010 年年报。

（一）第一次更换会计师事务所

SZPC 会计师事务所曾长期为 LDD 公司提供审计服务，并负责其上市审计。但在 2008 年 10 月 14 日，LDD 董事会通过了一项议案，不再续聘与其合作了 7 年的 SZPC 会计师事务所，而是改聘 ZHZX 会计师事务所。在 LDD 审计委员会于 2008 年 2 月 15 日召开会议时，通过了《公司 2008 年续聘会计师事务所的议案》，其中提到："为保持公司会计报表审计工作的连续性，建议继续聘请 SZPC 会计师事务所有限公司担任本公司 2008 年度会计报表审计工作。参考本公司以往年度付给该所的报酬标准及行业会计师事务所的职业市场行情，经与该所协商，建议该所 2008 年度为本公司会计报表审计报酬确定为 30 万元人民币。"然而，LDD 公司在 2008 年 10 月 11 日召开的第三届董事会第十一次会议中，通过了《关于改聘会计师事务所的议案》，决定将 ZHZX 会计师事务所聘为其 2008 年度审计机构，以加强公司审计监督。该聘期为一年，年度审计费用为 30 万元。

此次变更是 LDD 公司上市后第一次更换审计机构。从正面意义上看，这似乎是为了提升企业审计服务质量，为投资者呈现更为真实可靠的财务信息，从而更好地吸引投资者。

（二）第二次更换会计师事务所

2009 年 11 月 5 日，LDD 公司第三届董事会第二十三次会议在公司会议室召开，审议并通过了《关于改聘会计师事务所的议案》。此前，LDD 原聘请的审计机构 ZHZX 会计师事务所有限公司与 TJGH 会计师事务所有限公司已经合并，同时更名为 TJZX 会计师事务所有限公司。鉴于合并后的 TJZX 需要进行业务、机构和人员调整，无法保证为公司提供审计服务的时间，因此 LDD 拟定了聘请 ZSYT 会计师事务所有限公司为 2009 年财务报告审计机构的计划。聘期为一年，年度审计费用为 50 万元。

ZSYT 为 LDD 公司的 2009 年度财务报告出具了保留意见的审计报告，保留意见的原因包括两个方面：一是无法获取充分适当的审计证据以判断 LDD 公司的关联交易以及交易的真实性和公允性；二是无法判断 2009 年 LDD 对马龙区和文山广南县的土地使用权计提的无形资产减值准备，以及发生的巨额销售退回的准确性和公允性。

（三）第三次变更会计师事务所

2011 年 1 月 7 日，LDD 公司召开了第四届董事会第十六次会议，审议通过了《关于聘请会计师事务所的议案》。公告称经过双方协商一致，ZSYT 会计师事务所不再担任 LDD 公司 2010 年度财务审计机构。为保证公司 2010 年度财务报表审计工作的顺利开展，公司决定聘请 ZZ 会计师事务所有限公司为 2010 年度审计机构，聘期为一年，审计费用为 50 万元。[①]

然而，ZZ 会计师事务所在 2010 年为 LDD 出具了无法表示意见的审计报告，原因主要如下。(1) LDD 公司 2001—2009 年度财务凭证和董事会会议记录等资料被公安机关调取，且截至审计报告日，上述资料仍未退回，导致无法实施满意的审计程序，获取充分适当的审计证据，以识别 LDD 公司的全部关联方，无法合理保证 LDD 公司关联方和关联方交易的相关信息得到恰当的记录和充分的披露，以及进行销售退回、死亡苗木的勘验。(2) 基于对北京温室基地资产现有用途的收益状况，判断该项资产已出现明显减值迹象，但 LDD 公司基于对北京基地温室的产业规划及经营方式转变等原因而认为该项资产不会发生减值。(3) 2010 年，LDD 公司的"成都 198 工程项目"确认工程收入 36196305.78 元和工程成本 27239884.30 元。[②] 工程部所提供的已

---

[①] 陈明灿：《提高会计信息质量对策研究——基于对 A 上市公司财务报告数据失真剖析》，《现代商贸工业》2014 年第 7 期。

[②] 夏萍萍：《云南绿大地生物科技股份有限公司内部控制分析》，《商业文化》（下半月）2012 年第 2 期。

完工工程实际成本与财务部的相关记录不一致，二者相差 2769547.79 元。完工进度以及完整的工程合同预计总成本需经建设方和监理方确认，但 LDD 不能提供相关资料。(4) LDD 公司的子公司 YYKJ 的银行账户因长期无交易记录被银行冻结，无法获取该公司银行账户的交易记录及银行存款余额。

## 第三部分　案例分析

### 一　LDD 财务状况分析

（一）偿债能力分析

表5与图1、图2是 LDD 公司 2007—2010 年偿债能力分析情况，可以看出，LDD 资产负债率和产权比率逐年上升，且流动比率与速动比率逐年下降，说明其偿债能力在下降。一般来看，实在的现金收入才能用于支付债务，账面利润是不能用来支付债务的。若公司经营活动现金流量不能满足支付到期债务的需求，企业将面临很多的财务风险。从表5的后两项财务指标及图2来看，LDD 经营活动现金流量净额难以保障负债的偿还。因此，从前述分析可知，LDD 的偿债能力差，而且缺乏财务弹性，财务风险大。

表5　　　　2007—2010 年 LDD 公司偿债能力分析　　　（单位:%）

| 财务指标 | 2007 年 | 2008 年 | 2009 年 | 2010 年 |
| --- | --- | --- | --- | --- |
| 资产负债率 | 21.29 | 23.85 | 42.72 | 45.85 |
| 产权比率 | 0.27 | 0.31 | 0.75 | 0.85 |
| 流动比率 | 4.15 | 3.32 | 1.27 | 0.70 |
| 速动比率 | 2.52 | 1.47 | 0.92 | 0.24 |
| 经营活动产生的现金流量净额/负债合计 | -0.26 | 0.19 | -0.02 | -0.01 |
| 经营活动产生的现金流量净额/流动负债 | -0.28 | 0.25 | -0.02 | -0.01 |

资料来源：LDD 公司 2007—2010 年年报。

## 案例一　LDD 频繁更换藏玄机：前后任注册会计师的沟通

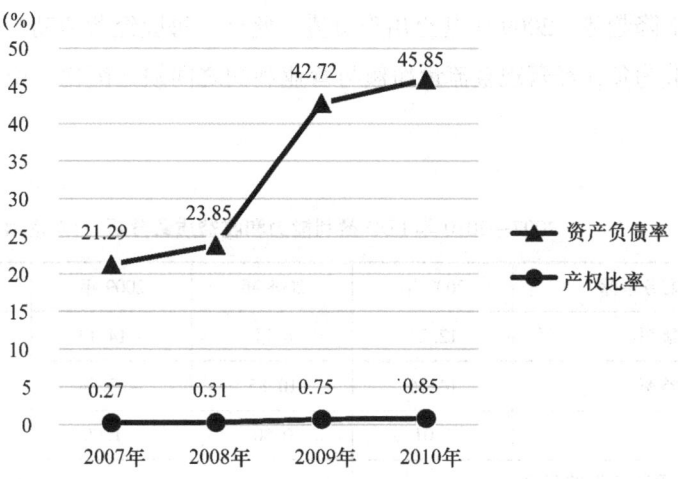

图1　2007—2010年LDD公司偿债能力分析一

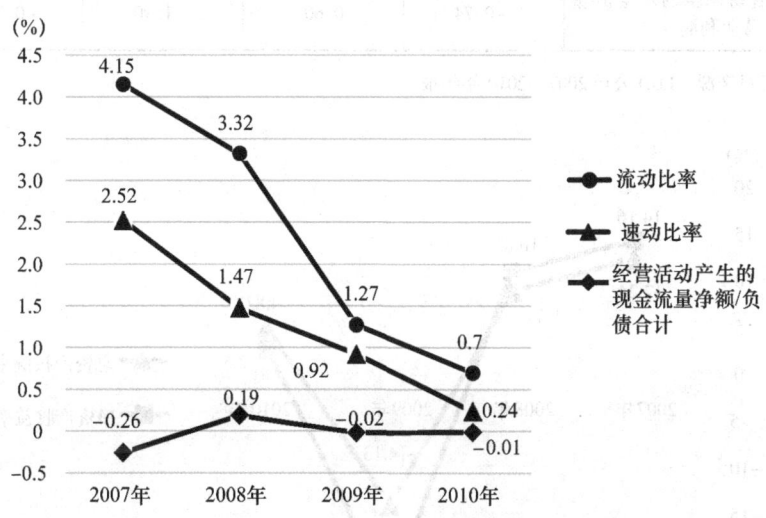

图2　2007—2010年LDD公司偿债能力分析二

（二）盈利能力分析

分析企业盈利能力的财务指标主要有总资产报酬率和净资产收益率。表6、图3和图4显示了LDD公司2007—2010年的盈利能力情况。从这些数据中可以看出，自2007年上市以来，LDD的总资产报酬率和净资产收益率呈下降趋势，2009年甚至出现负值。此外，每股经营活动产生的现金流量多数为负，经营现金流量净额与营业利润之间缺乏配比，说明盈余质量较低。

表6　　　2007—2010年LDD盈利能力和收益质量分析　（单位：%，元/股）

| 财务指标 | 2007年 | 2008年 | 2009年 | 2010年 |
| --- | --- | --- | --- | --- |
| 总资产报酬率 | 12.24 | 8.71 | -14.13 | 4.83 |
| 净资产收益率 | 14.16 | 10.85 | -23.34 | 2.57 |
| 每股收益 | 1.01 | 0.50 | -1.00 | 0.10 |
| 每股经营活动产生的现金流量 | -0.54 | 0.52 | -0.05 | -0.04 |
| 经营活动产生的现金流量净额/营业利润 | -0.74 | 0.60 | -1.90 | -0.26 |

资料来源：LDD公司2007—2010年年报。

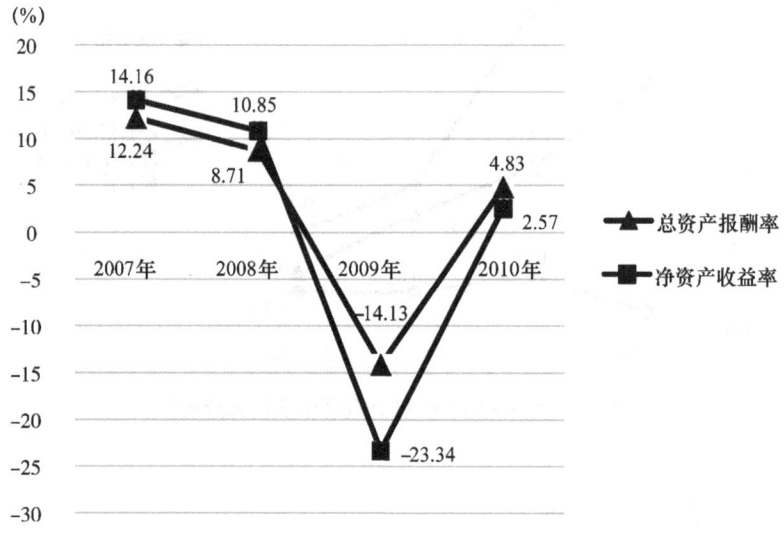

图3　2007—2010年LDD公司盈利能力分析

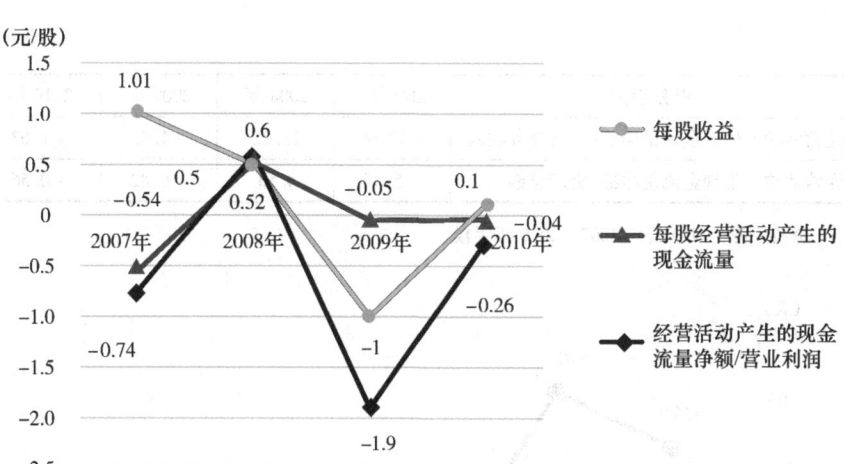

图4　2007—2010年LDD公司盈利能力和收益质量分析

### （三）营运能力分析

表7、图5和图6呈现了LDD公司2007—2010年的营运能力分析。根据分析结果，应收账款周转天数从2007年的51.89天上升至2010年的110.92天，呈上升趋势，说明应收账款回收风险逐年增大。存货占总资产比重在2007年上市之初就很高，表明自上市以来存货风险就很大。此外，尽管主营业务收入持续增加，但经营活动产生的现金流量却为负值，说明公司可能存在现金流量不足的情况。此外，通过分析经营活动现金流量净额与资产总额的比值，也可以发现公司运用资产以产生现金流量的能力非常有限，营运能力低下。

表7　　　　　2007—2010年LDD营运能力分析　　（单位：天，万元，%）

| 财务指标 | 2007年 | 2008年 | 2009年 | 2010年 |
| --- | --- | --- | --- | --- |
| 应收账款周转天数 | 51.89 | 58.68 | 90.59 | 110.92 |
| 存货 | 25960.82 | 33036.03 | 14272.24 | 21033.74 |
| 存货占总资产的比率 | 31.29 | 34.17 | 14.52 | 20.10 |
| 存货周转天数 | 426.9 | 510.20 | 236.87 | 286.51 |

续表

| 财务指标 | 2007年 | 2008年 | 2009年 | 2010年 |
|---|---|---|---|---|
| 经营活动产生现金流量净额/主营业务收入 | -17.60 | 13.82 | -1.63 | -1.63 |
| 经营活动产生现金流量净额/资产总额 | -5.46 | 4.55 | -0.82 | -0.56 |

资料来源：LDD公司2007—2010年年报。

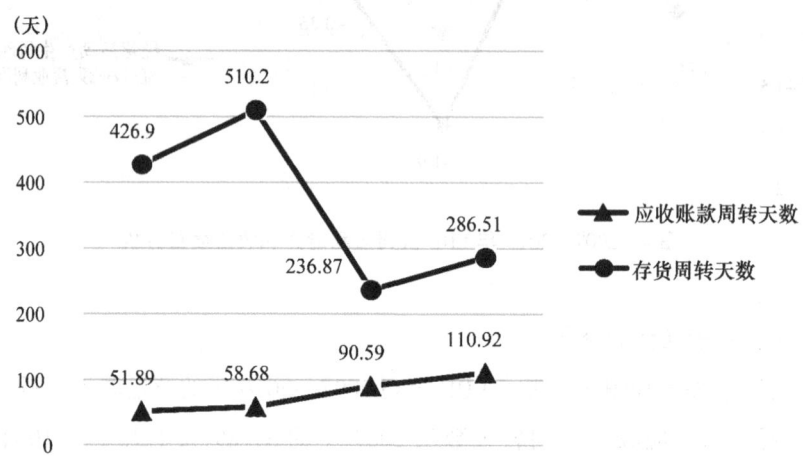

图5　2007—2010年LDD营运能力分析一

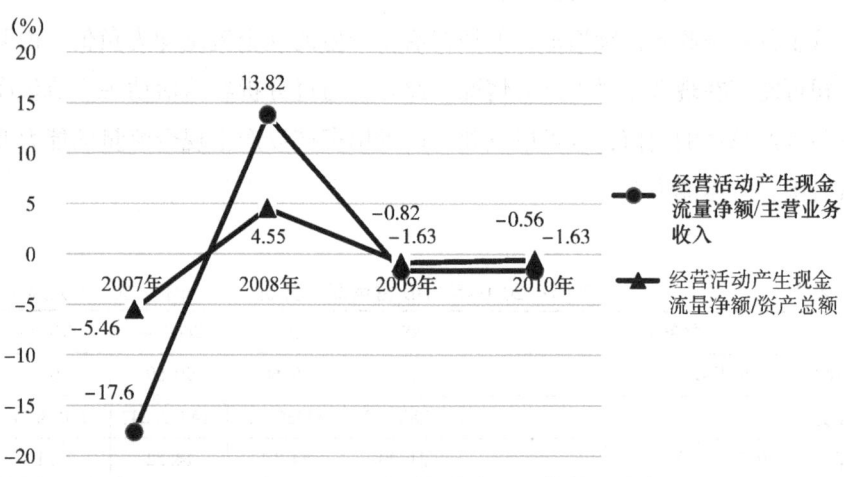

图6　2007—2010年LDD营运能力分析二

## 二 LDD 频繁变更审计机构的动机

### （一）应对财务困境

当企业经营状况不佳甚至陷入财务困境时，财务报告所披露的不佳的财务信息会对公司股价造成一定的不利影响。因此，企业管理者不得不考虑披露财务状况的负面作用。当投资者通过年度财务报告了解到企业财务状况不佳时，将影响企业的融资活动，从而影响企业后期发展。根据受托责任理论，管理者是接受委托经营管理企业、为企业所有者带来收益的人。因此，他们需要审计报告披露对自己有利的会计信息。若企业经营业绩不佳，管理者也无法得到心仪的报酬。从上述分析来看，当企业陷入财务困境时，企业管理者不管是从企业的发展需要，还是从满足自身利益的需要出发，都会采取各种办法，甚至是盈余操纵的方式来伪造良好的企业财务状况。此时，便产生了披露虚假财务信息的动机，以应对企业面临的财务困境。

根据前文对 LDD 财务状况的分析，从 2007 年上市以来，LDD 的经营状况就一直处于持续下降的状态。尽管 2008 年 ZHZX 为 LDD 出具了标准无保留意见的审计报告，但在筹备上市及上市后的几年中，LDD 都存在不同程度的财务舞弊现象，这表明公司的财务状况已经存在很大问题。

### （二）购买审计意见

审计机构的重要工作成果是其出具的审计报告，该报告直接呈现了审计工作的质量，也是被审计单位财务信息质量的重要保障。由于资本市场中存在信息不对称，各信息需求者获取企业财务信息的渠道不一，外部利益相关者获取的信息尤为有限。审计报告成了信息需求者公开获取信息的重要途径。企业的管理者、资本市场的投资者会根据审计机构给出的审计意见，做出相应的管理和投资决策。

在审计关系中，企业作为被审计客户，往往是选择审计机构的主动方。企业可以通过股东大会解聘或改聘审计机构。因此，一些上市公司在审计报告中未得到期望的审计意见，可能会采取铤而走险的方式来威胁现任审计机构，以避免出现不利的审计报告。还有可能选择变更审计机构，但为了避免继任的审计师同样出具不好的审计报告，企业可能会选择购买审计意见的方式来避免对审计不利的局面。

从 LDD 连续三年变更审计机构的情况来看，显现出了购买审计意见的端倪。2008 年 ZHZX 为 LDD 进行审计的费用是 30 万元。而在 2009 年 11 月，LDD 突然更换审计机构，并将审计费用提高到 50 万元。在 2010 年，LDD 继续支付 50 万元的审计费用，接受 ZZ 会计师事务所的审计。这种突然更换审计机构并提高审计费用的行为不得不让人怀疑 LDD 有购买审计意见的动机。

（三）审计意见未能成功购买

LDD 自上市以来，连续三年更换了审计机构。在 2008 年，ZHZX 为 LDD 出具了无保留意见的审计报告；但是在 2009 年，ZSYT 为 LDD 出具了保留意见的审计报告；在 2010 年，ZZ 会计师事务所为 LDD 出具了无法表示意见的审计报告。结合前文对 LDD 财务舞弊动机的分析可以看出，LDD 为掩盖其财务困境的事实，频繁更换审计服务机构，以购买符合自身需要的审计意见。值得庆幸的是，LDD 更换审计机构后，ZSYT 和 ZZ 会计师事务所坚持审计独立性，使得审计质量明显提高，最终 LDD 并未实现购买审计意见的意图。

### 三 中注协的相关要求

上市公司频繁更换会计师事务所，极有可能意味着其面临内外部压力和经营风险，此时其审计风险也较高。中注协要求注册会计师在执行相关审计业务时，应审慎承接这类业务，并在执行审计过程中重点关注以下事项。

（一）加强前后任注册会计师沟通

注册会计师沟通的事项包括：（1）了解被审计单位管理层是否存在正直和诚信方面的问题，并向前任注册会计师询问其是否从被审计单位监事会或审计委员会了解到管理层的舞弊事实、舞弊嫌疑或针对管理层的舞弊指控等；（2）了解前任注册会计师与管理层是否在重大会计、审计问题上存在意见分歧；（3）充分了解被审计单位以前年度审计情况，尤其应关注其变更会计师事务所的真正原因，判断变更原因是否合理；（4）前任注册会计师经公司同意后应对后任注册会计师的合理询问及时作出充分答复。如果前任注册会计师未能提供答复，或仅提供有限范围的答复，后任注册会计师应审慎考虑是否接受委托。

（二）严格做好风险评估工作

注册会计师应做好的事项包括：（1）了解被审计单位及其环境，关注其所处的行业状况、法律环境和监管环境的变化，结合被审计单位的性质、目标和战略，充分识别被审计单位经营风险对重大错报风险的影响；（2）了解被审计单位的内部控制，评价内部控制的设计，并确定其是否得到有效执行，充分考虑管理层凌驾于内部控制之上的可能性；（3）关注管理层因业绩压力或避免退市等动机发生舞弊的可能性，对舞弊导致的重大错报风险进行有效的识别、评估和应对。

（三）关注期初余额审计

注册会计师应关注的事项主要包括以下几点。（1）获取充分、适当的审计证据，评估以前年度财务报表发表非无保留意见的事项对本期财务报表的影响，并考虑在审计报告中进行适当反映。此外，还需要确定期初余额是否存在对本期财务报表产生重大影响的错报。（2）关注被审计单位以前年度会计政策的恰当性与一致性，特别是与期初余额相关的会计政策是否在本期得到一贯运用。还需要确认会计政策的变更是否已按照适用的财务报告编制基础做出恰当的会计处理和充分的列报与披露。

（四）关注或有事项和重大非常规交易

注册会计师应充分识别对财务报表可能产生重大影响的交易或事项，并关注相关会计处理和披露的恰当性与合规性。此外，可以考虑采取向被审计单位的律师发函等方式了解被审计单位的诉讼和担保等或有事项的最新进展及其可能影响等。特别需要关注在交易实质的判断上存在困难的重大非常规交易，并采取有针对性的审计程序，妥善处理可能存在的意见分歧。

## 四 规范审计机构变更的措施建议

### （一）完善行业声誉机制，防范换所风险

审计机构在进行审计工作时，应恪守职业准则，坚持审计独立性，以保障审计人员公平公正地开展审计工作。然而，目前中国审计机构声誉机制尚不完善，主要是按照审计收入及资产规模进行排名。这样的排名并不能真正地反映出会计师事务所的执业质量，而且这样的排名会产生一些不好的引导，导致会计师事务所单纯追求排名，而不重视审计质量的把控。因此，建设更加科学、客观、合理的会计师事务所的声誉机制是十分必要的，从而在事务所的选聘源头上保证注册会计师的独立性，进而防范换所带来的风险。

### （二）规范换所行为，加大监管力度

真实的信息披露对于投资者十分重要，投资者需要关注并了解企业变更审计机构的原因。由此，监管部门应规范上市公司的换所行为，要求企业披露变更的真实原因，严格监控换所企业的信息披露，从而保障市场投资者的利益。此外，企业披露变更事项的时间通常会晚于企业股东大会商议决策的时间，这导致相关投资者无法及时得到变更信息，从而未及时做出反应。因此，相关监管部门应进一步规范企业披露变更事项的时间，例如规定企业股东大会决策当天或次日完成披露和备案工作，以提高变更信息传递的及时性。[①] 监管部门还应对未及时披露真实信息的企业做出相应的惩处，加大监管力度。

### （三）完善公司治理，落实选聘责任

上市公司应建立和完善公司治理体系，建立综合考核体系，尤其需要明确公司治理体系的责任主体，落实公司股东大会、董事会等机构的事务

---

[①] 刁悦：《山东地矿频繁变更审计机构的动因及其后果研究》，博士学位论文，华东交通大学，2020年。

案例一　LDD频繁更换藏玄机：前后任注册会计师的沟通

所选聘责任。同时，要求公司在进行相关信息披露时，应充分披露与前后任注册会计师的沟通事项及变更会计师事务所的真实原因，以避免企业隐瞒真实动机而泛泛地披露变更原因，如前任聘期过长、前任的声誉和能力低等。

# 案例二

## 无贝生还：存货监盘

### 万国超　黄　珈

**摘要**：监盘是注册会计师对存货执行的重要审计程序，通过观察、检查等程序的执行，获取充分、适当的审计证据，以确定存货的存在和状况。本研究以 ZZD 公司为例，简要介绍了该公司的生物资产盘点制度、DH 会计师事务所对该公司的监盘情况以及证监会对该公司存货内部控制的评价。最后结合公司对扇贝存货销核以及注册会计师的解释，分析了 ZZD 消耗性生物资产减值风险。

**关键词**：ZZD；存货监盘；生物性资产

## 第一部分　理论导入

存货监盘的作用主要是为了对存货的存在和状况获取充分、适当的审计证据，对存货的准确性进行评估，从而保证财务报表的真实性和准确性。存货是公司资产中最重要的组成部分之一，其数量和质量的管理直接关系到公司的财务状况和业务运营。因此，监盘存货可以帮助公司确保存货的准确计量和财务报告的准确性，同时还可以发现存货管理方面的问题，提出改进建议，从而提高公司存货管理的水平。

存货监盘的目的是获取有关存货数量和状况的审计证据，主要针对存货的存在认定、完整性认定和计价认定等方面，也能提供部分审计证据，例如存货所有权等。注册会计师应该在监盘过程中注重细节，核实存货分类、数量、估值方法和存货状况等信息，以确保监盘结果准确和完整。

存货监盘程序是指注册会计师在对企业存货进行监盘的过程中，按照一定的程序进行盘点、检查、核对等工作，以确保企业存货的数量、质量与财务记录相符，及时发现并纠正存货管理方面的问题。主要程序包括以下几点。一是确定监盘周期和范围。注册会计师应根据公司的存货情况和管理需要，确定监盘周期和范围。监盘周期一般应该在企业的年度审计中进行，但在需要的情况下也可以进行中期盘点。监盘范围包括存货的种类、数量、存放地点和质量状况等，应该根据企业的具体情况进行确定。二是确认存货记录。在存货监盘之前，注册会计师应该先了解企业的存货记录情况，包括存货的种类、数量、估值方法、计价基础和存货流动情况等。确认存货记录的准确性是保证监盘结果准确的基础。三是实际存货数量的盘点。注册会计师应该对存货进行实际的盘点，检查存货的数量是否与记录相符。盘点的方法可以采用全盘点或抽样盘点，但应该保证盘点的全面性和代表性。在盘点的过程中，应该注意记录盘点结果，并核对盘点结果与存货记录的准确性。四是存货质量和状况的检查。除了检查存货的数量，注册会计师还应该检查存货的质量和状况。检查的内容包括存货是否损坏、过期、陈旧等情况，以及存货的管理制度是否符合法律法规。如果发现存货质量和状况存在问题，应该及时提出改进建议。五是结果记录和报告。在存货监盘结束后，注册会计师应该对监盘结果进行记录和报告。记录的内容包括存货数量、质量和状况等信息。

报告的内容应该包括存货监盘的过程和结果，发现的问题和提出的改进建议等。存货监盘的内容包括存货监盘的目标、范围及时间安排，存货监盘的要点及关注事项，参加存货监盘人员的分工，等等。在实施存货监盘时，需要重点关注存货的移动、状况、存放地点和金额等方面。存货监盘的主要环节包括，评价管理层用以记录和控制存货盘点结果的指令和程序，观察管理层制定的盘点程序的执行情况，检查存货以及执行抽盘，等等。总体来说，存货监盘是保障财务报表真实性的一个重要环节，需要注册会计师根据实际情况制定合理的监盘方案并严格执行，确保监盘的有效性和准确性。

通常，注册会计师审计时的存货监盘程序包括以下几个阶段。

一是策划阶段。在策划阶段，审计师需要了解企业存货的性质、规模、种类、存储方式、采购和销售政策等信息，以确定存货监盘的重点、方法和时间安排。审计师还需要确定监盘的范围和样本规模，以便于开展后续的监盘工作。

二是存货分类。审计师需要对企业存货进行分类，包括按照物品名称、品牌、规格、颜色、型号、存储地点、存储方式等进行分类。分类可以通过实地观察、询问企业员工、查看企业记录等方式进行。分类过程中应该严格按照企业的管理制度和会计准则进行，以确保分类结果的准确性和可靠性。

三是存货计量。审计师需要对存货进行计量，以确定存货的实际数量和质量。计量可以采用直接计量或间接计量的方法。直接计量是指逐一清点存货的数量和质量，间接计量是通过测量存货所在区域或货架的长度、面积、体积等进行计算。在计量过程中，应注意对存货进行编号或标识，以便于后续的监管和管理。

四是存货估价。审计师需要对存货进行估价，以确定存货的成本和市价。成本可以按照企业的会计制度进行估价，市价可以参考市场价格或其他可靠的来源。估价过程中，应注意估价的准确性和可靠性，尽可能避免出现误差或主观判断。

五是存货抽样检验。审计师需要对存货进行抽样检验，以验证存货的质量和真实性。抽样检验可以采用随机抽样或有目的抽样的方法。在抽样检验过程中，应根据存货的特点和需求，确定检验的指标和标准，以便于对检验结果进行评估和判断。

六是存货监管。审计师需要对存货进行监管，以确保存货在审计期间不会受到损失或误操作。监管可以采用封存存货、限制存货使用等方法。

同时，审计师还需要对存货监管的过程进行记录和报告，以便于后续的审计工作。

# 第二部分　案例情况

ZZD 是一家中国的水产品养殖和加工公司，成立于 1992 年，总部位于辽宁省大连市。该公司主要从事海参、鲍鱼、海螺等水产品的养殖、加工和销售。ZZD 曾是中国最大的海参养殖企业之一，也是 A 股市场上海洋渔业板块的龙头企业之一。然而，2019 年，ZZD 曝出了财务造假丑闻，引起了广泛的关注和质疑。根据当时的报道和调查，ZZD 在 2017—2018 年通过虚构销售收入、夸大存货价值等手段，大幅度夸大了公司的业绩数据。例如，公司虚增了 10 亿元以上的销售收入，虚增了 10 亿元以上的存货价值，从而误导了投资者和监管部门。这场财务造假丑闻最终被揭露，导致 ZZD 股票价格大幅下跌，公司董事长和多名高管被逮捕，监管部门对公司进行了调查和处罚。

## 一　公司生物资产及相关制度

（一）存货明细情况

自 2006 年 ZZD 集团在深圳证券交易所上市以来，该公司不断扩大海鲜养殖的领域并深化海产品的散播规模。在公司上市之前，其海洋牧场的区域仅限于近海区域。通过持续的努力，ZZD 集团在黄海北部建成了一个大型、标准化、世界级的现代海洋牧场，其海域养殖面积达到 1600 平方千米。此外，底部散播面积也从公司刚刚上市时的 30 万亩增加到 2017 年的近 500 万亩，变化幅度高达 17 倍。作为一家海水养殖企业，ZZD 集团的生物资产存货主要包括消耗性生物资产、库存商品和原材料（见表 1）。

表1　　　　　　　　　　　　ZZD生物资产明细

|  | 2014年 | 2015年 | 2016年 | 2017年 | 2018年 | 2019年 | 2020年 |
| --- | --- | --- | --- | --- | --- | --- | --- |
| 原材料 | 12578.13 | 14738.68 | 25846.58 | 29449.56 | 20989.16 | 20644.42 | 14088.12 |
| 在产品 | 25.22 | 720.78 | 391.99 | 1041.98 | 462.07 | 539.42 | 1182.029 |
| 库存商品 | 47676.6 | 32530.87 | 40164.96 | 50812.57 | 46820.4 | 32817.25 | 23832.68 |
| 周转材料 | 2524.43 | 2514.07 | 2475.12 | 2244.01 | 2242.42 | 2346.01 | 1866.649 |
| 消耗性生物资产 | 107697.3 | 103487.1 | 106019.5 | 37174.49 | 43371.79 | 14125.28 | 15197.78 |
| 委托加工物资 | 173.89 | 348.63 | 237.42 | — | — | 2.89 |  |
| 合计 | 170675.57 | 154340.13 | 175135.57 | 120722.61 | 113885.84 | 70475.27 | 56167.258 |

资料来源：ZZD 2014—2020年财务报告。

（二）存货盘点制度

ZZD公司采用永续盘存制，每年年末进行财产清查盘点工作，存货盘点范围包括原材料、库存商品、周转材料、在产品以及消耗性生物资产等全部存货。原材料、库存商品、周转材料等存货的盘点方法与工业企业相同，实行全面盘点。消耗性生物资产考虑到其生物特殊性，盘点方法一般采用抽盘的方式。具体来说，对于公司的浮筏养殖产品，包括虾夷一龄贝、牡蛎等，根据季节进行分苗并进行规格分选。年末盘点时，抽取一定数量的养殖笼吊进行清点，确定每吊养殖数量、重量、规格，然后再根据同类产品的总挂养的笼吊数，测算出该品种的在养存量。对于底播养殖产品，海域内区采用确定每个点抽点面积的方式，潜水员将该点位的盘点产品全部采捕上来，进行数量、重量、规格测量清点，并据此测算各调查海域的存量。海域外区采取在调查区域内均匀布设站位的方式，调查前确定将要调查的区域及站位数量和坐标，调查船只到达调查点位，将底拖网放入海中，以固定航速航行指定时间，根据网具经过的面积及调查采捕到的扇贝数量，测算各海域同类虾夷扇贝的存量。①

---

① 刘嘉祺：《獐子岛集团生物资产存货审计案例研究》，博士学位论文，华东交通大学，2020年。

### (三) 存货成本结转制度和具体结转方法

在捕捞和销售消耗性生物资产时，分别采用不同的分摊结转方法。对自育苗种的消耗性生物资产来说，当自育苗种转化为浮筏或底播养殖时，如果实际单位成本低于市场同类产品价格，则将其实际成本结转至浮筏或底播养殖成本；如果实际单位成本高于市场同类产品价格，则按市场价格结转至浮筏或底播养殖成本，并将高于市场价格的差额计入育苗业当期损益。对于向外销售的苗种，按实际成本结转至主营业务成本。对底播养殖产品的消耗性生物资产来说，在底播养殖产品收获期间进行采捕和销售时，根据捕捞面积与养殖面积的比例计算应转账面存货成本，采捕费和看护费直接计入当期收获产品成本。对于到达收获期的底播增殖产品，根据公司的采捕计划安排，如果在该收获年度内全部捕捞完毕，则其成本全部结转完毕，年末该底播增殖产品成本无余额。如果由于底播增殖产品的生长情况、市场需求等原因，在当期未能全部捕捞完毕，则会根据未收获的养殖面积留存一定数额的存货成本。对浮筏养殖产品的消耗性生物资产来说，在浮筏养殖产品收获时，采用蓄积量比例法计算应结转账面存货成本。已结转的账面存货成本再按照实际对外销售数量与用于内部加工数量占收获总量的比例，在主营业务成本和加工业存货成本之间进行分配。

### (四) 对消耗性生物资产计提存货跌价准备

为确保准确评估生物资产的价值，公司每年至少进行一次检查。如果有确凿证据表明由于自然灾害、病虫害、动物疫病或市场需求变化等原因，消耗性生物资产的可变现净值或生产性生物资产的可收回金额低于其账面价值，则需要计提生物资产跌价准备或减值准备，差额计入当期损益。如果减值的影响因素已经消失，则需恢复减记金额，并在原先已计提的跌价准备金额内转回，转回的金额计入当期损益。但生产性生物资产减值准备一旦计提，就不能再转回。

### (五) 生物资产监测情况

虾夷扇贝的主要生产过程包括"人工陆地育苗—海上苗种中间育成—海域底播养成"几个主要环节，对应的监测过程如下。

第一，人工陆地育苗阶段。在贝苗出库阶段（贝苗达到500—800微米，一般在每年3—4月）进行监测。技术人员按照《虾夷扇贝苗种出库定量操作指导书》的抽样标准抽样计数，并根据规模算出总出库苗量，记录相应数据。

第二，海上苗种中间育成阶段。出库的一级苗需要在特定的海区进行中间育成，此阶段包括将一级苗在网袋内养至3毫米左右的二级苗，以及将二级苗在网笼内养至3厘米左右的三级苗。该阶段监测的制度包括《虾夷扇贝苗种和浮筏养成品种管理规定》和《虾夷扇贝三级苗采购操作指导书》，每年的5—6月进行倒笼，10—11月收获，期间每月进行调查测量。技术人员依据指导书进行监测，并记录相应数据。

第三，海域底播养成阶段。每年10月起将三级苗底播到指定海域进行增殖，直至收获。监测规定包括《虾夷扇贝存量抽查管理规定》。监测时间每年两个周期，分别在每年的4—5月和9—10月。技术人员依据规定对相应底播海域虾夷扇贝的生长情况进行统计，并记录相应数据。

## 二 随风而去的扇贝以及人们的质疑

2016年1月11日，一篇题为"2000人实名举报称ZZD'冷水团事件'系'弥天大谎'"的报道在ZZD引发轩然大波。这篇报道揭示了一个事件，即ZZD扇贝绝收事件可能是由ZZD集团在扇贝养殖过程中存在的造假行为以及过度捕捞所导致，而非所谓的"冷水团事件"。据透露，这是一次人为的谎言。

2019年11月18日，《人民日报》发布了一篇文章《ZZD自证清白遭岛民质疑：临近的岛扇贝收成良好》。该报道中，多位岛民对ZZD集团进行了质疑，认为离ZZD只有40分钟航程的海洋岛屿的扇贝收成良好，这令人难以理解。岛民指出，ZZD和海洋岛屿的扇贝是同一品种，但ZZD部分扇贝苗也是从海洋岛引进的。在相同的扇贝苗下，两个相距仅40分钟航程的岛屿的扇贝却出现了完全不同的情况。在这次海上探访中，由于记者与专家坐在两艘不同的船上，因此无法与专家接近，也无法了解更多关于ZZD扇贝死亡的详情。

### 三 DH 会计师事务所对 ZZD 存货的监盘

根据 DH 的专项报告，2014 年 10 月 18 日、10 月 20 日、10 月 25 日，大华对 ZZD 公司 2011 年度、2012 年度底播虾夷扇贝的部分海域的盘点情况进行了监盘，监盘面积总计 1498.39 亩，分别位于 ZZD 南部和西南方向的 76.0834 万亩海域，以及位于 ZZD 西部方向的 29.575 万亩海域。拖网船 (15181 号、15223 号、15233 号) 在 65 个点上共计盘点面积为 757.90 亩，以及 56 个点上共计盘点面积为 740.49 亩。在出海盘点前，预先随机选取的点位被分配给各个拖网船。每个船长按照指定点位将船只开到指定海域，船上工作人员下网，盘点人员在盘点表上记录下网时点和下网经纬度。每个点位根据实际情况，拖网宽度为单张网宽 2 米，有的船只进行双网捕捞作业（即网宽为 4 米）。拖网船只平均以东西 1440 米、南北 1850 米的距离作为拖网行驶单位，平均拖网作业时间为 10—20 分钟。拖网完成后，盘点人员记录收网时点和收网经纬度。船上工作人员将网收起，对采捕上来的扇贝进行除杂分拣。在分拣过程中，盘点人员测量壳高并计数。由于时间较短，采集数量较多，无法对采集上来的扇贝全部测量壳高，因此随机选取部分扇贝进行测量，并取其平均壳高。随后，采捕上来的扇贝被装入器皿进行称重。整个计数、测量、称重过程中的数值，由盘点人员记录在盘点表中。监盘人员的主要工作包括：观察实际盘点时是否按事先选定的点位下网、起网；对采捕上的虾夷扇贝的计数、测标、称重是否正确；确认盘点数据是否正确，完整地记录在盘点表中。海上盘点工作完成后，拖网船船长、公司盘点人员以及会计师事务所监盘人员在盘点表上进行签字确认。DH 会计师事务所出具了一份专项说明书，题为"关于 ZZD 集团股份有限公司部分区域底播虾夷扇贝监盘、核销及计提跌价准备会计处理的专项说明"。该说明书的结论意见包括：一是本次监盘区域底播虾夷扇贝的平均亩产与 ZZD 集团 2014 年秋季存量调查中相同区域平均亩产的数据差异不大，基本吻合；二是根据 2014 年秋季存量调查报告中的数据，ZZD 集团对资产负债表日（2014 年 9 月 30 日）的存货进行了相应的会计处理。DH 会计师事务所认为存货核销计入营业外支出，计提跌价准备计入资产减值损失的会计处理方式符合企业会计准则的相关规定。表2列示了ZZD 2014年生物性资产监盘情况。

表2　　　　　　　　2014年ZZD生物性资产监盘情况

|  | 抽测面积（亩） | 平均壳高（厘米） | 数量（枚） | 平均重量（克） | 平均亩产（千克） |
| --- | --- | --- | --- | --- | --- |
| 2011年 | 757.9 | 9.2 | 14667 | 101 | 1.95 |
| 2012年 | 740.49 | 9.8 | 12272 | 141 | 2.33 |

资料来源：ZZD 2011—2012年财务报告。

ZZD公司于2018年1月18日—2月4日进行了底播虾夷扇贝的年末存量盘点，DH会计师事务所在此期间实施了监盘。结合实际情况，最终确定的盘点点位数为334个，截至2018年2月4日累计盘点点位326个。在此次监盘过程中，注册会计师、盘点人员和海洋产业专家在11天内对部分海域进行抽查，记录盘点时间、盘点区域的面积和经纬度以及盘点存货的相关数据。监盘人员主要对盘点区域是否按照计划进行、盘点数据是否准确等事项进行监督。截至2018年2月8日，公司已完成底播虾夷扇贝存货的盘点工作，测算确定存货成本核销及计提存货跌价准备金额为62893.55万元，与预计值62868.17万元偏差0.04%。上述内容已在2018年2月13日披露的《关于对深圳证券交易所〈关于对ZZD集团股份有限公司的关注函〉的回复》中说明。表3列示了ZZD 2018年生物性资产的监盘情况。

表3　　　　　　　　2018年ZZD生物性资产监盘情况

|  | 底播面积（万亩） | 抽点面积（亩） | 平均壳高（厘米） | 数量（枚） | 平均重量（克） | 平均亩产（千克） |
| --- | --- | --- | --- | --- | --- | --- |
| 2014年 | 21.14 | 806.51 | 10.9 | 2463 | 159.45 | 0.49 |
| 2015年 | 49.52 | 1044.16 | 9.4 | 52237 | 87.34 | 4.37 |
| 2016年 | 60.8 | 1615.89 | 7.7 | 23036 | 59.05 | 0.84 |

资料来源：ZZD 2018年财务报告。

## 四 中国证监会对 ZZD 存货内部控制的评价

ZZD 公司的内部控制存在重大缺陷,且其披露的 2016 年度报告存在虚假记载。具体来说,ZZD 公司在 2016 年的年度报告中虚减了营业成本和营业外支出。其中,ZZD 公司每月结转底播虾夷扇贝成本时,以当月虾夷扇贝捕捞区域(采捕坐标)作为成本结转的依据,但该捕捞区域是由人工填报的,且缺乏船只航海日志的佐证。经比对底播虾夷扇贝捕捞船只的北斗导航定位信息,ZZD 公司结转成本时所记载的捕捞区域与捕捞船只实际作业区域存在明显出入。以虾夷扇贝捕捞船只的北斗导航定位信息为基础,经第三方专业机构测算,ZZD 公司 2016 年度账面结转捕捞面积较实际捕捞面积少 13.93 万亩,由此 ZZD 公司 2016 年度虚减营业成本 6002.99 万元。

此外,经比对 ZZD 公司 2016 年年初、2017 年年初底播虾夷扇贝库存图和捕捞船只导航定位信息,部分 2016 年年初库存区域未显示捕捞航行轨迹,而 2016 年年底 ZZD 公司在这部分区域进行了底播。根据会计核算一致性原则,上述区域既往库存资产应作核销处理,由此,ZZD 公司 2016 年度虚减了营业外支出 7111.78 万元。综上,ZZD 公司在 2016 年度虚增利润 13114.77 万元,虚增利润占当期利润总额的 158.11%。因此,ZZD 公司 2016 年度报告存在虚假记载。

ZZD 公司 2017 年度报告存在虚假记载,主要是因为其内部控制存在重大缺陷,导致虚增营业成本、虚增营业外支出和虚增资产减值损失。具体来说,公司在 2017 年度记载的捕捞区域与实际作业区域存在出入,导致虚增营业成本 6159.03 万元。此外,公司未核销既往库存资产,导致虚增营业外支出 4187.27 万元。另外,虚增营业外支出还包括未采捕海域的底播虾夷扇贝,共计 24782.81 万元。最后,公司虚增资产减值损失 1110.52 万元。综合以上影响,公司 2017 年度报告虚减利润 27865.09 万元,占当期披露利润总额的 38.57%。公司的主管人员和其他直接责任人员也需要承担相应责任。

在 2017 年秋季,ZZD 公司发布了《关于 2017 年秋季底播虾夷扇贝抽测结果的公告》，宣称已按计划完成了全部120个调查点位的抽测工作。然而，经过与抽测船只秋季航行路线的对比，发现该公司记录的120个调查点位中有60个点位抽测船只并未经过，相当于该公司未能完成抽测工作的计划点位总数的50%。因此，该公告存在虚假记载。

此外，ZZD公司还发布了一份《年终盘点公告》和一份《核销公告》。在2018年2月5日发布的《年终盘点公告》中，该公司宣称对107.16万亩海域成本为57758.13万元的底播虾夷扇贝存货进行核销处理，对24.3万亩海域成本为12591.35万元的底播虾夷扇贝存货计提跌价准备5110.04万元。该公司还称这两项合计影响净利润62868.17万元，并全部计入2017年度损益。但在2018年4月28日发布的《核销公告》中，该公司又宣称对2014年、2015年及2016年投苗的107.16万亩虾夷扇贝库存进行了核销，对2015年、2016年投苗的24.30万亩虾夷扇贝库存进行了减值，金额分别为57757.95万元和6072.16万元。

然而，通过与虾夷扇贝采捕船的航行轨迹进行比对，发现ZZD公司所宣称的2014年贝底播区域的70个点位已全部实际采捕，2015年贝底播区域的119个点位中有80个点位已实际采捕。而在该公司所核销的海域中，2014年、2015年、2016年底播虾夷扇贝分别有20.85万亩、19.76万亩、3.61万亩已在以往年度采捕，致使虚增营业外支出24782.81万元，占核销金额的42.91%；减值海域中，2015年、2016年底播虾夷扇贝分别有6.38万亩、0.13万亩已在以往年度采捕，致使虚增资产减值损失1110.52万元，占减值金额的18.29%。

根据2005年《证券法》第六十七条第二款第十二项、《上市公司信息披露管理办法》第七十一条第二项和《深圳证券交易所股票上市规则（2014年修订）》第11.3.3条规定，ZZD公司应及时披露业绩预告修正公告。然而，ZZD公司财务总监勾某已于2018年1月初了解到公司全年业绩与原业绩预测偏差较大，随即向吴某某进行了汇报。在2018年1月23—24日，ZZD公司陆续收到了GL公司等16家公司的四季度收益测算数据。该信息在勾某将全年业绩与预期存在较大差距情况向吴某某汇报时触及信息披露时点，ZZD公司因此有义务在两日内进行信息披露。但是，该公司违反法规，迟至2018年1月30日才予以披露。因此，吴某某和勾某作为直接负责的主管人员应对此负责。

### 五　公司对扇贝存货销核及计提存货跌价准备的解释

#### （一）扇贝遭遇"冷水团"

2014年10月，ZZD公司声称公司的105.64万亩虾夷扇贝因海水温度异常而绝收，导致公司计提了2.83亿元的存货跌价准备。这次扇贝绝收事件严重影响了ZZD的经营业绩，导致公司损失约8.12亿元。此事件导致ZZD的经营一蹶不振，净利润一路下滑，公司连年亏损，直到2016年才勉强扭亏为盈。[①] 详细情况可以参见表4和表5。

表4　　　　2014年ZZD存货核销具体情况　　　　（单位：万元）

| | 账面价值 | 核销依据 | 核销原因说明 |
|---|---|---|---|
| 2011年底播虾夷扇贝 | 58642.56 | 亩产过低，放弃采捕 | 亩产过低，放弃采捕 |
| 2012年底播虾夷扇贝 | 14819.37 | | |
| 合计 | 73461.93 | — | — |

资料来源：《ZZD集团股份有限公司关于部分海域底播虾夷扇贝存货核销及计提存货跌价准备的公告》。

表5　　　　2014年ZZD计提存货跌价准备的具体情况　　　　（单位：万元）

| | 账面价值 | 资产可回收金额 | 跌价准备依据 | 跌价准备金额 |
|---|---|---|---|---|
| 2011年底播虾夷扇贝 | 30060.15 | 17551467.51 | 成本与可变现净值孰低原则 | 28305.00 |

资料来源：《ZZD集团股份有限公司关于部分海域底播虾夷扇贝存货核销及计提存货跌价准备的公告》。

---

[①] 姚正海、张琳若：《基于GONE理论的农业上市公司财务舞弊案例研究——以獐子岛为例》，《财务管理研究》2021年第2期。

## （二）扇贝大面积绝收

2017年10月，ZZD公司曾宣称其在2014—2016年投苗的135万亩虾夷扇贝在2017年10月捕捞时不会出现减值情况。然而，2018年1月，公司却突然发布公告称，由于饵料不足，公司大面积的虾夷扇贝早已饿死。这次事件导致ZZD在2017年档期损益中核销和计提的跌价准备共计6.29亿元，进而导致公司净利润大幅度下滑，亏损达7.23亿元。ZZD公司的扇贝"跑路"事件再度发生，进一步重创了公司的业绩。详细情况可以参见表6和表7。

表6　　　　　　　2017年ZZD存货核销具体情况

（单位：万亩，万元，千克/亩）

| | 面积 | 账面价值 | 平均亩产 | 核销依据 |
|---|---|---|---|---|
| 2014年底播虾夷扇贝 | 21.14 | 13322.79 | 0.49 | 平均亩产过低，不足以弥补采捕成本 |
| 2015年底播虾夷扇贝 | 30.42 | 15788.39 | 0.74 | 平均亩产过低，不足以弥补采捕成本 |
| 2016年底播虾夷扇贝 | 55.6 | 28646.95 | 0.73 | 平均亩产过低，不足以弥补采捕成本 |
| 合计 | 107.16 | 57758.13 | — | |

资料来源：《ZZD集团股份有限公司关于部分海域底播虾夷扇贝存货核销及计提存货跌价准备的公告》。

表7　　　2017年ZZD计提存货跌价准备的具体情况　（单位：万亩，万元）

| | 面积 | 账面价值 | 资产可回收金额 | 跌价准备金额 | 跌价准备依据 |
|---|---|---|---|---|---|
| 2015年底播虾夷扇贝 | 19.1 | 9912.14 | 6815.48 | 3096.66 | 可回收金额低于账面价值 |
| 2016年底播虾夷扇贝 | 5.2 | 2679.21 | 665.83 | 2013.38 | 可回收金额低于账面价值 |
| 合计 | 24.3 | 12591.35 | 7481.31 | 5110.04 | — |

资料来源：《ZZD集团股份有限公司关于部分海域底播虾夷扇贝存货核销及计提存货跌价准备的公告》。

### （三）扇贝死亡

2019年11月，ZZD发布公告称，根据最新的抽测情况，公司在2017年和2018年投苗的虾夷扇贝出现了大规模的死亡。ZZD集团指出，根据对抽盘捕捞的虾夷扇贝进行的判断，得出的结论是底播虾夷扇贝在近期已经大面积死亡，部分养殖区域内的底播虾夷扇贝死亡率超过了80%。这一事件严重影响了ZZD 2019年的经营业绩，公司因此再次遭遇大额亏损。据统计，该公司因此亏损了3.92亿元。

表8　　　　　　　　2019年ZZD抽测结果汇总

| 存货名称 | 面积（万亩） | 抽点数（个） | 已完成（个） | 占比（%） | 抽点面积（亩） | 平均壳高（厘米） | 重量（千克） | 平均重量（克） | 平均亩产（千克） |
|---|---|---|---|---|---|---|---|---|---|
| 2017年底播虾夷扇贝 | 26 | 41 | 8 | 20% | 66.14 | 8.2 | 129.8 | 128 | 1.96 |
| 2018年底播虾夷扇贝 | 32.4 | 56 | 32 | 57% | 276.76 | 7.8 | 965.7 | 52 | 3.49 |
| 合计 | 58.4 | 97 | 40 | 41% | 342.9 | 7.9 | 1095.50 | 87 | 3.19 |

资料来源：《ZZD集团股份有限公司关于2019年秋季底播虾夷扇贝存量抽测的风险提示公告》。

### 六　注册会计师的解释

注册会计师对2014年存货跌价准备的解释如下。

根据ZZD集团2014年秋季存量调查中的数据，本次监盘区域底播虾夷扇贝的平均亩产与该区域在2014年秋季存量调查中得出的平均亩产数据基本吻合，数据差异不大。ZZD集团根据该调查报告中的数据，对2014年9月30日的存货进行了相应的会计处理。会计师认为该处理方式，即将存货核销计入营业外支出，将计提跌价准备计入资产减值损失，符合企业会计准则的相关规定。

注册会计师对2018年存货跌价准备的解释如下。

本次计提底播虾夷扇贝存货跌价准备金额为 6072.16 万元，与原披露金额 5135.60 万元相比差异为 936.56 万元。底播虾夷扇贝核销成本及计提存货跌价准备合计金额与原披露金额偏差为 1.53%。具体原因如下：原底播虾夷扇贝存货跌价准备的可变现净值及收获期成本费用测算过程中，海域使用金标准按整体海域平均海域使用金成本 51 元/亩进行测算。在年审复核存货跌价准备工作过程中，会计师认为应对存货跌价准备可变现净值测算中的海域使用金成本进行调整，以计提存货跌价准备海域的实际海域使用金计算，并加计应分摊空海部分的海域使用金，增加收获期的海域使用金成本，因此导致差异为 936.56 万元。

# 第三部分　案例分析

## 一　生物资产及其审计的特征

生物资产是企业拥有和控制的资源，与其他资产一样，企业通过经营管理生物资产预期带来经济利益。根据中国《企业会计准则第 5 号——生物资产》的定义，生物资产是指有生命的动物和植物。尽管不同会计准则的界定大体相同，但在包含范围上存在细微的出入。中国规定，生物资产限定为"有生命的"动物和植物。一旦停止生命体征，则不能再继续确定为生物资产。

根据中国《企业会计准则》，本案例所研究的 ZZD 公司的生物资产是以出售为目的而持有的，符合消耗性生物资产的含义。因此，本案例涉及的生物资产主要指的是消耗性生物资产。

传统审计方法通常包括审阅纸质文件、核实客观实务和审计调查方法的三个程序。大部分审计人员会通过核验、重新计算、账实对比的方法进行监盘，利用发函、询问、检查等方法获取审计证据。上述方法中，只有函证可以向被审计单位外部取得审计证据，其余大多数资料仅能通过审计客户获得，一般情况下是顺查或倒查的方法将实存数和财务报告的记载核查是否一致，以此结果作为最终形成审计意见的参考。

然而，传统审计方法并不能适应变化多端的舞弊手段，因此现代风险导向审计应运而生。特别是在渔业行业中，它要求审计人员具备更充足的理论知识和实践经验，以提升风险预警能力。结合必要的分析性程序，分析生物资产的成熟期与行业平均水平是否一致以及存货计量的精确度，对渔业上市公司潜在风险进行识别。针对生物资产固有且不易改变的特殊性，尤其要注重监盘工作，准确判断其存在性，以避免上市公司发生财务舞弊行为。

生物资产的审计具有如下特征。

一是大量投资。生物资产通常需要大量的投资，例如生物种植物和动物的购买、养护和保险等费用，以及生产和销售生物产品的相关成本。因此，审计师需要关注这些投资的合理性和准确性，以及企业是否能够获得足够的收益来弥补这些成本。

二是高度风险。生物资产的生长和收成过程容易受到自然灾害、疾病和其他外部因素的影响，因此存在很高的风险。审计师需要了解企业是否有适当的保险措施来减轻这些风险，并确保相关的财务披露准确反映了这些风险。

三是复杂计量。生物资产的价值和数量通常需要通过复杂的计量方法来确定，例如生物质量计量和生产成本分摊等。审计师需要了解企业是否采用了合理的计量方法，并且这些方法是否被准确地应用和披露。

四是时效性。生物资产的价值和数量随着时间的推移而发生变化，因此审计师需要确保企业的财务报表及时反映了这些变化，例如通过定期盘点、市场价值评估等方式。

五是合规性。生物资产的管理和使用需要符合相关法律法规和标准，例如环保法规、安全规定等。审计师需要确认企业是否遵守了相关规定，并评估其对企业财务状况的影响。

综上所述，生物资产的审计需要审计师具备一定的专业知识和技能，以确保企业财务报表的准确性和完整性，并保障投资人和利益相关方的利益。

## 二 存货的穿行测试和实地查验

企业出于资产管理和保障财报信息准确完整、实现企业目标的考虑，通常会设置一整套内控体系。审计人员进行控制测试以得到审计证据，评价内控体系是否有效。根据可能发生风险的等级，分为高、中、低三个等级。穿行测试和实地查验是了解和测试相关内部控制的常见方法，适用于生物资产审计。

一是穿行测试。参审者根据审计要求和测试目标，选择与生物资产有关的某项控制业务进行针对性考查。通过判断被审计单位某项控制是否设计合理并得到执行，来评估其完整的业务处理设计和执行情况。

二是实地查验。参审者在被审计单位内部查验相关存货控制人员能否正规合理地执行岗位工作。同时，查验生物资产控制系统相关制度是否符合行业标准。但是，被审计单位相关负责人可能会在了解审计计划之后及时改进和完善，以应对审计组的突击检查。

生物资产审计需要严格的内部控制，穿行测试和实地查验是常见的方法。通过这些测试，审计人员能够评估企业内部控制体系的有效性，以确保财务报告的准确性和合规性。

## 三 生物资产的监盘

生物资产监盘是指审计师对企业拥有的生物资产进行实地盘点和核实的过程，以确保企业财务报表的准确性和完整性。在生物资产监盘中，审计师需要遵循以下步骤。

首先，审计师需要确定监盘对象，即确定所监盘的生物资产种类、数量和位置，以有效组织盘点工作。其次，审计师需要制定盘点计划，明确盘点的时间、地点、人员和工作程序等细节，确保盘点工作的有效性和准确性。接着，审计师需要亲临现场对生物资产进行实地盘点，按照计划和程序进行，记录下实际数量和品质等信息，并与企业的财务记录进行比对和核实。同时，审计师还需要核实企业采用的计量方法是否合理，并确认计量过程的准确性和可靠性。此外，审计师还需要确认生物资产监盘过程中可能存在的风险因素，例如自然灾害、疾病和盗窃等，评估这些因素对企业财务报表的影响。最后，审计师需要根据监盘结果编制监盘报告，报告内容应包括生物资产的实际数量和质量、盘点过程中的发现和处理情况、计量方法的准确性等，并向企业管理层提供建议和意见。

综上所述，生物资产监盘是保证企业财务报表准确性和完整性的重要环节。审计师需要对生物资产进行实地盘点和核实，并向企业提供建议和意见，以确保企业财务报表反映生物资产的真实情况。

### 四 对 ZZD 存货减值风险的分析

根据 ZZD 公司 2014—2020 年年度部分财务报告（见表 9 和表 10）摘录分析，存货在资产中的比例较高，存货的变动对资产总值有较大影响。ZZD 在核销虾夷扇贝后，计提了大量存货跌价准备，存货价值急剧下降，从而导致资产总值减少。[①]

表9　　2014—2020 年 ZZD 消耗性生物资产占存货比重　（单位：万元,%）

|  | 消耗性生物资产 | 消耗性生物占存货比重 |
| --- | --- | --- |
| 2014 年 | 107697.3 | 63.10 |
| 2015 年 | 103487.1 | 67.05 |
| 2016 年 | 106019.5 | 60.54 |
| 2017 年 | 37174.49 | 30.74 |
| 2018 年 | 43371.79 | 38.08 |
| 2019 年 | 14125.28 | 20.04 |
| 2020 年 | 15197.78 | 27.06 |

资料来源：ZZD 公司 2014—2020 年年度部分财务报告。

---

① 谈礼彦：《獐子岛公司财务造假事件回顾与反思》，《国际商务财会》2021 年第 1 期。

表10　　　　　　　　2014—2020年ZZD存货占资产比重　　　　（单位：万元，%）

| 类别 | 2014年 | 2015年 | 2016年 | 2017年 | 2018年 | 2019年 | 2020年 |
| --- | --- | --- | --- | --- | --- | --- | --- |
| 存货 | 170675.56 | 154340.1 | 175135.43 | 120917.08 | 113885.85 | 70475.27 | 56167.25 |
| 资产 | 487824.32 | 448538.71 | 447423.16 | 394401.58 | 355434.01 | 300928.21 | 255610.13 |
| 存货占资产的比重 | 34.99 | 34.41 | 39.14 | 30.66 | 32.04 | 23.42 | 21.97 |

资料来源：ZZD公司2014—2020年年度部分财务报告。

ZZD在其招股说明书中称其拥有育苗厂可自行生产种苗以满足需求，但随着养殖面积扩大，自行生产的种苗已不足以满足需求。由表11可知，从每年采购总额变动来看，2014年下降34.33%，随后2015年增长50.66%，2016年增长19.35%，2017年变动较小，但可以看出2017年年采购总额与2014年相比翻了一倍，与2012年相比也增长了25.78%，可以推定在养殖的底播虾夷扇贝中，大部分是通过外购获得。此外，2017年在整体采购总额变动很小的情况，前五大供应商采购额占采购总额的比例增长了70.61%。在2018年扇贝大面积死亡后，有报道称ZZD资金紧张和信誉下降导致其难以获得优质苗种，致使收成不佳，甚至在投苗之前就有扇贝死亡的现象出现。

此外，根据采购商品现金流出量、采购总额、应付账款、预付账款和应付票据的关系，可以看出采购商品现金流出量与预付账款增量之间存在勾稽关系，而采购总额、应付账款和应付票据之间也存在勾稽关系。但是，通过表11的计算可以发现，2014年采购商品现金流出量和采购总额之间的勾稽关系并不明显，其他年份的勾稽关系也有较大差异。由此可以推断，ZZD的采购环节可能存在低估或错报的潜在风险，审计师应特别关注公司的现金流状况以及采购成本的管理情况，并获取充分适当的审计证据。

表11       2012—2017年ZZD采购数据    （单位：亿元，%）

| 项目 | 2012年 | 2013年 | 2014年 | 2015年 | 2016年 | 2017年 |
| --- | --- | --- | --- | --- | --- | --- |
| 采购总额 | 17.96 | 19.04 | 12.51 | 18.84 | 22.49 | 22.59 |
| 采购总额增长率 | — | 6.04 | -34.33 | 50.66 | 19.35 | 0.47 |
| 前五大供应商采购比例 | 8.62 | 9.12 | 10.12 | 8.33 | 10.48 | 17.88 |
| 采购商品现金流出量 | 18.64 | 20.7 | 22.57 | 22.79 | 23.03 | 25.65 |
| 预付账款 | 2.52 | 1.24 | 1.64 | 1.78 | 1.13 | 1.16 |
| 应付账款 | 2.69 | 2.59 | 2.46 | 2.12 | 3.01 | 3.33 |
| 应付票据 | 0 | 0.59 | 0.08 | 0 | 0 | 0.39 |
| 勾稽关系差异 | -0.47 | 3.43 | 9.02 | 3.39 | 2.08 | 3.74 |

资料来源：ZZD公司2012—2017年年度部分财务报告。

  ZZD在内部控制评估报告中透露，公司于2014年制定了采购管理制度，以规范采购流程各个环节的职责和审批权限，包括请购、审批、购买、验收、付款和采购后评估等。然而，2012年曝出董事长的哥哥涉嫌在采购扇贝种苗时受贿，将沙石掺入种苗中的舞弊行为。2016年，岛民联名爆料其播种造假。这些事件不仅导致主要控制环节失效，也揭示了防止和发现舞弊行为的控制不足。随后，ZZD实施了一系列采购业务管控审核措施，以防止采购环节中存在的风险和舞弊行为。对供应商进行归口管理和分级管理，并对合格供应商进行持续评价，不断引入优质供应商。

  采购数据显示，ZZD 2017年的采购数据与2014年相比，对外采购的金额翻了一倍。然而，采购环节控制活动的失效增加了生物资产认定存在重大错报风险。因此，ZZD的采购风险可能会影响财务报表中的存货、预付账款、营业成本等项目，导致存货被高估，营业成本过高。

  通过以上分析可以看出，在ZZD财务造假事件中，采购环节是重要的环节之一。其内部控制缺陷主要包括以下几点。

  首先，采购管理流程可能不严密。例如，采购申请、审批、验收、支付等环节缺乏有效的监督和控制，导致采购过程中存在虚假采购、重复采购等问题，为财务造假提供了机会。

其次，采购合同管理可能不规范。例如，采购合同的签订、审批、履行、变更等环节缺乏严格的规定和监督，导致采购过程中存在签订虚假合同、隐瞒实际采购金额等问题，为财务造假提供了机会。

此外，供应商管理可能不到位。例如，缺乏完善的供应商审查、评价、监控等制度，导致采购过程中存在选择不合规的供应商、与供应商串通造假等问题，为财务造假提供了机会。

最后，采购费用核算可能不严格。例如，采购费用的分类、核算、审核等环节缺乏严格的规定和监督，导致采购过程中存在费用虚增、费用隐瞒等问题，为财务造假提供了机会。

因此，ZZD 财务造假事件中的采购环节存在多个内部控制缺陷，这些缺陷为财务造假提供了机会。作为一家上市公司，ZZD 应该加强采购管理流程，建立规范的采购合同管理和供应商管理制度，严格控制采购费用的核算和审核，确保采购过程的规范化和透明度，以防范财务造假事件的发生。

## 五　启示

ZZD 存货监盘事件让注册会计师、企业管理者和政府部门均得到了深刻的启示。对于注册会计师而言，应该严格遵守职业道德，加强审计质量和独立性，尤其是在面对可能存在虚增业绩和其他舞弊行为的企业时，需要坚守职业操守，提高审计质量和效果。同时，注册会计师应该加强风险评估和监控，提高发现企业违规行为的能力，并及时向监管部门报告问题，配合监管部门开展调查和处理。对于企业管理者而言，他们应该注重内部控制和风险管理，建立健全的管理制度和流程，加强对存货和其他财务数据的管理和监控，防止虚增业绩和其他舞弊行为的发生。同时，企业管理者应该增强诚信意识，坚持诚实守信的经营原则，建立良好的企业信誉。此外，他们应该积极加强与注册会计师和监管部门的沟通和合作，避免因缺乏透明度而引发问题。对于政府部门而言，应该加强对企业的监管，提高风险评估和监控能力。应该加强对企业内部控制和会计核算的审计和监管，发现问题及时处置，防范和化解金融风险。同时，政府部门应该积极推进信息透明化，加强对投资者的保护。应该加强对企业信息披露的监管和规范，提高信息披露的透明度和及时性，让投资者更好地了解企业的真实情况，降低投资风险。

从审计师对生物资产监盘的审计程序来看，还应特别注意以下事项。

生物资产计量方法方面，审计师需要了解公司对生物资产的计量方法，并检查这些方法是否符合财务报告准则的要求。同时，还应检查公司的计量方法是否合理，并评估这些方法对公司财务状况的影响。

生物资产的确认和披露方面，审计师需要检查公司是否正确确认其生物资产，并披露这些资产的相关信息。此外，还应检查公司是否正确披露生物资产的重要假设、限制和风险因素。

生物资产的实物检查方面，审计师需要对公司的生物资产进行实物检查，以确保这些资产的存在和数量的准确性。如果公司的生物资产无法进行实物检查，则审计师需要采取其他适当的审计程序来确保这些资产的准确性。

生物资产的跌价或减值方面，审计师需要检查公司对生物资产进行跌价或减值的方法，并评估这些方法是否符合财务报告准则的要求。同时，还应评估公司的跌价或减值政策是否合理，并评估这些政策对公司财务状况的影响。

对生物资产的可持续性评估方面，由于生物资产通常受到气候变化、污染、疾病和其他风险的影响，审计师需要评估公司对生物资产可持续性的管理和控制。此外，还应检查公司是否披露了生物资产面临的风险和不确定性，并评估这些风险和不确定性对公司财务状况的影响。综上所述，审计师需要对公司的生物资产进行全面的审计程序，并对发现的任何问题进行适当的报告和披露。此外，还需要与公司的管理层和董事会密切合作，以确保公司的财务报告准确和透明。

专题一 初步业务活动

总之，ZZD存货监盘事件为相关方面提供了重要的教训。注册会计师、企业管理者和政府部门应该吸取这些教训，加强自身建设，共同维护资本市场的稳定和健康发展。

# 风险评估与应对

# 案例三

# 复盘 RX：新零售商业模式下经营风险的识别与应对

## 万国超　钟杰可

**摘要**：RX 是中国新零售咖啡市场的领先者之一，但该公司在 2020 年曝出财务造假的丑闻，引起了业内外的广泛关注和深刻反思。本研究以 RX 为例，分析新零售商业模式下经营风险的识别，并在此基础上提出应对措施。首先介绍了经营风险识别与应对的基础理论，然后介绍了 RX 财务造假的案例情况，分析了 RX 经营环节的风险，并提出了相应的风险识别和应对措施，以帮助其他企业在新零售商业模式下更好地管理风险。

**关键词**：新零售商业模式；经营风险；识别；应对

## 第一部分　理论导入

本研究旨在加强对企业经营环节风险评估的分析，以理解企业经营环节风险评估的目的，以及审计师如何通过经营环节风险评估对企业的重大错报风险进行评估和分析。同时，通过分析经营环节风险评估的基础，可以更好地了解经营环节风险分析对审计工作的影响，并且在审计实践中合理运用经营环节风险分析来评估企业。本研究涉及的主要审计理论知识包括经营环节风险的分类和分析等内容。企业经营环节的风险可能会导致财务报表重大错报风险。在企业的日常经营过程中，主要有五大经营环节，包括供应环节、生产环节、销售环节、研发环节以及内部治理与管理环节。[①]

具体而言，供应环节风险包括采购风险、物流风险和供应链成本风险，生产环节风险包括生产安全风险、生产周期风险、产品质量风险、生产成本风险和库存风险，销售环节风险包括需求风险、销售成本风险和渠道风险，研发环节风险包括研发技术风险、研发周期风险和研发成本风险，内部治理与管理环节风险包括治理层风险、人力资源风险、运营平台风险、信息风险和财务风险等。以 RX 财务造假案为例，该案涉及的经营环节风险主要包括以下几个方面。

第一是财务风险，指企业在进行各项财务活动时，由于各种难以预料或控制的因素，其财务状况存在不确定性，从而导致经济损失的可能性。RX 被指控虚构交易和虚增收入，利用虚假数据欺骗投资者信任，进而影响公司的财务稳定性和偿债能力。

第二是内部治理风险，主要指存在于公司治理结构中的两类代理问题，即股东与经理人之间的代理问题、控股股东与中小股东之间的代理问题。内部治理风险的表现形式是治理制度设计不合理或者运行机制不健全，给公司持续经营带来不稳定性，并对公司的总价值产生影响。RX 的内部治理结构不够严格，缺乏有效的审计和监督机制，导致管理层存在滥用职权和违规操作的可能性。

第三是销售环节风险，指企业在销售商品（或提供劳务）及收取款项等与销售业务相关的活动中所面临的风险，包括需求风险和销售成本风险。过高的价格会导致消费者转向其他产品，而过低的价格则无法保证利润。有时企业因成本过高不得不抬高价格，而有时企业又会遭遇因政府政策、市场需求变化等导致价格陡然下降的困境。RX 采取了快速扩张和低价策略来吸引消费者，但同时也存在市场份额难以保持和价格竞争加剧等销售风险。

---

[①] 雷蕾：《经营环节风险对重大错报风险的影响研究》，博士学位论文，河南农业大学，2020 年。

第四是供应链风险。供应链由多个节点企业共同参与，其风险因素可以通过供应链流程在各个企业之间传递和累积。根据供应链的时间顺序和运作流程，各节点的工作形成了混合网络结构，并显著影响企业供应环节的风险水平。企业供应环节的整体效率、成本和质量指标取决于节点指标，而供应链的整体风险则由各节点风险传递而成。供应链环节的主要风险可以分为三个方面。一是采购风险，即在采购环节上价值有效性的丧失，导致难以实现预期采购收益而产生损失的可能性。二是物流风险，即供应链运作中由于物流系统不能有效发挥其功能而遭受损失的可能性。三是供应链成本风险，即企业应当将成本控制在自己的预期范围内。如果在供应环节成本过高，那么会造成企业在其他环节压缩成本的压力过大，或是企业产品利润减少或亏损的结果。然而，如果企业只考虑自己的成本，而不考虑其他企业的成本，会产生相互挤压，引起供应链的不稳定。RX的供应链管理涉及采购、物流等多个环节，其管理复杂度很高。在保证品质的前提下，控制成本和保持供应链的稳定性也是一项挑战。

第五是运营平台风险。企业往往会通过搭建平台或寻求第三方平台的方式，为企业发展更多的用户和客户，更方便、有效地提供产品和服务，以获取更大的效益。然而，由于IT技术的缺陷等原因，企业经常面临较大的运营平台风险。RX的运营模式比传统咖啡店更为复杂，需要统一管理和调度大量门店、物流和供应链等多方资源。运营风险主要包括人力成本和门店管理等方面。

第六是人力资源管理风险。企业需要通过招聘、甄选、培训和报酬等形式对组织内外相关人力资源进行有效运用，以满足组织当前及未来发展的需要，保证组织目标的实现与成员发展的最大化。

## 第二部分 案例情况

RX公司是由神州优车前COO钱某某在2017年11月离职后创办的，

该公司成立于 2017 年 6 月，总部位于福建厦门。RX 用了短短 17 个月于 2019 年 5 月在美国纳斯达克上市，打破了中国企业赴美国上市的最短时间纪录。RX 快速上市的一个重要原因是声称采用互联网的方式销售咖啡并进行线上、线下营销，顾客可以通过 App 线上预定，然后该公司门店通过线下配送。与星巴克高端路线不同，RX 将目标用户定位于职场白领和年轻消费者，将品牌愿景设定为"专业咖啡新鲜式"，①并强调性价比。这种新零售商业模式迎合了现代快节奏的生活。截至 2019 年年底，RX 超越了星巴克在中国线下门店的数量，成为中国最大的咖啡连锁品牌，并实现了 2019 年 1 月在战略发布会上宣布的"在门店总数上超过 4500 家"，最终成功刮起了"小蓝杯"之风。

RX 在美国资本市场上市后的股价不断走高，特别是 2019 年 11 月之后，股价从最低的 13.71 美元上涨到最高的 45.73 美元，上涨幅度高达 233.55%。资本市场与产品市场的表现非常出色，在 2019 年第四季度，吸引了 64 家机构新入场，股价高达 51.38 美元，市值达到 123 亿美元；2020 年 1 月，RX 又进行了规模超过 11 亿美元的增发融资。这一连串巨大的数字和极速增长的速度令人叹为观止。HS 公司是一家专门针对中概股公司的做空机构，通过做空的方式获取盈利。② RX 的财报中较强的财务指标引起了人们的广泛关注，于是在 2020 年 2 月初，该做空机构发布了一份长达 89 页的匿名人士提交的关于 RX 的做空报告，揭露了 RX 在 2019 年第二季度至第四季度存在财务舞弊问题。

2020 年 2 月 3 日，RX 对一份指控其财务造假的报告做出回应，称该报告基于主观推断，没有具体事实依据作支撑，因此否认了指控。但是，该报告的发布引起了 RX 年审会计师事务所 AY 的警觉，AY 成立了一个由十几人组成的反舞弊法务会计团队，发现了 RX 通过 B 端大客户

---

① 骆彤：《瑞幸咖啡财务舞弊案例分析及审计启示》，《现代商业》2021 年第 2 期。
② 姜丽霞：《浑水公司做空瑞幸咖啡报告中采用的审计方法分析》，《上海商业》2021 年第 2 期。

## 案例三 复盘RX：新零售商业模式下经营风险的识别与应对

购买巨额咖啡代金券的造假行为。① 在掌握了新增B端大客户与RX存在关联关系等关键证据后，AY立即向RX的审计委员会进行了汇报。迫于压力，RX于2020年4月2日公开承认2019年第二、第三、第四季度的财务数据存在问题。RX公开宣布，在2019年第二季度至第四季度期间公司伪造了22亿元人民币的交易额，同时也虚增了相关费用和成本。消息一经公布，RX当日股价下跌75.57%，最大跌幅为81.3%。2020年5月19日，RX收到纳斯达克交易所通知，要求从纳斯达克退市，且董事会要求陆某某辞去董事长职务。随后，RX宣布董事会重组结果，郭某某接替陆某某成为新任董事长。然而，在2021年1月6日，RX陷入内斗，前任和现任董事长之间发生冲突。高层联名要求罢免现任董事长兼CEO郭某某，联名信中指控郭某某贪污腐败、党同伐异，集体请求董事会与股东大钲资本罢免郭某某。此外，RX也面临一系列法律诉讼，包括股东集体诉讼和投资者索赔等。如今，RX正致力于挽救声誉和业务，采取了一系列措施，包括重新审视财务和内部管理制度，缩减门店数量和人员规模，等等。

总体而言，RX的崛起和陨落是一段典型的商业故事，它展示了中国新零售和互联网经济的崛起，并凸显了财务造假和监管不力等问题。综上所述，RX财务造假案的主要事实和时间节点如表1所示。

表1　　　　　　　　　　RX财务造假事件始末

| 时间 | 事件描述 |
| --- | --- |
| 2019年4月 | RX在美国纳斯达克上市，并于同年7月在中国市场展开大规模扩张 |
| 2020年1月 | 有媒体披露RX涉嫌虚假交易，引起市场质疑。随后RX否认了相关指控，并表示将展开内部调查 |
| 2020年2月 | RX发布声明，称发现公司高管李某某和几名员工存在违反公司价值观、规章制度和伦理道德的行为，涉嫌虚假交易，涉及金额近22亿元人民币 |

---

① 任淑杰、秦小涵：《信息不对称视角下上市公司被做空的分析——基于瑞幸咖啡的案例》，《中国市场》2021年第5期。

续表

| 时间 | 事件描述 |
| --- | --- |
| 2020年4月 | RX公布了第四季度和全年业绩，数据显示公司2019年实现营收12.95亿元人民币，净亏损21.3亿元人民币。同时，公司披露了关于虚假交易的调查结果，确认存在虚假交易，金额达23亿元人民币 |
| 2020年5月 | RX宣布解雇涉嫌造假的李某某等，并公布了一份名单，称约11名高管和员工参与了涉嫌造假的行为。同时，公司公告称将被摘牌 |
| 2020年6月 | 纳斯达克正式决定摘牌RX的股票。此外，RX还面临多项集体诉讼和刑事调查 |
| 2021年2月 | RX公布了2020年第四季度和全年的业绩，数据显示公司实现营收20.47亿元人民币，净亏损22.58亿元人民币。同时，公司表示已经与美国证券交易委员会（SEC）和纽约证券交易所（NYSE）达成和解，同意支付3.3亿美元的罚款，以了结在美国的集体诉讼 |

RX的财务造假主要源于公司的商业模式。要理解这种财务造假，必须先了解这种快速消费品行业的商业模式。RX以星巴克为主要竞争对手，通过"烧钱+补贴"的策略快速占领市场，并涉足星巴克未涉及的外卖市场份额。其中，"烧钱"是最重要的因素。虽然资源浪费严重，但这是互联网公司发展的基本思维方式。不仅RX，其他如租车、外卖行业的公司等也是如此。此外，RX的主要股东之一大钲资本表示，该公司的商业模式有三大优势。第一，租金成本优势。RX通过线上渠道获取客户，线下门店进行服务，平均每杯咖啡的租金成本远低于星巴克。第二，RX的线下门店将实现线上与线下结合。第三，在新的零售模式下，RX已拥有大约1600万付费用户，未来还将吸引中国城市中最年轻、最有活力的顾客，直接接触他们的需求。

在以市场为导向的新零售模式下，顾客可以通过手机点单，然后由便捷高效的渠道进行配送。RX通过线上App的开发、线下门店的扩展以及外送业务的开展，更大程度地提高了顾客享用咖啡的便利性。传统的咖啡场所是一种线下空间，只有有限的场景，主要强调咖啡馆文化，而RX通过创新，采取扩大场景范围的策略，打破线上与线下的边界，将"场"带到消费者身边。RX能在短时间内从竞争激烈的咖啡市场中突出重围，也

案例三　复盘RX：新零售商业模式下经营风险的识别与应对

得益于这种创新手段。咖啡行业的各个风险投资方被RX的"新"理念吸引，纷纷加入其中，使RX的资本力量逐渐壮大。大规模的融资为RX迅速扩张奠定了坚实的基础。在上市前，RX经历了多次大规模的正式融资，资本的支持力量使RX的扩张速度越来越快，并且有着越来越大的影响力，使其在连续亏本的情况下，仍然能够维持下去。从RX的招股说明书可以看出，其获客成本从2018年第一季度到2019年第一季度呈明显下降态势，数据由每位103.5元降至16.9元，有效控制了获客成本。RX形容自己为"数据和技术驱动"的公司，通过快速扩张的方式，以期分摊总公司集中统一管理和广告营销等部分的成本，进而迅速降低经营成本。

新零售商业模式是当今零售业的趋势之一，它将实体店和互联网技术相结合，通过多元化的销售渠道和智能化的服务方式来满足消费者的需求。RX是中国新零售咖啡市场的领先者之一，其采用线上和线下相结合的商业模式，通过直营店、小型无人咖啡厅等多种形式拓展销售渠道，快速扩张市场份额。然而，RX在财务方面的造假事件引起了业内外的广泛关注和深刻反思。这一事件给新零售商业模式下的企业经营风险带来了很大的警示和挑战。作为商业行为的一部分，企业必须遵守道德和法律的规定，保证信息的透明性和可靠性，以维护商业道德和行业形象，赢得消费者和投资者的信任。

## 第三部分　案例分析

### 一　RX的财务造假手段

（一）虚增收入利润

虚增收入利润体现在以下两个方面。其一，通过虚增销售商品数量来夸大销售业绩。RX公布的数据显示，其2019年第三季度每家门店单日销售商品数为444件，预计第四季度可达483—506件。但HS公司通过92名全职和1418名兼职员工在2019年第四季度开始对RX的实际销售数据进行线下追踪，发现每家门店单日销售商品数仅为263件，并且发现了利用

"跳跃式订单"来激增提货数量的行为。通过比较 RX 公开数据和报告中实际走访数据，可以得出同一家门店在同一天的在线订单数量膨胀范围为 34—232 单，每家门店每天的销售数量在 2019 年第三季度时被虚增了 69%，在 2019 年第四季度时被虚增了 88%。其二，通过虚增每件商品的净售价来夸大销售业绩。根据 RX 公开的数据，其 2019 年第三季度每件商品的净售价达到 11.2 元，但 HS 公开的做空报告显示，通过收集 25843 份客户收据，发现单件商品净售价只有 9.97 元。两者相比，RX 幸虚增了至少 1.23 元的单件商品净售价。

(二) 虚增成本费用

虚增成本费用主要表现在虚增广告费用方面，尤其是在与分众传媒的广告支出方面。在 2019 年第二季度财报中，RX 首次披露了其广告支出总额为 2.42 亿元，其中解释了 1.545 亿元，仅占总广告费用支出的 64%。CTR 市场研究的跟踪数据显示，在 2019 年第三季度，RX 财报中显示的广告费用为 3.82 亿元，而分众传媒所支出的费用为 4600 万元，仅占总广告费用支出的 12%。这个数字明显低于前几个季度，如果第三季度的非分众传媒广告支出相差不大，则说明 RX 虚增了至少 150% 的广告费用，达到了 3.36 亿元。相比于虚增的营业利润（3.97 亿元），这两个数字差别不大，说明 RX 极有可能将虚增的广告支出用于"弥补"营业利润缺口。

(三) 利用关联交易

其一，RX 2019 年的资产负债表显示，截至 2018 年年底，应收关联方款项高达 1.48 亿元，远超在线支付平台应收账款（460.9 万元）。到 2019 年 9 月，应收账款总额仅为 1142.9 万元，这可能意味着存在关联方交易行为。公司董事长陆某某涉嫌通过将 1.37 亿元资产转移到咖啡机供应商，也是关联方的王某某名下来实现资产转移。此外，陆某某也是神州租车的大股东，神州优车[①]2019 年中报显示，他持有该公司 10.05% 的股份。另外，RX 还存在将内部资金拨给 QDYW，而后者再反过来购买 RX 产品的行为，

---

① 神州租车的运营主体公司为神州优车。

从而增加其自身收入的嫌疑。其二，据 HS 做空报告指出，RX 管理层虽然强调从未出售过公司任何股份，但通过股票质押的方式已兑现了其 49% 的股票持有量，占已发行股票总数的 24%。此外，RX 通过增发和发行可转换债券筹集了 8.65 亿美元的资金，用于推进其"无人零售"战略，这可能成为管理层吸走大量现金的方式。综上所述，RX 可能存在关联方交易行为与利用股票质押和债券发行等方式大量动用现金的违规行为。这些迹象暗示 RX 涉嫌虚假宣传和财务造假行为。

## 二 基于经营环节的风险分析

根据前述分析，RX 的财务造假案例揭示了企业经营中存在的多种风险，这些风险可能对企业的财务状况、市场表现和声誉产生长期的影响。识别 RX 财务报表重大错报的经营环节风险，主要包括供应环节的风险、财务风险、销售环节的风险以及内部治理与管理环节的风险四个方面。

### （一）供应环节的风险

供应环节是企业进行生产经营销售的基础环节，企业的整体效率、成本、质量指标取决于该环节，所以各环节均存在风险。如果该环节风险因子未能被准确识别与评估，就可能演变为企业的重大错报风险，给企业和财务报表具体项目带来一系列不利的影响。对于审计师而言，需要了解与评估的企业供应环节的风险，主要包括采购风险与供应链成本风险等。

一是采购风险。RX 在虚构销售交易的同时，还伪造了原材料采购交易来保持营业收入和营业成本之间的勾稽关系以免露出破绽。所以，RX 在供应环节存在采购风险。该风险会导致财务报表存货、营业成本、预付账款以及应付票据等科目出现重大错报，需要采取措施规避和防范。在进行经营环节风险识别与评估时，应当对采购风险进行重点关注，同时考虑该风险对企业库存、生产成本以及企业后续生产销售可能产生的影响。RX 在采购咖啡豆时，往往会以低价为主要考虑因素，忽视咖啡豆的品质问题，这也导致了 RX 的采购风险。RX 采购的咖啡豆大多来自低价供应商，质量参差不齐，有些甚至不符合食品安全标准，这对公司的口碑和品牌形象都会带来负面影响。表 2 是 RX 2019 年第四季度的采购成本和采购量数据。

表2　　　　　　RX 2019 年第四季度的采购成本和采购量　　（单位：亿元，吨）

| 时间 | 采购成本 | 采购量 |
| --- | --- | --- |
| 2019 年第四季度 | 1.11 | 2962.41 |

从数据可以看出，RX 在 2019 年第四季度的采购成本为 1.11 亿元，而采购量达到了 2962.41 吨，平均采购成本为 37469.5 元/吨，较市场平均价格偏低。这也表明 RX 在采购咖啡豆时，往往以低价为主要考虑因素，而忽视品质问题。这种做法不仅会导致采购成本风险，还会对公司的产品质量和口碑带来负面影响。

二是供应链成本风险。供应链成本风险会使得企业原材料成本过高，生产成本增多，进而影响到企业净利润。2021 年 1 月 7 日，RX 24 名中高管签署要求罢免董事长郭某某的联名信中，指出郭某某控制采购体系人员，与供应商关系过近且与不符合资质的供应商合作，以及采用 CEO 特批等手段，跳过正常的采购流程给某些与他关系密切的供应商输送巨额利益。因此，RX 在供应环节存在供应链成本风险。该风险也会导致 RX 在供应环节产生财务报表重大错报的可能性增加，影响企业财务报表中的存货、营业成本、流动资产和净利润这些会计科目，企业应当对此风险加以防控。同时，RX 在财务造假事件中还存在库存管理风险。RX 在造假过程中采用了"虚增销售、虚减成本、虚增库存"的手段，通过夸大库存规模来支撑销售收入。表 3 是 RX 2019 年第三季度和第四季度的库存数据。

案例三 复盘RX：新零售商业模式下经营风险的识别与应对

表3　　　　　RX 2019年第三季度和第四季度库存数据　　　　（单位：亿元）

| 时间 | 库存 |
|---|---|
| 2019年第三季度 | 2.216 |
| 2019年第四季度 | 2.896 |

从数据可以看出，RX在2019年第四季度的库存规模较2019年第三季度增加了近0.7亿元，这也是造假事件中库存管理问题的一个表现。过多的库存会占用公司资金和仓储资源，增加公司的经营成本，对公司的财务状况和经营效率都会造成不良影响。

（二）销售环节的风险

销售环节是企业获得收入、获取利润的重要环节。销售环节存在的风险因子也会对企业自身和财务报表产生影响，严重时会导致财务报表重大错报，故审计师应当重视销售环节的风险因子识别与评估，该环节主要存在的风险包括需求风险、价格风险、销售成本风险、退货风险和渠道风险等。表4展示了RX 2017年至2020年第三季度销售环节的相关数据。在销售环节可能导致重大错报风险产生的因子主要是需求风险、价格风险和销售成本风险。

表4　　　　　RX 2017年至2020年第三季度销售环节相关数据

（单位：个，元，%）

| | 2017年 | 2018年 | 2019年 | 2020年第三季度 |
|---|---|---|---|---|
| 门店数量 | 660 | 2073 | 4910 | 4680 |
| 客单价 | 19.3 | 17.3 | 16.2 | 14.9 |
| 毛利率 | 24.3 | 21.2 | 12.2 | 12.9 |
| 同店销售增长率 | — | 44.4 | 8.7 | −15.3 |
| 营业收入 | 7.79亿 | 21.05亿 | 97.43亿 | 18.24亿 |
| 成本费用 | | | | |
| 原材料成本 | 3.99亿 | 9.85亿 | 51.16亿 | 8.68亿 |
| 工成本 | 1.61亿 | 5.59亿 | 22.52亿 | 4.61亿 |

·55·

续表

|  | 2017 年 | 2018 年 | 2019 年 | 2020 年第三季度 |
|---|---|---|---|---|
| 成本费用 |  |  |  |  |
| 租赁成本 | 0.52 亿 | 1.57 亿 | 10.36 亿 | 2.13 亿 |
| 其他成本 | 0.66 亿 | 1.92 亿 | 11.43 亿 | 2.25 亿 |
| 毛利润 | 1.99 亿 | 3.12 亿 | 2.36 亿 | 2.35 亿 |
| 净利润（亏损） | -2.19 亿 | -3.56 亿 | -11.84 亿 | -3.10 亿 |
| 总资产 | 5.96 亿 | 16.28 亿 | 64.81 亿 | 13.71 亿 |
| 总负债 | 5.94 亿 | 12.27 亿 | 50.27 亿 | 12.41 亿 |
| 净资产 | 2.19 亿 | 4.01 亿 | 14.54 亿 | 1.30 亿 |

资料来源：所有数据均为 RX 公开披露的财务数据。

一是营销费用过高。为了获取更大的市场份额、提高产品知名度，RX 需要不断提高销售费用，尤其是广告费和促销的投入力度，并优化企业的营销策略，使得 RX 的销售成本逐年上涨。RX 利用这笔巨大的成本费用，虚增广告费。根据 HS 供的报告，RX 在 2019 年第二季度财报上披露，在其 2019 年第二季度 2.4 亿元广告支出总额中，FZ 传媒占 1.4 亿元。从央视市场研究公司数据中可知，2019 年第三季度 RX 在 FZ 传媒的广告投放只有 4600 万元人民币，是 RX 报告（3.82 亿元人民币）的 12%。另外，RX 的原材料成本、人工成本、租赁成本和其他成本均在逐年增加，特别是 2019 年各项成本费用的增幅均超过销售收入的增幅，导致 RX 的盈利能力进一步下降。

二是销售单价下降。合理定价是企业平稳持续发展的重要条件，过高的价格会丧失消费者，而过低的价格又难以增加企业利润。RX 提高了每件商品的净售价。HS 提供的报告中显示，RX 每件商品的零售价至少虚增了 1.23 元。[①] 匿名报告中，通过统计 25843 张小票，计算出来价格平均为

---

[①] 廖贤鑫、薛同欣、白晶月：《资本市场做空机制分析——基于浑水做空"瑞幸咖啡"的案例研究》，《国际商务财会》2021 年第 2 期。

9.97元。他们还运用了统计学分析的方法，使得数据99%的置信区间为9.87—10.07元，而由于公司商品基本都是以打折扣的形式销售以吸引消费者，9.97元的平均价格是实际挂牌价格的46%，并不是管理层说的55%。由于夸大了销售数量和销售单价，营业收入自然远高于真实水平，真实情况下门店层面的亏损高达24.7%—28%。所以RX在销售环节存在价格风险，需要采取相应措施来规避企业重大错报风险的产生，降低出现财务报表重大错报的可能性。另外，RX的客单价从2017年的19.3元到2020年第三季度的14.9元，呈持续下降趋势。这可能说明消费者对RX产品的认可度和忠诚度在下降，导致销售额下降。RX 2018年同店销售增长率为44.4%，2019年下降至8.7%，2020年第三季度则呈现负增长。这表明RX的门店扩张带来的新销售额增长已经无法弥补老门店销售额下降的损失，从而导致销售额增速下降。

三是订单数量和销售数量不匹配。RX的订单数量和销售数量在2019年和2020年出现了不匹配的情况。例如，在2019年第一季度，订单数量为3924万单，而销售数量仅为3020万单。类似的情况在2020年第一季度也出现了。这种不匹配可能是由于虚假交易或其他不当行为导致的。HS提供的报告中提到，RX每个门店每天的商品销售数量在2019年第三季度至少夸大了69%，第四季度则夸大了88%，而RX虚增销售数量的方式则是通过关联方交易虚构销售。RX的管理层首先根据再融资和市值管理的业绩需要确定营业收入目标，据此制定咖啡代金券销售数量，并安排关联公司汇入购买代金券的账款，同时通过IT手段分摊所发放的咖啡代金券，模拟咖啡消费行为，虚构销售交易。利用该需求风险会对RX的销售状况以及市场竞争力产生影响，可能演变为企业的重大错报风险，进而使得财务报表中营业收入、净利润等科目出现错报。

四是产品缺乏核心竞争力。RX的盈利模式主要依赖咖啡产品销售，但在竞争激烈的市场中，RX的产品同质化严重，缺乏差异化优势。因此，公司主要通过价格折扣来吸引客户，这导致客户忠诚度较低，当价格折扣减少时，客户可能会转而选择其他品牌的咖啡产品。此外，RX管理层在控制方面存在重大缺陷,包括虚构大量销售交易等行为。由于公司管理层与社会公众之间存在重大信息不对称,RX 管理层通过多渠道进行虚假宣传来误导和欺骗投资者。RX 在美国上市,因此,国内投资者购买该公司的股票而遭受损失。尽管现有证券法对此类情况进行了原则性规定,但追究 RX 及其相关管理人员的责任仍然存在实际可操作性上的困难。对于国内投资者而言,追究 RX 的责任或许可以部分或全部挽回其损失。

(三) 内部治理与管理环节的风险

企业内部治理环节的风险主要表现在治理制度设计不合理或运行机制不健全,而给公司持续经营带来的不稳定性及对公司总价值的影响。企业内部治理与管理环节的风险识别是对公司治理制度的完善性以及内部控制有效性的检验。对于审计师而言,需要分析与评估的内部治理与管理环节的风险主要包括治理层风险、人力资源风险、行政管理风险、运营平台风险、信息风险及财务风险等。RX 在该环节主要存在的风险因子是控制权过度集中、高管薪酬过高、缺乏监管机制、内部控制不完善和现金流管理不善。

一是控制权高度集中。RX 的创始人、董事长兼 CEO 陆某某持有公司超过 30% 的股权,其对公司的决策具有很大的影响力,且公司内部没有有效的监督机制来制约他的权力,可能会导致公司决策过于集中化,难以适应市场变化。

二是高管薪酬过高。RX 的高管薪酬高于同行业平均水平,其中 2019 年陆某某的薪酬为 3.83 亿元,高管薪酬过高可能导致公司盈利能力下降,给公司财务状况带来风险。

三是缺乏独立董事和监管机制。RX 的董事会中只有 2 名独立董事,缺乏独立监管机制,这可能导致公司决策不够公正、不透明,给公司治理带来风险。

四是内部控制不完善。RX 在内部控制方面存在漏洞,包括未能建立有效的审计、风险管理和内部控制制度,财务管理不够规范,会计准则应用不当,等等。这可能导致公司内部管理风险增加,财务数据出现错误。

五是现金流管理不善。RX 在扩张过程中大量借款,导致其资产负债率高,同时 RX 的现金流管理不善,经营活动现金流持续为负,导致公司现金流短缺,存在偿债风险。

RX 的内部治理风险主要表现为控制权高度集中、高管薪酬过高、缺乏独立董事和监管机制、内部控制不完善和现金流管理不善。这些问题可能会导致公司决策不够公正、不透明,内部管理风险增加,财务数据出现错误,同时也会对公司的盈利能力和偿债能力带来风险。因此,RX 需要加强内部治理,建立有效的监管机制,加强内部控制。

(四)财务风险

财务风险是指在各项财务活动过程中,由于各种难以预料或控制的因素影响,财务状况具有不确定性,从而使企业有蒙受损失的可能性。表 5 展示了 RX 财务风险的具体表现,导致 RX 重大错报风险的财务风险主要包括四个方面,即财务数据被篡改、虚构收入和利润、负债规模过大与财务运营不规范。数据分析方面,RX 内部员工在销售数据中添加了虚假订单,收入和利润被夸大,这是导致财务数据被篡改与虚构收入和利润的主要原因。同时,在快速扩张过程中,RX 过度依赖借款,导致公司负债规模过大,偿债能力下降。此外,RX 在管理和审计方面存在缺陷,导致财务数据未能得到有效监控和审计。

表 5　　　　　　　　RX 财务风险的具体表现

| 财务风险 | 解释 | 具体表现 |
| --- | --- | --- |
| 财务数据被篡改 | 销售数据被虚构,从而产生不存在的收入和利润 | RX 内部员工在销售数据中添加了虚假订单,导致收入和利润被夸大 |
| 虚构收入和利润 | 销售数据被虚构,从而计入不存在的收入和利润 | RX 的虚假销售数据导致了不存在的收入和利润 |
| 负债规模过大 | 公司过度依赖借款,导致负债规模过大,偿债能力下降 | RX 在快速扩张过程中过度依赖借款,导致公司负债规模过大,偿债能力下降 |
| 财务运营不规范 | 公司的财务管理和运营存在缺陷,财务数据没有得到有效的内部审计和监控 | RX 在管理和审计方面存在缺陷,导致财务数据未能得到有效监控和审计 |

### 三 应对经营风险：RX 修复企业声誉之路

一是及时赔付达成和解。首先，在 RX 财务造假案曝光后，公司迅速自我揭露，承认存在造假行为，自我爆料的"抢雷策略"在一定程度上减轻了声誉受损的影响。RX 最初虽然坚决否认 HS 机构发布报告的指控，但在第三方质疑人员缺乏实质证据的情况下，仍在 2020 年 4 月 2 日自我揭露财务造假，以面对资本市场对 RX 裂变式增长的预期。及时揭露此前存在的财务造假案，一定程度上遏制了错误的扩散，并为企业改弦易辙奠定了基础。其次，RX 与美国证监会达成协议，同意支付 1.8 亿美元的赔款，以解决财务造假问题，此举让 RX 在美国证券市场保留了东山再起的机会。RX 积极进行经营整合和金融债务重组，积极对债权人赔付，保证债权人的权益，以避免追溯 RX 的舞弊事故。同时，RX 对相关责任人进行了人事变动，并组织新的企业架构，以修正之前企业存在的内部控制管理问题，通过人事变动降低原有管理团队对企业的负面影响。最后，在危机发生后，RX 及时赔付和解，是一个积极的行动。诉讼程序将带来高昂费用，将占用管理层大量时间影响经营活动，同时还会对公司产生负面影响，给美国证券市场留下不好的印象，影响后续合作。通过积极赔付和解，RX 获得了更多时间处理后续财务管理方面的事宜，并成功避免了财务诉讼的风险。

二是调整商业战略并优化经营模式。首先，RX 改变了企业战略，从过去的疯狂抢占市场到现在的针对性扩张。管理层采取了一系列措施以降低成本并提高效率，忽略因造假而导致的损失，导致营业损失同比大幅下降。这些措施包括：从疯狂扩张改为有序扩张，尽可能提高单店利润，不再过度追求以过分的营销手段争夺市场等。其次，提高了产品价格，以提高盈利能力。在 2022 年第二季度，直营门店层面的经营利润率达到了 31%。通过对财报进行分析，发现 2019—2021 年门店经营利润率的提高主要得益于租金、配送和销售费用的改善。这些改进是由于公司的下沉策略和对外卖订单的合理加价所带来的。除此之外，为了开拓市场并吸引顾客，RX还不断推陈出新。其将产品研发数字化，成功实现了更快、更精准的上新。RX的研发人员将口感等指标数字化，并将口味配方转化为量化算法，还结合门店的订单数据评估新产品的可行性。例如，2022年4月，爆品生椰拿铁的销量突破了1亿杯，而10月推出的新品生酪拿铁在上市首日的销量就突破了131万杯。这一拳头产品不仅为RX带来了新的利润增长点，而且展现了公司绝佳的数字化选品能力，为公司的业绩可持续性背书。最后，为了吸引客户，RX在各种销售和营销活动中投入了大量的成本，包括大规模的广告和促销活动。从年报中可以看出，2018年、2019年和2020年，销售和营销费用分别为7.46亿元人民币、12.515亿元人民币和8.769亿元人民币。这些花费用于推广品牌和产品，以及在深化业务与客户的关系等方面取得了不错的成果。从具体的行动方案来看，RX为了实现成本降低和效率提高，已经将过去采用的大规模赠送免费咖啡的裂变营销模式转变为更加精细化的网络社群营销，并且开始积极地进行推广。RX基于用户行为设定了标签，以此来精确地定位用户的行为数据。这种行为标签的设置一方面可以更加精准地提供具有针对性的促销活动，从而实现用户的留存；另一方面，这也有助于RX改进其产品，满足用户的需求。

　　三是积极调整治理结构。经过RX的退市，公司采取了积极的整改措施，包括罢免陆某某主导的"神州系"管理层人员，任命新的CEO郭某某和两名非"神州系"高管担任董事。整改后的董事会由七名成员组成，包含四名独立董事和三名执行董事，权责分配更加合理，独立董事人数占比超过半数，更有利于董事会发挥监督的职能。此外，公司召开股东大会对公司章程进行修订，规定公司股东不得将股份转让给任何与造假有关的原董事和管理层人员，以防止前管理层重新获得控制权。目前，DZ资本成为RX的第一大股东，成为公司的实际控制人，与陆某某及其关联方股权彻底完成清算，公司治理和内部监督得到重新优化和加强。在战略和目标设定方面，RX及时关闭亏损的门店，放缓门店扩张速度，加快产品的推新速度，通过大数据技术实现了"人、货、场"三大核心业务的精细化构建，建立全面的数据闭环系统，提高了公司的运营效率。在风险管控方面，RX建立了"三道防线"风险管理架构，持续强化风险管控能力，不断提升内部控制水平，同时聘请独立的预审计顾问和内部控制顾问来协助公司进行风险管理和识别控制，并提供加强措施的指导。

### 四 新零售商业模式下经营风险的应对

新零售商业模式的兴起为零售业带来了更多的商业机会，同时也带来了更多的经营风险。在新零售时代，企业需要采用更为灵活的经营策略，充分利用新技术，把握市场机会，同时也需要充分识别和应对各种经营风险，以保证企业的长期发展。笔者认为，新零售商业模式下的经营风险可以进一步归纳为以下几个方面。

一是供应链风险。新零售商业模式下，商品来源较为分散，难以控制供应链环节的风险。供货商信用不良、物流运输延误等都可能导致产品供应出现问题。为降低供应链风险，企业可以加强供应链管理，确保货源的可靠性和质量稳定性。同时，与供应商签订长期合作协议等方式，建立供应链合作伙伴关系，加强对货源的把控，保证商品的品质。

二是信息安全风险。由于新零售商业模式下大量的交易和沟通都在网络上进行，信息安全风险也成了一个需要考虑的问题。个人信息泄露、支付系统被黑客攻击等都可能发生。为应对信息安全风险，企业可以加强信息安全保护，通过技术手段和加强员工培训来提高信息安全保护能力，例如加强密码保护、实施数据加密等。

三是竞争风险。新零售市场竞争激烈，各大品牌争相进入这个领域，新的商业模式也不断涌现。同行之间的价格战、渠道战等竞争风险随之而来。为应对竞争风险，企业可以优化销售渠道，提高销售效率和客户体验，例如引入智能化系统，提供更便捷、更个性化的购物体验。

四是管理风险。新零售商业模式的管理需要涉及物流、库存、客户服务等多个方面，管理风险是一大难点。对于线上和线下的订单管理、库存管理的统筹等管理问题需要注意。企业可以建立科学的管理制度和流程，加强对数据的分析和利用，提高运营效率和管理水平。

同时，为了降低新零售商业模式下的经营风险，可以采取以下应对措施。

一是加强供应链管理。通过建立长期供应合作伙伴关系，加强对货源的把控，保证商品的品质和可靠性，从而提高供应链的稳定性和可靠性。

二是引入物联网技术。实时监测商品的库存和销售情况，及时调整进货计划，减少库存积压和滞销，提高库存周转率，从而降低企业的经营风险。

三是完善售后服务体系。建立健全的投诉处理、退换货服务和客户维护体系，提高客户满意度和忠诚度，避免因服务不佳而失去客户，从而降低企业的经营风险。

四是加强信息安全保护。通过技术手段和员工培训提高信息安全保护能力，例如加强密码保护、实施数据加密等，保护企业信息资产，从而降低企业的经营风险。

五是引入智能化系统。通过智能货架等新技术提高销售效率和客户体验，提供更便捷、更个性化的购物体验，从而提高企业的竞争力和经营效益。

六是优化管理流程。建立科学的管理制度和流程，加强对数据的分析和利用，提高运营效率和管理水平，加强与供应商、渠道商、合作伙伴的沟通和协作，共同推进市场营销和品牌建设。

七是加强风险管理。制定完善的风险管理策略和应急预案，及时应对可能出现的风险事件，确保企业经营的稳健性和可持续性。综上所述，新零售商业模式下的经营风险不可避免，但企业可以通过采取一系列的应对措施，如加强供应链管理、引入物联网技术、完善售后服务体系、加强信息安全保护、引入智能化系统、优化管理流程和加强风险管理，来有效地降低风险，提高企业的竞争力和经营效益。

## 五　结语

RX在财务造假事件"爆雷"后，积极解决内外部存在的问题，并持续发力经营环节。同时，该公司也持续拓展产品线和门店，这些措施终于在 2022 年实现了逆风翻盘。随着后疫情时代线下消费场景的恢复，RX 预计未来业绩将进一步增长。在逆境中不断创新商业模式，并持续完善新零售商业模式，这是 RX 能够实现逆风翻盘的重要原因之一。通过新零售商业模式，RX 实现了点位覆盖的先发优势，形成了从前端业务数据到后台数字化研发创新，再到公私域全面营销相互支撑的良性循环。同时，RX 通过不断完善后端技术，赋能供应链，从而实现了门店效率的提升。综合来看，企业需要适应不断发展的经济形势，通过商业模式的创新和完善，巩固自身的竞争优势和品牌壁垒，最终实现可持续发展。RX 逆风翻盘的成功经验值得借鉴，尤其是在新零售领域，不断提升技术水平、完善商业模式、优化供应链、提高门店效率等方面，都是非常关键的。

# 案例四

## STFG"滑铁卢":战略风险对重大错报风险的传导

### 万国超 吴佳春

**摘要:** 作为中国实体经济的重要组成部分,钢材行业在国家制造业发展中具有重要地位。然而,由于中国钢铁行业的企业基数较大、良莠不齐,在市场竞争中需要灵活调整自身的发展战略以适应新环境的需求,这往往会给企业带来一定的战略风险。同时,战略风险的存在也会进一步引发企业的错报风险,从而对企业造成重大的财务损失。针对这一问题,本研究借鉴现代风险导向审计理论,以STFG为例,对公司的战略管理动态过程进行准确还原,并使用相关风险分析工具识别和评估公司的战略风险,探究战略风险演变为重大错报风险的机制,以期为钢材行业重大错报风险审计提供有益的借鉴。

**关键词:** 战略风险;重大错报风险;直接传导;间接传导

## 第一部分 理论导入

### 一 公司战略风险的一般传导机制

在大多数情况下,公司的战略风险会首先影响经营环节,然后通过这些风险间接传导到财务报表。例如,随着时间的推移和行业环境的变化,公司可能会面临顾客需求变化的风险,这可能导致存货过时、产品积压、销售目标难以实现、市场份额损失等结果。这些影响会最终反映在财务报表上,例如存货贬值、计价不准确、固定成本累积在存货中、单位成本降低、毛利率虚高等。在少数情况下，公司的战略风险可能直接传导到财务报表上，对财务报表产生直接影响。这些风险包括投资风险、产能扩张风险、并购风险等。例如，企业为了追求盈利增长，可能会选择快速扩张产能，这会直接体现在财务报表中的"在建工程"项目上。如果在建工程投入使用，企业的规模和收入将立即扩大，企业的利润也可能倍增。但同时，"在建工程"也是一把双刃剑，如果盲目扩产导致产能过剩，则可能会使企业遭遇困境。随着中国市场经济的发展，企业之间的并购重组现象越来越多。企业并购这一战略选择将直接影响合并财务报表的编制，同时并购带来的对经营能力、盈利能力、偿债能力以及巨额商誉的挑战在合并报表中都有所体现。因此，在审计财务报表时，审计人员需要关注公司的战略风险，包括经营风险和财务风险，并评估这些风险对财务报表的影响。

## 二 战略风险对经营环节和财务报表的影响

### （一）来自宏观环境的战略风险

部分战略风险源于宏观环境的威胁，可能会对企业的生产和经营产生重大影响，并反映在财务报表中。例如，政治和法律方面的风险，各国政府通过法律法规对企业的经营活动进行限制和规范，如《环境保护法》《劳动保护法》《反倾销法》等。企业在遵守法律的前提下开展生产和经营活动，如违反法律规定则会被处以罚款，造成经济损失。

在经济方面，利率、汇率、失业率和通货膨胀率的波动可能会影响企业的经营环节，并最终反映在财务报表中。银行、汽车和房地产等行业对利率变化尤为敏感，因为利率可以影响消费者的消费倾向和储蓄倾向。当实际利率上升时，边际储蓄倾向随之提高，边际消费倾向下降，从而导致有效需求不足，影响企业的生产、销售、成本和收入。此外，如果失业率维持在较低水平，说明大部分劳动力都已经充分就业，在这种情况下，企业难以为扩张的生产线找到足够的劳动力，这可能导致企业的工资成本增加。当能源价格上升时，几乎所有企业的生产成本都会增加。

在社会文化方面，大众的文化习俗、生活方式、社会压力、态度观点都会对企业产生很大的影响。例如，当企业处于困境时，员工士气低落，其行为也会受到影响，同时可能会出现问题。此外，顾客对特定产品（如酒品、香烟）的态度、员工对加班的态度以及人们的受教育程度和对生活质量的要求等，都会在不同程度上影响企业的生产和经营活动，进而影响销售收入和成本。

科学技术的进步和发展对企业的各个方面都会产生广泛而深远的影响，包括企业的基本经营活动、产品的营销渠道、设计研发过程、信息处理利用以及内部控制等。在行业整体创新速度较快的情况下，如果企业固守过时的技术，那么来自技术方面的变革就会对企业的生存和发展造成较大的威胁。因此，采用生产效率高的先进技术有利于形成成本优势和规模效应；相反，采用生产效率低的过时技术不仅会增加生产成本，还会导致存货和固定资产发生减值。

（二）来自行业环境的战略风险

在企业经营方面，来自行业内外部的各种威胁都可能对企业经营流程和财务报表项目产生影响。其中，科技的进步和发展对企业的生存和发展至关重要。采用生产效率高的先进技术，有利于形成成本优势和规模效应；相反，采用生产效率低的过时技术会增加生产成本、降低生产效率，使存货和固定资产发生减值。在外部威胁方面，来自潜在进入者和行业现有竞争对手的威胁最有可能影响企业的销售活动。替代品的威胁则会促使企业进行研究开发以保持市场竞争力。来自客户的威胁主要是影响营销、销售和分销，客户的议价能力越强，就会压低企业的销售收入。来自供应商的威胁则主要影响原材料的取得和作业活动，如供应商提高原材料价格或降低原材料质量等，都可能导致产品生产成本上升。对审计人员而言，这些威胁所引起的审计关注集中于资产和存货的估价，因为这可能导致存货和与存货生产销售相关的资产减值。来自供应链的威胁也可能对企业的经营产生影响，供应链威胁包括物流、仓储和供应商的破产等方面。如果物流和仓储方面存在问题，则会导致产品交付延误，客户满意度下降；如果供应商破产,则企业需要寻找新的供应商,可能需要更高的成本。审计人员需要对这些外部威胁进行评估和控制,以确保企业能够稳健运营并实现财务目标。这可能包括对企业战略、风险管理、内部控制等方面的审计。例如,审计人员需要评估企业是否制定了应对外部威胁的战略和计划,是否实施了有效的内部控制措施来减少外部威胁带来的风险,是否能够及时获取和处理与外部威胁相关的信息,并对此进行适当的应对。

### 三 关于战略风险对重大错报风险的直接传导

本研究涉及战略风险分析对财务报表重大错报风险的直接传导,如表1所示。

表1　　战略风险对财务报表重大错报风险的直接传导

| | 战略风险 | 对财务报表的影响 |
|---|---|---|
| 宏观环境 | 技术环境:设备老化、效率低下、利润空间缩小 | 在建工程激增;固定资产不合理增长 |
| | 技术环境:设备更新换代,需对设备投入资金以进行改造 | 企业偿债能力不足,导致贷款困难 |
| 行业环境 | 供应商议价能力威胁:原材料价格不断上涨,利润空间缩小 | 经营活动现金流量净额低于净利润,利润结构不合理 |
| | 来自替代品的威胁:国外进口特钢的威胁 | 存货周转率降低,企业存货不能及时变现;总资产周转率与行业均值相差较大 |

### 四 关于战略风险经由经营环节对重大错报风险的间接传导

本研究涉及战略风险经由经营环节对重大错报风险的间接传导,如表2所示。

表2　　战略风险由经营环节对重大错报风险的间接传导

| | 战略风险 | 对经营环节的影响 | 对财务报表的影响 |
|---|---|---|---|
| 宏观环境 | 经济环境:行业持续衰退,下游需求不足,产能过剩 | 客户信用政策调整 | 应收账款剧增;坏账计提比例不断增长 |

案例四 STFG"滑铁卢":战略风险对重大错报风险的传导

续表

|  | 战略风险 | 对经营环节的影响 | 对财务报表的影响 |
|---|---|---|---|
| 行业环境 | 技术环境:技术落后、设备老化<br>行业内竞争对手:竞争对手数量多、竞争激烈<br>替代品威胁:国外高品质进口特钢 | 产品积压<br>存货过时<br>产品滞销 | 存货占总资产比居高不下 |

## 第二部分 案例情况

STFG 是由抚顺特殊钢（集团）总公司联合其他四家公司以共同出资发起的方式在 1999 年成立的，注册资本为 4 亿元人民币。该公司于 2000 年 12 月在中国上海证券交易所创业板上市，股票代码为 600399。该公司属于黑色金属冶炼及压延加工业，以特殊钢和合金材料的研发制造为主营业务，主要产品包括高温合金、不锈钢、工模具钢、合金结构钢等。这些产品广泛应用于航空航天、能源电力、石油化工、交通运输、机械机电、环保节能等领域。该公司的经营模式为传统的特殊钢和合金材料研发、制造与销售模式。证监会在 2019 年 12 月 12 日发布了《中国证监会行政处罚决定书》，指出 STFG 在 2010—2017 年的定期报告中存在多项虚假记载。该公司以伪造、变造原始凭证及记账凭证、修改财务系统数据等方式，进

表3　　　　　　　STFG 虚假记载项目　　　　　（单位:万元）

| 项目 | 金额（百万元） |
|---|---|
| 虚增存货 | 1989.34 |
| 虚增在建工程 | 1138.54 |
| 虚增固定资产 | 841.58 |
| 虚增固定资产折旧 | 87.39 |
| 多列主营业务成本 | 1989.34 |
| 虚增利润总额 | 1901.94 |

资料来源:有关 STFG 的处罚公告。

行了虚假记载多项财务数据的舞弊行为，证监会对此予以处罚。表3展示了 STFG 虚假记载的项目。

STFG 利用虚假记载财务数据的手法，将应计入成本的原材料计入存货，导致成本少结转累计198934万元。同时，将部分虚增的存货转入在建工程和固定资产，以虚增资产的方式营造出高毛利率和良好销售业绩的假象，累计虚增利润190194万元。随后，STFG 对2010—2016年的年度财务报表进行追溯调整，结果使利润由盈转亏。

STFG 的舞弊手法相对单一，采用伪造和修改原始凭证与记账凭证的方式，以虚减成本的手法，将本应结转为成本的数据转入存货，从而虚增利润。① 然后，将虚增的部分存货转移到在建工程和固定资产，进行资本化，从而营造出毛利率较高、销售业绩良好的假象。虽然企业在虚减成本时采用了伪造和变造原始凭证的手法，使少计成本相对难以发现。但是，虚增存货、在建工程和固定资产等手法本质上可以通过实地盘点、核验资产卡片等审计手段进行检查。然而，这些审计手段却从未揭露出来，可能存在注册会计师未勤勉尽责的问题。图1详细展示了 STFG 财务舞弊的过程。

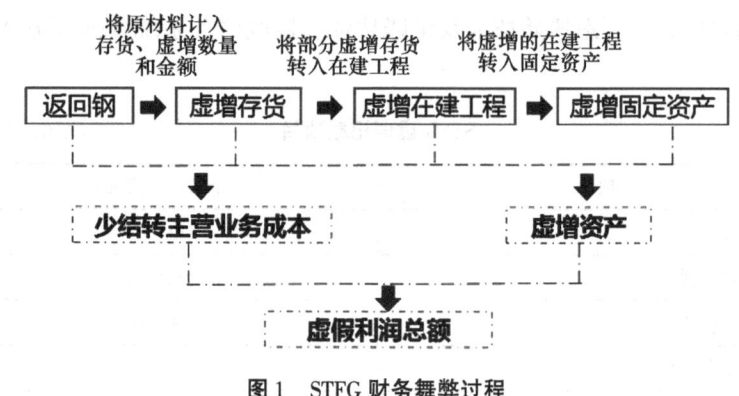

图1　STFG 财务舞弊过程

---

① 刘旺：《上市公司虚增利润舞弊的审计风险研究》，博士学位论文，河北经贸大学，2020年。

案例四　STFG"滑铁卢"：战略风险对重大错报风险的传导

# 第三部分　案例分析

## 一　STFG 的战略分析

根据 2016—2018 年企业年报分析，STFG 的发展战略为高端产品战略，通过投入研发和技术改造聚集核心产品高温合金、高强度钢、高档工模具钢和特种冶炼不锈钢等，同时加大对高端特殊钢新材料的研发和制造投入。公司持续推进以技术研发为依托的产品结构调整，聚焦于"三高一特"（高温合金、高强度钢、高档工模具钢和特种冶炼不锈钢）等核心产品，服务国内高端制造业的发展。公司重点关注产品结构优化、技术能力提升、服务体系建设和成本控制，以确保在行业中具有竞争优势。

（一）宏观环境分析——PEST 分析法

从政治角度分析，钢铁行业因为产能过剩的问题，其融资授信政策受到了限制，央行降准降息也未能缓解其融资难、融资贵的问题。企业面临授信存量规模压缩、抽贷与涨息问题突出、续贷难度大等困难，一些企业甚至因限贷、抽贷而不得不停产。

从经济角度分析，钢铁企业的经营受到国民经济周期的影响，波动较大。在全球化市场竞争激烈的环境中，上游产业的资源需求紧张，下游产业的投资大规模缩减。2010—2015 年，钢铁行业面临着宏观形势的严峻挑战。2015 年，国际铁矿石价格整体大幅下跌，进口铁矿石价格远低于国内价格，导致国内大部分矿山企业亏损，部分企业被迫停产。2016 年以后，钢铁行业的经济状况有所好转，但其下游产业需求不足，未能对钢铁行业的发展产生积极作用，使得钢铁企业面临着产能过剩的压力。[1]

从社会角度分析，钢铁行业作为高能耗、高污染行业，受到环保政策的严格管控。2015 年实施的环保法，特别是针对重污染行业，环保部门加

---

[1] 张美悦：《我国钢铁企业审计风险研究——以 ST 抚钢为例》，博士学位论文，北京交通大学，2020 年。

大了对其监督、监管力度,明确了奖惩措施,增加了钢铁行业的整体环保压力。钢企受到用电、用水等方面的制约,发展受到影响。2019年4月,生态环境部等五部委共同下发了《关于推进实施钢铁行业超低排放的意见》,对钢铁的产能和排放量提出了更高的要求。钢铁企业需要面对不断增加的环保压力,特别是在废弃物的排放方面,需要淘汰旧设备并加大环保投入,这无疑增加了资金压力和企业的责任。

从技术角度看,对于许多钢铁企业而言,其生产技术相对较陈旧,生产设备老化,难以保证正常的生产效率,导致生产设备缺乏竞争力,甚至有些已经无法正常生产。因此,这些企业的生产效率变得低下且能耗高,同时也出现了大量的固定资产减值。为了应对这种状况,不少钢铁企业进行了固定资产减值的转销操作,但这可能会导致审计风险较高。由于钢材行业的更新和迭代,规模较小的钢厂受到的影响更大,严重的情况下可能会面临倒闭等生存危机。此外,自2018年11月1日开始实施的"螺纹钢新国标"提高了对钢材产品质量的要求,未来需要进一步淘汰落后产能。

(二)行业环境分析——五力分析法

行业内竞争对手的威胁较大。进入21世纪以来,中国钢铁行业得到迅猛发展,但环境、能源、资源和技术等多方面因素的制约与影响日益突出。随着中国经济发展进入新常态,整个钢铁行业受到了较大的冲击和挑战。2015年,中国钢铁产销均已到达峰值并呈下降趋势。钢铁行业由之前的微利转为整体亏损,整个行业陷入"寒冬"。[①] 国内特殊钢行业竞争激烈,集中度在国家政策和市场的驱动下正在加速提升。特殊钢企业数量众多,分布较为分散,集中度低。由于企业过多,STFG长期面临着严峻的竞争形势。

新进入者的威胁较小。中国钢铁行业属于资本密集型、下游驱动型行业,具有较高的准入壁垒。高温钢的冶炼水平高、政策支持及军工领域的

---

[①] 赵瀚翔:《钢铁行业发展现状与产业结构调整战略选择——以抚顺特钢为例》,《现代商贸工业》2017年第1期。

## 案例四　STFG "滑铁卢"：战略风险对重大错报风险的传导

特殊性等原因，以及企业生产的军工所需材料具有技术含量高、生产企业认证周期长及壁垒高的特点，使得外来者难以进入，为 STFG 构建了一道天然的行业"护城河"。[①]

购买者的议价能力较小。随着各种环保政策的实施，很多排放不达标的钢铁企业接连亏损。面对不断增大的环保压力，特别是对于废弃物的排放，这些在环保上不达标的企业不能持续经营或者只能转向其他产品。在竞争对手相对减少的情况下，市场需求不变，而供应方减少，因此购买者的议价能力较小。

供应商的议价能力较大，因为 STFG 生产的特殊钢主要使用的是有色金属，这种原材料价格波动较大，进而会影响公司成本。主要原材料价格的波动，可能对企业业绩产生一定的影响。尽管 STFG 采取"以销定产"的营销模式，在订单确认后锁定相应原材料的价格，以原材料采购成本、加工费等作为定价基础，但仍无法完全规避或转移风险。

替代品的威胁较大，主要来自国外进口钢材的威胁。中国正处于工业转型升级的重要阶段，高端制造业，如装备制造、新能源产业、航空、航天和军工等，正在快速发展。特钢行业面临更大的机遇，需求提高，高品质特殊钢作为"六大新兴产业"之一，得到国家政策的大力支持。但由于技术等方面的限制，国内特殊钢的生产仍存在很多关键、核心部件无法自主生产的问题。低端产品产能过剩，而高技术含量产品却不能满足国内高端制造业的发展需求，高端产品供给不足，未来可能存在进口特钢的威胁。

综上所述，从宏观环境和行业环境来看，行业的整体需求急剧下滑与行业内的激烈竞争导致了 STFG 的资金短缺和利润下滑的风险。为了在多重压力下求得生存，掩盖财务状况的行为可能会反映在财务报表中。这也为战略风险演变为重大错报风险做了"铺垫"。

---

[①] 佟雪菲：《抚钢发展困境、化解历程及其对钢铁行业的启示》，《冶金经济与管理》2021年第2期。

## 二 战略风险间接传导——通过经营环节风险演变为重大错报风险

根据对 STFG 外部环境的分析可以得出，STFG 正处于面临行业衰退的状态。同时，由于企业设备技术不够先进，设备折旧、老化、无力更新换代等问题，生产上缺乏核心技术，其产品在钢铁市场上缺乏竞争力。图 2 展示了 STFG 战略风险通过经营环节风险演变为重大错报风险的情况。

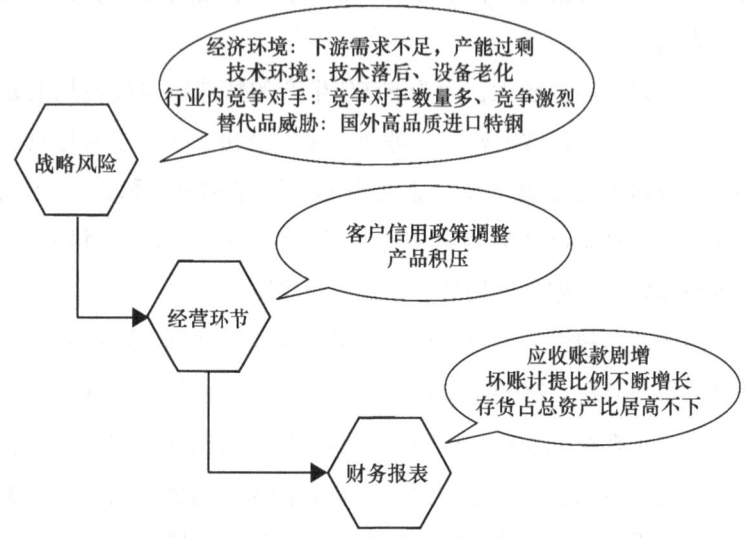

图 2 战略风险间接传导——通过经营环节风险演变为重大错报风险

（一）应收账款数额剧增

根据战略风险分析思路，外部环境的影响会引发经营环节风险，STFG 所在的行业呈现需求下降和持续衰退的趋势。这些趋势对经营环节产生了影响，STFG 需要调整客户信用政策，而这可能导致应收账款的持续增加和坏账准备的增加。通过分析 STFG 的应收账款情况（见表 4），发现从 2012 年开始坏账准备的提取比例逐年上升，基本维持在 10% 以上的水平，在 2017 年时达到了 21.81%。同时，应收账款余额也在逐年增加，以 2015 年为例，应收账款增长率达到了 34.13%。年报中的解释是主要由于客户结算期延长,并且应收账款中关联方交易所占的比例较大,9家关联方交易的应收账款为2.67亿元,占合并报表中应收账款的21%。内部关联交易过多会引起信息不透明,反映在财务报表中就是应收账款和坏账准备的数额剧增。应收账款收回就会变成企业的资产,收不回则会导致利润下降。这就很大程度上使管理层有了财务造假的可能性,增加了财务报表的重大错报风险。因此,STFG需要采取有效措施,减少关联交易、加强内部控制等,以减轻财务报表的重大错报风险。

表4　　　　　　　　应收账款分析　　　　　　（单位：亿元,%）

|  | 2010年 | 2011年 | 2012年 | 2013年 | 2014年 | 2015年 | 2016年 | 2017年 | 2018年 | 2019年 |
|---|---|---|---|---|---|---|---|---|---|---|
| 应收账款余额 | 6.30 | 7.78 | 7.61 | 9.62 | 9.48 | 12.72 | 12.62 | 9.37 | 8.07 | 6.86 |
| 增长率 | — | 23.54 | -2.21 | 26.44 | -1.42 | 34.13 | -0.78 | -25.71 | -13.91 | -14.98 |
| 坏账计提 | 0.50 | 0.76 | 0.81 | 0.98 | 1.00 | 1.48 | 1.48 | 2.04 | 1.19 | 0.79 |
| 坏账计提比例 | 7.97 | 9.75 | 10.62 | 10.16 | 10.51 | 11.60 | 11.73 | 21.81 | 14.69 | 11.49 |
| 应收账款价值 | 5.79 | 7.02 | 6.80 | 8.64 | 8.48 | 11.24 | 11.14 | 7.33 | 6.88 | 607 |
| 增长率 | — | 21.15 | -3.15 | 27.10 | -1.80 | 32.49 | -0.92 | -34.20 | -6.06 | -11.80 |
| 资产总额 | 64.07 | 78.46 | 100.77 | 115.09 | 116.53 | 129.95 | 105.76 | 95.66 | 79.39 | 85.53 |
| 占总资产的比重 | 9.04 | 8.95 | 6.75 | 7.51 | 7.28 | 8.65 | 10.53 | 7.66 | 8.67 | 7.10 |

资料来源：STFG 2010—2019年的年度报告；锐思数据库。

(二) 存货占比居高不下

根据竞争对手威胁的分析,STFG长期面临着激烈的竞争形势,不仅来自国内同行业的竞争对手,也面临着国外高品质特殊钢的威胁。这种战略风险源于行业环境,首先会对企业的经营环节产生影响,导致存货积压、存货过时等结果。随后,这些影响可能会传导到财务报表中,对财务报表产生影响。基于同行业的对比分析，图3显示了STFG在存货占总资产的比重方面与同行业的首钢、太钢和宝钢的比较结果。对比发现，STFG相对于同行业的其他三家钢铁企业，存货占总资产的比例一直比较高。虽然2010—2017年逐渐下降，且在2017年处于最低点，但明显高于同行业的首钢等的存货占比。此外，由表5可以看出，在2018年，其他企业的存货占比保持平稳或略微上升，而STFG的存货占总资产的比例增加了6个百分点，达到19%。钢材本身是一种流动性较差的产品，在2015年之后，整个行业市场环境一直处于低迷状态。在这样的市场环境中，钢材滞销或存货贬值的情况很可能会出现。由于STFG拥有巨额的存货，因此面临资金流断裂的风险。

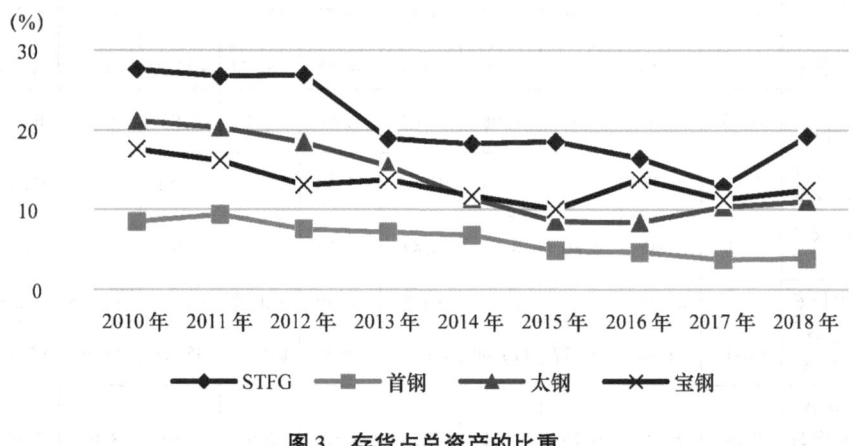

图3　存货占总资产的比重

表5　　　　　　　　　　存货占总资产的比重　　　　　　　　（单位：%）

|   | 2010年 | 2011年 | 2012年 | 2013年 | 2014年 | 2015年 | 2016年 | 2017年 | 2018年 |
|---|---|---|---|---|---|---|---|---|---|
| STFG | 28 | 27 | 27 | 19 | 18 | 19 | 16 | 13 | 19 |
| 首钢 | 8 | 9 | 8 | 7 | 7 | 5 | 5 | 4 | 4 |
| 太钢 | 21 | 20 | 18 | 16 | 11 | 9 | 8 | 10 | 11 |
| 宝钢 | 18 | 16 | 13 | 14 | 12 | 10 | 14 | 11 | 12 |

资料来源：锐思数据库。

## 三 战略风险直接传导——战略风险直接演变为重大错报风险

图 4 展示了 STFG 战略风险直接演变为重大错报风险。

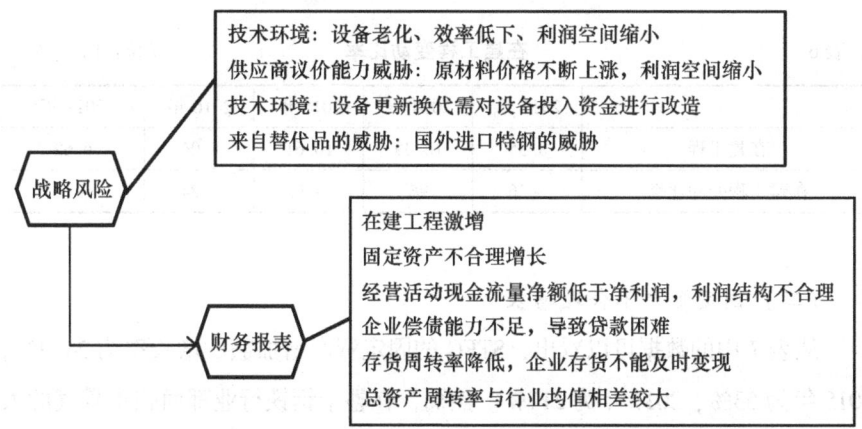

**图 4 战略风险直接传导——战略风险直接演变为重大错报风险**

### (一) 在建工程激增

从行业环境分析来看，STFG 的设备技术不够先进。设备折旧、老化和无法更新换代，生产上缺乏核心技术。这最终导致生产效率低下、产品能耗高，企业的利润空间缩小。而制造业等上市公司中，其固定资产、在建工程和存货等项目的数额巨大。这些企业往往通过伪造新增此类资产或虚假记账，违规提前确认收入或滞后确认成本以操纵利润，进行虚增利润的舞弊行为。

表 6 展示了 STFG 在 2013—2017 年的在建工程金额变化。通过对 STFG 2013—2017 年的财务报表进行分析，可以发现在建工程项目存在较大的变动。2013 年，STFG 的在建工程额为 8.35 亿元，而 2014 年该额激增至 16.39 亿元。之后的 2015 年也居高不下，高达 10.61 亿元。在 2016 年，这一数字迅速降低至 8.06 亿元，并且在 2017 年保持在 6.62 亿元的相对平稳态势。从表 6 中的数据可以看出，2013 年和 2014 年在建工程存在较大的波动。根据

会计准则，企业的利息支出、相关费用和资产可以转入在建工程。因此，当企业的在建工程连续多年持续增加且其经营模式并没有发生根本性改变时，就需要对企业的行为产生一定的怀疑。

表6　　　　　　　　　　在建工程变动比率　　　　　　　　（单位：亿元,%）

|  | 2013年 | 2014年 | 2015年 | 2016年 | 2017年 |
| --- | --- | --- | --- | --- | --- |
| 在建工程 | 8.35 | 16.39 | 10.61 | 8.06 | 6.62 |
| 在建工程变动比率 | -36 | 96 | -35 | -24 | -18 |

（二）固定资产不合理增长

从表7中的数据可以看出，STFG的固定资产增加额的增长率为2679%，2015年为53%，2017年为211%。然而，在整个钢铁行业都面临不景气的大环境下，STFG却在大幅度增加固定资产，这一情况显然不合理。此外，2010—2014年和2015—2017年，STFG均未对固定资产进行减值准备提取，而钢铁行业的设备老化，有的甚至已经无法进行正常生产。这种做法是不严谨的，导致STFG的固定资产账面价值存在一定的不合理性。

表7　　　　　　　　STFG的固定资产变动情况　　　　　　　（单位：亿元,%）

|  | 2010年 | 2011年 | 2012年 | 2013年 | 2014年 | 2015年 | 2016年 | 2017年 | 2018年 | 2019年 |
| --- | --- | --- | --- | --- | --- | --- | --- | --- | --- | --- |
| 固定资产本期增加额 | 2.49 | 1.54 | 0.60 | 16.64 | 5.66 | 8.65 | 1.07 | 3.31 | 0.39 | 8.20 |
| 增长率 | — | -38 | -61 | 2679 | -66 | 53 | -88 | 211 | -88 | 2005 |
| 累计折旧 | 24.02 | 26.04 | 28.50 | 30.76 | 33.08 | 33.54 | 34.84 | 33.54 | 34.87 | 34.38 |
| 减值准备 | 0.28 | 0.28 | 0.28 | 0.28 | 0.28 | 0.27 | 0.27 | 0.27 | 1.30 | 1.28 |

（三）从经营活动现金流角度看企业利润

STFG长期面临着钢铁行业内激烈的竞争，并受到来自供应商议价能力的威胁。此外，废钢、生铁和铁合金等主要原材料价格持续上涨，进一步影响了企业的盈利目标。尽管公司采用以销定产的销售模式，但从销售合同形成到产品制造过程中原材料价格上涨，也压缩了企业的利润空间。

在虚增利润的逻辑下，要么虚增收入，要么少计费用，要么多方联动同时实施。如果企业在利润表上虚增了利润，那么在资产负债表上必然会反映为虚增了资产或减少了负债。因此，企业在利润表上的营业收入有时不能完全反映其经营情况。需要结合现金流量表中的经营活动现金流量来判断其收入构成是否合理，以及经营活动中的流入和支出是否与本期利润表上的收入和费用相匹配。同时，观察经营活动的现金流量与净利润的关系。对企业而言，现金流是生命线。因此，经营活动产生的现金净流量应当在大多数情况下高于净利润。如果经营活动的现金净流量长期低于净利润，则需要警惕其利润结构是否合理，并分析应收款项的结构和合理性。

如图5所示，STFG在2012年、2015年和2016年均出现了经营活动现金流量净额低于净利润的情况。2016年的经营活动产生的净现金流量由正转负，净利润由正转负。2015—2017年，净利润与经营活动产生的净现金流量均存在较大差异，其利润结构可能存在不合理性。

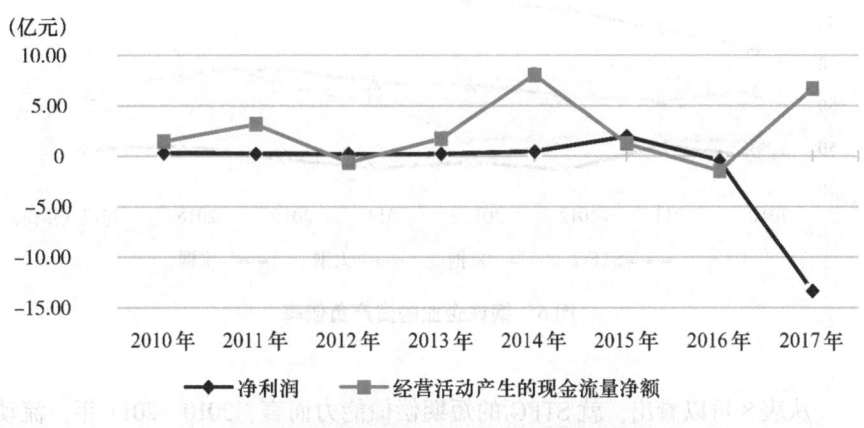

图5　净利润与经营活动产生的现金流量净额对比

（四）从偿债能力看筹资风险

作为资金密集型产业，STFG 在面对设备技术不够先进、无力更新换代以及缺乏核心技术等生产方面的挑战时，需要将更多资金投入固定资产投资、设备、技术等方面的改造上。然而，这些改造动辄需要上亿元的注入，资金风险高。如果企业在较短时间内没有得到回报，将严重影响资金周转，引发财务危机。同时，企业要维持日常经营活动，也需要大量资金流。因此，一般企业的资金不仅来源于营业收入，还有来自外部的融资以稳固企业资金流。外部融资通常由股权融资和债权融资两种方式构成。由图 6 可以看出，对于 STFG 而言，资产负债率一直处于较高水平，甚至在 2017 年达到了 111.77%，已经出现负债大于资产的情况。相比之下，同行业的其他钢铁企业通常维持在 40%—70%。因此，STFG 需要采取有效的财务管理措施，平衡资产和负债之间的关系，降低资产负债率，提高企业的财务稳定性和偿债能力。

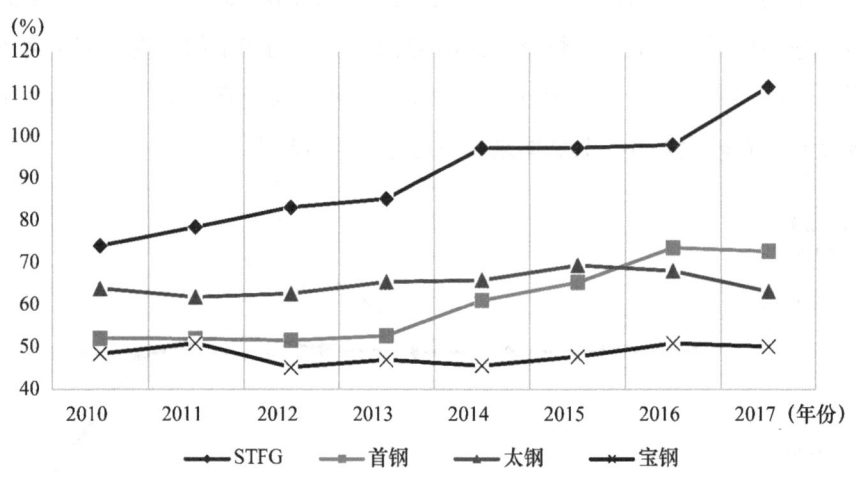

图 6　钢铁企业的资产负债率

从表 8 可以看出，就 STFG 的短期偿债能力而言，2010—2017 年，流动比率逐年下降，一直在 0.5 至 0.9 之间浮动。这表明，一旦流动资产不能及

案例四　STFG"滑铁卢"：战略风险对重大错报风险的传导

时变现，就无法偿还流动负债，存在短期偿债风险。同时，速动比率一直在 0.5 上下波动，表明短期偿债能力没有可靠的保障，存在短期偿债风险。就长期偿债能力而言，STFG 2010—2017 年的资产负债率逐年攀升，2017 年达到 111.77%，表明 80% 以上的总资产依赖借款获得。2010—2016 年，利息保障倍数在 1 左右徘徊，对债权人来说并不安全，因为 STFG 已经没有充沛的息税前利润去偿还债务利息，这将极大地增加错报风险。STFG 主要债权人的利益很难得到有效保障。此外，在高负债的情况下，即使 STFG 想要为了企业扩大发展或因暂时资金周转困难而求取资金，不管是采取银行借款还是其他融资渠道，都需要付出更大的代价和成本。这表明企业一直处于岌岌可危的状态，一旦内外部情况发生变化，比如行业政策发生变化、外部竞争力增强等，企业很可能无法快速做出反应，从而引发资不抵债的情况。管理层迫于公司的经济压力，很可能产生舞弊行为。

表 8　　　　　　　　　　　STFG 偿债能力分析

|  | 2010 年 | 2011 年 | 2012 年 | 2013 年 | 2014 年 | 2015 年 | 2016 年 | 2017 年 |
| --- | --- | --- | --- | --- | --- | --- | --- | --- |
| 资产负债率（%） | 74.03 | 78.47 | 83.13 | 85.12 | 97.30 | 97.35 | 98.00 | 111.77 |
| 流动比率 | 0.8791 | 0.8653 | 0.7758 | 0.7201 | 0.6323 | 0.6498 | 0.6135 | 0.5334 |
| 速动比率 | 0.4837 | 0.5026 | 0.4383 | 0.4884 | 0.4402 | 0.4699 | 0.4376 | 0.4047 |
| 利息保障倍数 | 1.2572 | 1.104 | 1.1019 | 1.0882 | 1.1628 | 1.595 | 1.3573 | -2.3539 |

（五）营运能力角度分析

国外进口特钢是造成产能过剩的原因之一。STFG 的产品无法满足高端制造业的要求，特殊钢的生产涉及关键的核心部件，无法实现自主生产。同时，中国制造业正处于工业转型升级的重要阶段，高端制造业（如装备制造业、新能源产业、航空、航天、军工等）快速发展，导致对低端产品的需求受到限制。这在财务报表上最直接的反映是，存货周转率和总资产周转率变得缓慢。

图 7 对存货周转率进行指标分析。本研究选取了同行业的首钢、太钢

和宝钢的存货周转率进行对比分析。2010—2017年，比较结果表明，STFG的存货周转率一直处于低谷状态，远低于同行业的平均水平。一般来说，同行业的存货周转率维持在5以上，而STFG自2010年以来，存货周转率一直在1至3之间波动，且未曾超过3。通过与同类企业的存货周转率进行横向对比，可以发现该企业存在存货管理问题。

持续低迷的存货周转率说明，STFG的存货管理效率低，存货周转速度缓慢，导致存货占用水平增高、流动性降低。因此，存货转换为现金或应收账款的速度就慢。低迷的存货周转率也降低了企业的变现能力。钢材本身是流动性比较弱的产品，如果市场上出现钢材滞销或存货贬值，大量存货很可能导致企业面临资金流断裂的风险。

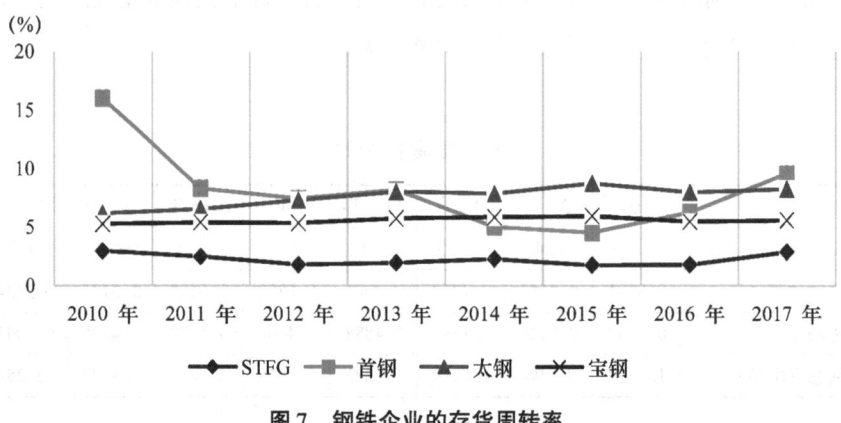

图7　钢铁企业的存货周转率

总资产周转率是考察企业资产运营效率的一项重要指标，它体现了企业经营期间全部资产从投入到产出的流转速度，反映了企业全部资产的管理质量和利用效率。本研究选取了同行业的首钢、太钢和宝钢的总资产周转率进行对比分析。如图8所示，STFG的资产周转率在2010—2017年呈下降趋势。STFG的总资产周转率反映了企业对生产经营产品的利用效率。STFG生产的普通产品，如高温合金和不锈钢，受制于制造业低迷的影响而出现了销路不畅的现象。虽然STFG的高端产品随着军工、航空航天等

## 案例四 STFG"滑铁卢":战略风险对重大错报风险的传导

行业的需求上升而销量增加,但生产工艺无法量产特钢,导致企业的总资产周转率较行业均值相差较大。

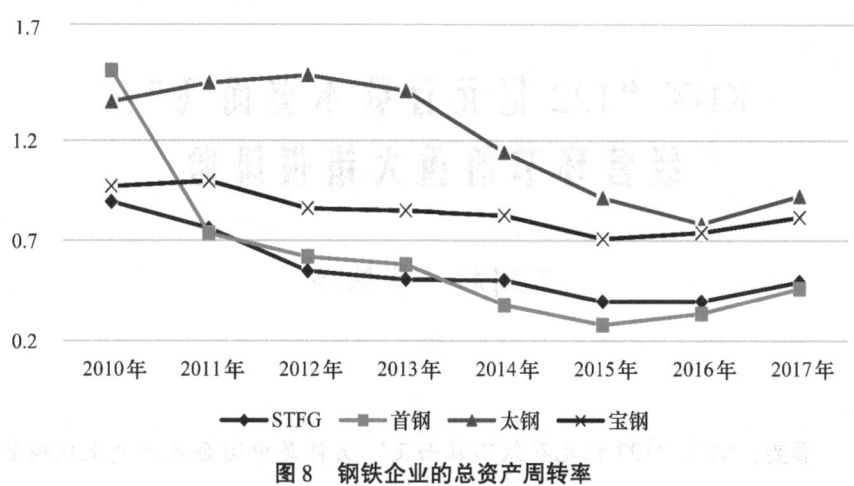

图 8 钢铁企业的总资产周转率

通过上述分析可以看出,STFG 长期面临着内忧外患的局面。国内特钢市场竞争激烈,行业持续衰退,低端产品市场受到严重挤压,高端产品产量不足。受制于企业设备和技术落后,STFG 在制造业竞争激烈的市场中趋于没落。同时,国外高品质特殊钢的威胁也在与日俱增。尽管 STFG 采取了积极的研发和技术改造,投入更多的资源对核心产品如高温合金、高强钢、高档工模具钢、特种冶炼不锈钢等进行制造,但这些措施不足以抵御国内特钢行业市场的激烈竞争。在重重压力下,企业的可持续发展受到前所未有的挑战,由此引发了对企业经营环节的影响,例如企业对客户的信用政策调整、企业的存货积压等,最终反映到财务报表里,企业的应收账款持续增长、固定资产不合理增长、利润结构不合理、偿债能力不足、存货周转率降低。如果 STFG 一直坚持这样的战略发展,势必会粉饰财务报表,以应对亏损的企业财务状况,这就加大了企业的重大错报风险。

# 案例五

## KDX"122亿元存款不翼而飞"：
## 经营环节的重大错报风险

### 万国超　李锦涵

**摘要**：KDX"122亿元存款不翼而飞"案件是中国企业历史上规模最大的财务丑闻之一，引起了广泛的社会关注和讨论。本研究基于经营环节重大错报风险的相关理论，对KDX案例进行深入研究和分析，探讨了财务舞弊案例中存在的经营环节风险，以及经营环节风险对财务报表的传导，梳理了经营环节风险到重大错报风险的传导机制，并从四个环节提出了注册会计师在审计中应对经营环节风险的建议。

**关键词**：经营环节风险；重大错报风险；KDX

## 第一部分　理论导入

本研究旨在说明与经营环节风险相关的问题。通过分析本案例，一方面可以增强对上市公司舞弊和造假手段的识别能力；另一方面可以从经营环节风险分析出发，深入了解经营环节风险对财务报表的影响，梳理经营环节风险到重大错报风险的演变机制。学习如何应对经营环节风险的审计程序，有助于认识经营环节风险分析在审计中的重要性，深刻理解风险导向审计的原理和逻辑。企业经营环节的风险可能会引发财务报表重大错报风险。在企业的日常经营过程中，主要有供应环节、生产环节、销售环节、研发环节以及内部治理与管理环节五大经营环节。

一是供应环节风险。供应环节的风险因素可以通过流程在各个企业间传递和累积。供应环节风险包括采购风险、物流风险和供应成本风险。采购风险指预期收益的丧失导致的损失，物流风险指由于物流系统失效导致的损失，而供应成本风险指成本控制不当导致的企业压力过大或产品利润减少。企业在考虑成本时还应考虑其他企业的成本，以避免相互挤压，保持供应环节的稳定性。

二是生产环节风险。生产环节风险包括生产成本风险、生产安全风险、生产周期风险和产品质量风险等。生产成本风险可能涉及供应链上游材料、技术、设备和人力成本等多个方面。生产安全风险主要指企业在生产阶段，由于设备故障或人员行为不当等造成安全事故的风险。生产周期风险是指企业不能在规定时间产出合格产品，从而影响产品及时交货和资金有效周转的风险。产品质量风险是指种种可预期或不可预期因素导致产品质量下降而造成成本升高的可能性。审计人员需要识别和分析这些风险，制定相应的风险控制措施，以确保企业的生产经营活动能够正常进行并达到预期的效益目标。

三是销售环节风险。销售环节风险包括需求风险、销售成本风险、退货成本风险、价格风险和渠道风险等。需求风险指客户需求变化和竞争压力等因素导致的风险。销售成本风险指营销策略不合理或广告费用过高等导致企业利润下降。退货成本风险是由顾客退货行为所带来的成本和盈利损失等。价格风险包括价格过高导致销售量下降和价格过低导致利润下降等。渠道风险指企业的产品从生产到转移至消费者手中全过程可能发生的不利事件或损失的总和。企业需识别和控制这些风险，以保障正常的销售经营活动并实现预期效益目标。

四是研发环节风险。企业的研发活动具有高度不确定性，可能受到技术、团队、经济和资源等多个方面的风险影响，对研发本身或项目目标实现产生重大影响。研发技术风险涉及产品市场需求和竞争对手技术先进程度，研发周期风险关乎如何优先上市和应对竞争对手上市带来的风险，研发成本风险指的是过度研发投入而未获成功或者无法收回投入造成的亏损风险。

五是内部治理与管理环节风险。企业内部治理与管理环节的风险包括治理层风险、人力资源风险、行政管理风险、运营平台风险、信息风险和财务风险。其中治理层风险涉及股东、董事会、监事会和经理层之间的潜在冲突问题，人力资源风险涉及招聘、甄选、培训、报酬等方面，行政管理风险是指企业行政事务和办公事务管理中可能出现的风险。企业通过搭建平台或寻求第三方平台的方式来获取更多用户和客户，但往往面临较大的运营平台风险。此外，企业日常运营中的信息传递不及时和不准确也会导致信息风险。财务风险指的是各项财务活动中的不确定性，可能导致企业蒙受损失。

## 第二部分　案例情况

KDX成立于2001年8月，注册资本为354090万元，于2010年6月1日在深交所上市。KDX是光学膜和预涂膜行业的领军企业，也是中国目前唯一的高分子材料平台型企业。作为KDX的控股股东，KD投资集团持股24.05%；钟某作为KD投资集团实际控制人，持股80%。2011年，KDX作为全球最大预涂膜生产商进军光学膜领域，并迅速在北京、南通、杭州、泗水和张家港建立了生产基地。随着技术的不断积累和创新，以及产业的拓展，公司目前以新材料、碳纤维、智能显示三大核心领域为主营业务。公司现已拥有1000多项专利技术，下辖30多家子公司，主要客户超过1600家。自2010年上市以来，KDX的业务取得了突破性发展，净利润持续稳定增长，公司市值也迅速增加，2017年达到24.74亿元，成为典型的"白马股"。[①]

---

[①] 周博：《公司治理视角下康得新财务舞弊案例分析》，硕士学位论文，哈尔滨商业大学，2020年，第14页。

## 案例五 KDX "122亿元存款不翼而飞"：经营环节的重大错报风险

然而，在2019年1月，KDX突然爆发债务危机，因无法按期偿付15亿元短期债券的本息而发生债务违约。令人感到疑惑的是，根据2018年KDX的财报，其账上存在100多亿元现金，为何无法偿还区区15亿元的债券？此后揭示出KDX公司财务舞弊的惊天大案。① KDX舞弊事件的发展过程如表1所示。2015—2017年，瑞华会计师事务所对KDX公司的年报进行审计并均出具标准无保留意见。在2017年度深交所的问询函中，深交所问及KDX年度审计中注册会计师是否执行了充分的审计程序，以及相关审计程序是否充分，瑞华会计师事务所回复称，相关审计人员已对货币资金项目实施了充分的审计程序，并指出KDX的货币资金存放在各银行机构，2017年度审计报告中已充分披露了所有权受限的货币资金，期末资金是真实存在的。② 此外，瑞华会计师事务所还表示，KDX不存在其他关联方非经营性占用或变相占用上市公司资金的情况。2015—2017年的审计报告都未曾披露KDX财务舞弊事件，而仅在该事件曝光后，瑞华会计师事务所才对KDX 2018年年报出具了无法表示意见。

表1　　　　　　　　KDX舞弊事件发展过程

| | 事件 |
| --- | --- |
| 2019年1月15日 | KDX 2018年度短期债券未按期足额偿付本息，构成债务违约 |
| 2019年1月22日 | 因主要银行账号被冻结，KDX股票触发其他风险警示情形，变为"STKDX" |
| 2019年1月25日 | KDX公告被6家银行划转5亿元资金，被5家银行冻结15亿元资金 |
| 2019年2月11日 | 董事长钟某辞职，KDX董事会换届 |
| 2019年4月30日 | 1. KDX披露2018年年报和2019年季报，称公司账面货币资金为153.16亿元<br>2. STKDX公布2018年年报，该年报被瑞华出具无法表示意见的审计报告，新任董监高均声明无法保证年报的真实性<br>3. 公司独立董事对这122.1亿元的真实性提出质疑："账上有150亿元，却无法兑付10亿元债券？"<br>4. 深交所发关注函，要求KDX自证122亿元资金的真实性 |

---

① 宋夏云、陈丽慧、况玉书：《康得新财务造假案例分析》，《财务管理研究》2019年第11期。
② 陈恭睿：《康得新财务舞弊案例研究》，《中国管理信息化》2021年第24期。

续表

| | 事件 |
|---|---|
| 2019年5月6日 | KDX股票被实行"退市风险警示"特别处理,变更股票简称 |
| 2019年5月7日 | KDX回函,称122亿元存放在北京银行,并有网银记录 |
| 2019年5月8日 | 北京银行回复称,"该账户余额为0元" |
| 2019年5月14日 | KDX向北京银行西单支行发出商务函,指出《现金管理服务协议》因违反法律而自始无效,将采取进一步法律行动 |
| 2019年5月21日 | 北京银行西单支行回函,称《现金管理服务协议》是各方依法签署,协议合法有效 |
| 2019年5月31日 | 由于资金链紧张,KDX暂停了预涂膜部门和裸眼3D部门的业务 |
| 2019年7月2日 | 董事长肖某、副总裁侯某某辞职 |
| 2019年7月5日 | 证监会:拟对KDX及主要负责人员顶格处罚并采取终身证券市场禁入措施,主要包括:<br>1. 对KDX复合材料集团股份有限公司责令改正,给予警告,并处以60万元罚款<br>2. 对钟某给予警告,处以90万元罚款,并采取终身证券市场禁入措施等 |
| 2019年12月16日 | *ST KD公告,公司实际控制人钟某因涉嫌犯罪被执行逮捕 |
| 2020年7月10日 | KDX股票被暂停上市 |
| 2021年2月28日 | *ST KD披露2015—2018年追溯调整后的财务报表,触发两项退市标准 |
| 2021年4月6日 | *ST KD称收到深交所《关于KDX复合材料集团股份有限公司股票终止上市的决定》 |
| 2021年4月14日 | 公司进入退市整理期 |

KDX公司的财务舞弊手段主要包括以下几个方面。

一是虚增营业收入。2015—2018年,KDX通过虚构销售业务的方式,将营业收入虚增了80%。同时,公司还虚构采购费用、研发费用、生产费用和产品运输费用等,以虚增营业成本、销售费用和研发费用的方式来造假,累计虚增的利润总额为119.21亿元。图1清晰地展示了KDX公司2015—2018年的虚增利润情况。

二是控股股东非经营性占用资金未披露。2014年,KD投资集团与北京银行西单支行签订了《现金管理服务协议》,对KD投资集团控制的下属公司在北京银行开立的银行账户进行统一管理,将协议下子公司账户资金

## 案例五　KDX"122 亿元存款不翼而飞"：经营环节的重大错报风险

实时归集到 KD 投资集团账户，如需付款再从母账户下拨。KDX 及其合并财务报表范围内 3 家子公司的 5 个银行账户资金被实时归集到 KD 投资集团，构成 KDX 与 KD 投资集团之间的关联交易。中国证监会在告知书中指出，KDX 与 KD 投资集团发生的关联交易金额如下：2015 年为 58.37 亿元，2016 年为 76.72 亿元，2017 年为 171.50 亿元，2018 年为 159.31 亿元。

三是未披露为控股股东提供的关联担保信息。2016—2017 年，KDX 的某子公司签订了 4 份《存单质押合同》。上述存单质押合同中，为 KD 投资集团提供担保的事项均为光电材料大额专户资金存单。根据有关规定，从合同签订起的两个交易日内，应披露担保合同及对外提供的担保事项。然而，在 2016—2018 年的公告中，KDX 均未披露该事项，导致相关年度报告存在重大遗漏。

四是未如实披露募集资金的使用状况。KDX 在 2015 年通过定增募集资金 29.82 亿元，但变更了募集资金用途，未在年报中披露，导致 2018 年年报存在虚假记载。

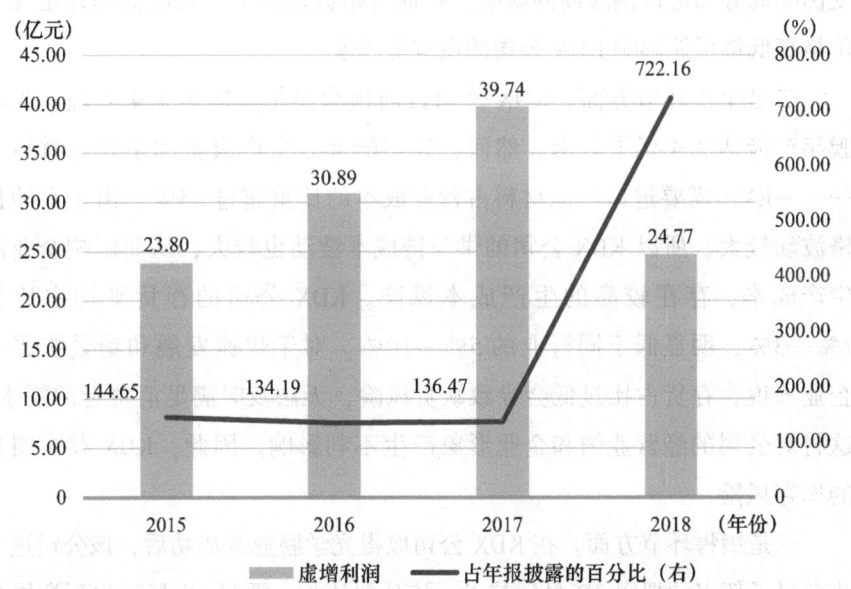

图 1　2015—2018 年 KDX 虚增利润情况

五是利用应收账款造假。该公司的外销业务主要通过将 PET 等非光学膜类基材冒充为光学膜，然后免费提供给其他公司，由 KDX 的相关人员编制虚假业务合同，模仿外国客户签字，复制粘贴并打印出来，以虚构外销业务产业链的方式来增加公司的利润总额。由于公司的成本和收入大部分都是虚构的，因此公司的海外业务很可能也是虚构的。此外，从 2012 年开始，KDX 以商业机密为由，不再对外公开前五大客户的信息。由于无法得到客户的真实身份信息，因此难以对销售业务进行取证。

# 第三部分 案例分析

## 一 KDX 经营环节的风险分析

一是供应环节方面。KDX 公司主要业务是预涂膜和光学膜，其主要原材料 BOPP 薄膜、EVA 热熔胶、BOPET 薄膜和 LDPE 热熔胶是石油加工行业的下游产品。因此，KDX 公司面临着石油价格波动所带来的价格风险。受国际局势和进口供应商的影响，石油价格波动较大，供应商的稳定性和价格高低都可能影响 KDX 公司的供应链风险。

二是生产环节方面。KDX 公司目前预涂膜年产能达 4.4 万吨，光学膜年产能达 2.4 亿平方米。然而，公司的部分生产设备和主要原材料之一——EVA 需要进口，原材料占营业成本的比重超过 85%。由于石油价格波动较大，所以 KDX 公司的供应链成本波动也较大，从而影响企业的生产成本，存在较高的生产成本风险。KDX 公司的存货平均占比为 2%—3%，明显低于同行业的 5%—10%。对于快速发展和销量扩张的企业来说，存货占比过低会导致缺货风险，无法及时满足消费者的需求，这将对公司的经营业绩和企业形象产生不利影响。因此，KDX 存在明显的库存风险。

三是销售环节方面。在 KDX 公司取得光学膜业务成功后，该公司进一步布局了新兴的裸眼 3D 显示技术。该公司认为，裸眼 3D 显示将逐渐取代平面显示，并且未来若有一半的数码产品采用 3D 终端显示，将形成一个

## 案例五　KDX "122亿元存款不翼而飞"：经营环节的重大错报风险

万亿级市场。2016年，KDX通过定增募集资金47亿元，其中23亿元用于裸眼3D技术。为了掌握该技术，KDX通过与飞利浦的战略合作以及收购Dimenco公司（一家从飞利浦分拆出来的公司），形成了一个多达1000项的技术专利池，覆盖了裸眼3D主要核心技术。然而，该公司未能取得裸眼3D技术的突破性进展，也未能为公司带来相应的收益，这使得该公司具有较大的需求风险。同时，随着市场的变化，KDX的光学膜业务也遭遇了发展瓶颈。2016年之后，全球面板市场需求疲软，客户对产品的品质要求不断提高。如果该公司不能开发更多的产品并不断提升产品品质，将面临客户流失和业绩下降的风险。KDX的光学膜业务从此前的超过60%快速下滑到30%左右，并且库存增加至约5400万平米。该公司在2015年通过定增募集29.8亿元资金筹建的光学膜二期工程也半途而废，这使得该公司的需求风险进一步加大。

四是研发环节方面。材料产业作为国家工业转型升级和战略性新兴产业发展的先导性基础行业，客观上要求其工艺更新、技术升级走在各行业发展的前列。然而，未来生产过程中可能会面临更多的技术难题。如果KDX的技术水平无法及时解决生产过程中存在的问题，或产品的技术参数无法满足下游客户的要求，建设项目的经济效益和公司的市场地位都将受到较大影响。

五是内部治理与管理环节方面。在KDX公司内部治理与管理环节方面存在多个潜在风险。公司的核心技术包括原材料配方、预涂膜及光学膜生产工艺与设备改造技术等都掌握在核心技术人员和部分中、高级管理人员手中。如果这些关键人员出现人才流失的情况，公司将可能面临技术泄密的风险，这可能导致竞争对手抢先研发出类似的产品并占领市场份额。此外，人才流失还会使得公司的日常经营活动受到严重影响。KDX的经营活动涉及多个方面，如供应链管理、市场推广、人力资源管理、财务管理等。如果关键人员离职，公司的经验与知识流失，可能影响公司各个方面的运营，使公司的业绩与声誉受损。

## 二 经营环节风险对财务报表的传导分析

### （一）供应环节风险影响销售成本率

KDX 主要业务分为两个部分：印刷包装类用品业务和光学膜业务。印刷包装类用品业务是 KDX 最初的主要业务，包括彩印纸板、复合包装膜、PET 薄膜等产品。这个业务的主要客户是食品、医药、日化等行业的生产企业，产品应用于食品包装、医疗用品包装、化妆品包装等领域。光学膜业务则是 KDX 后来开拓的业务，该业务主要生产用于液晶显示器、手机、电视等电子产品的光学膜。

KDX 的销售成本率是指销售成本与销售收入的比率。从表 2 中可以看出，KDX 的销售成本率较高。2015—2018 年，印刷包装类用品业务的销售成本率平均为 86.67%；光学膜业务的销售成本率更高，达到了 92.88%。这意味着，在 2015 年 KDX 的光学膜业务中，销售成本高于销售收入，造成了业务亏损。这也表明 KDX 的供应链成本风险较高，如果管理不当，将会导致销售成本率的不稳定。

供应链成本是指在供应链上发生的各种费用，包括原材料采购成本、运输成本、仓储成本等。这些成本的增加会直接影响产品的销售成本率。KDX 的供应链成本风险主要来自原材料采购和仓储成本。KDX 需要采购各种原材料来生产印刷包装类用品和光学膜，如果原材料价格波动较大，将会直接影响销售成本率。此外，KDX 需要进行仓储管理，保证原材料与成品的储存安全和质量，这也会增加仓储成本。

表 2　　　　　　　　**KDX 主要业务部销售成本率**　　　　（单位：亿元,%）

| 年份 | 印刷包装类用品业务分部 ||| 光学膜业务分部 |||
|---|---|---|---|---|---|---|
| | 主营业务收入 | 主营业务成本 | 销售成本率 | 主营业务收入 | 主营业务成本 | 销售成本率 |
| 2015 | 8.99 | 7.78 | 86.56 | 11.98 | 13.13 | 109.61 |
| 2016 | 10.44 | 8.73 | 83.63 | 16.36 | 15.88 | 97.07 |

案例五　KDX "122亿元存款不翼而飞"：经营环节的重大错报风险

续表

| 年份 | 印刷包装类用品业务分部 |  |  | 光学膜业务分部 |  |  |
|---|---|---|---|---|---|---|
|  | 主营业务收入 | 主营业务成本 | 销售成本率 | 主营业务收入 | 主营业务成本 | 销售成本率 |
| 2017 | 13.15 | 11.43 | 86.96 | 11.21 | 10.82 | 96.57 |
| 2018 | 5.10 | 4.56 | 89.51 | 20.70 | 14.14 | 68.28 |

### （二）生产成本风险影响毛利率

KDX的主营业务包括印刷包装类用品业务和光学膜业务，这两个业务部门的销售成本率都高于85%。其中在2015年，光学膜业务的成本甚至高于收入，这表明供应链成本风险较高。同时，KDX的销售毛利率比同行业公司的数值低。2015—2017年，KDX的毛利率都在9%以下，严重低于同行业公司的平均毛利率（见图2）。根据前文的分析，KDX公司需要进口部分生产设备和主要原材料，导致营业成本较高，这是毛利率偏低的主要原因。因此，KDX公司面临较高的生产成本风险。这些风险对公司的财务表现和经营活动产生了负面影响，需要公司在供应链和采购环节进行调整和优化，以减轻相关风险。

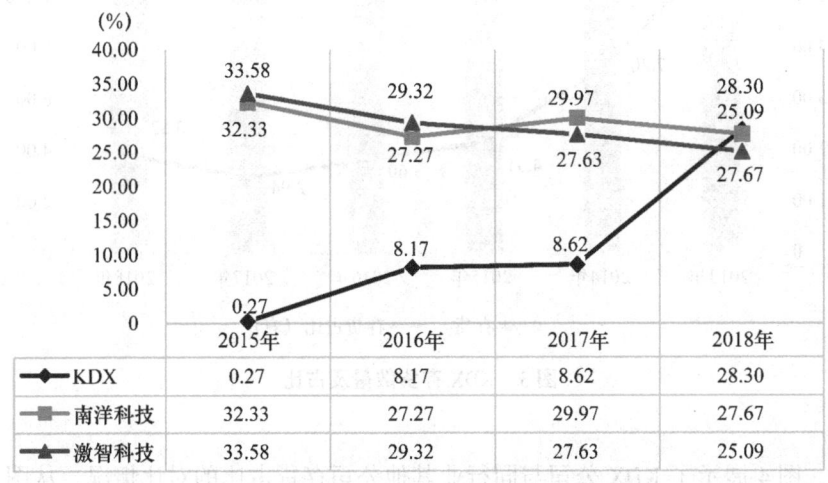

图2　KDX与同行业公司的毛利率比较

## （三）库存风险影响存货

存货是制造业公司必不可少的一项公司资产。它是生产流程中不可或缺的一环，能够确保企业的生产和销售顺畅进行。一般而言，存货的数量会随着公司规模的扩张而增加，因为公司的销售量和生产量也会随之提高。然而，KDX 的存货数据表明，在企业资产扩大的过程中，存货的占比却在减少，这在 2015 年出现了一个明显的拐点，之后一直处于较低水平（见图 3）。这意味着企业可能存在着销售过程中缺货的情况，会直接影响企业的销售和业务发展，甚至会给企业带来库存风险。因此，KDX 需要加强其存货管理和控制。公司可以采用更有效的存货管理策略，如使用先进的生产计划和调度系统、定期进行存货清理和分类、与供应商建立稳定的供应关系等，以确保存货水平与企业的规模和需求相适应。此外，KDX 也需要对存货的成本和价值进行更加细致的分析，以确保存货的合理配比和高效运转，从而降低库存风险，提高企业的销售和运营效率。

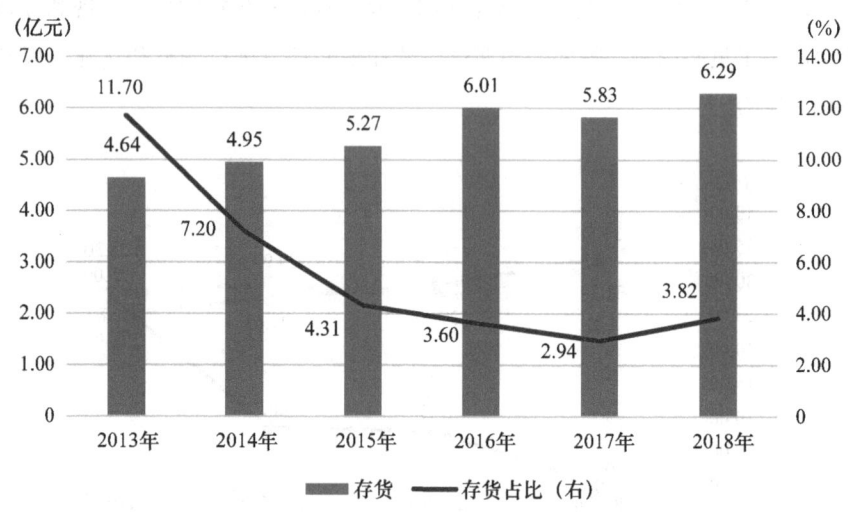

图 3　KDX 存货数量及占比

图 4 展示了 KDX 公司与同行业其他公司存货占比的对比情况。从图 4 可以看出，南洋科技的存货占比呈现出稳步增长的趋势，平均数值在 5%

案例五　KDX"122亿元存款不翼而飞"：经营环节的重大错报风险

左右。这说明该公司的存货水平与其规模和业务需求基本相匹配，能够确保生产和销售的顺畅进行。而激智科技由于规模较小，存货波动较大，但在平均数值方面也维持在10%左右。与此相比，KDX的存货占比则越来越低，基本维持在2%—3%。这表明该公司的存货水平已经远低于其规模和业务需求，可能导致销售过程中缺货的情况，并增加了库存风险。对比同行业其他公司的存货占比，可以发现KDX的存货水平明显不足。这可能是存货管理不当、生产和销售计划不协调等导致的。如果该公司继续保持这样低的存货水平，可能会出现销售滞缓、订单不能及时完成、库存积压等问题，从而影响企业的业务发展和市场竞争力。因此，KDX需要加强存货管理，合理制订生产和销售计划，确保存货水平与业务需求相适应。同时，该公司还需要定期进行存货清理、分类和优化，确保存货的合理配比和高效运转，降低库存风险，提高企业的销售和运营效率。

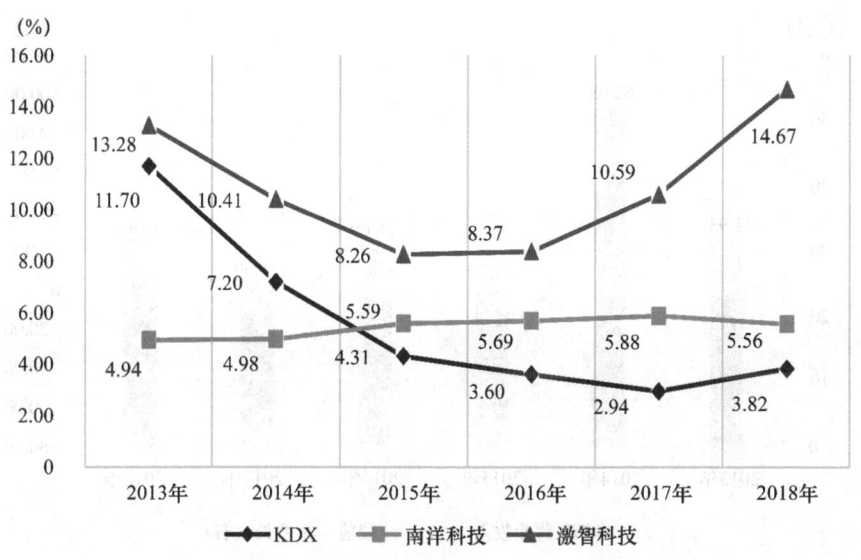

图4　KDX与同行业公司的存货占比对比

（四）需求风险影响收入

如图5所示，自2014年实现52.08亿元的营业收入后，KDX的营业收入呈现一蹶不振的趋势。2015—2018年，KDX的营业收入只有20多亿元，基本上只有2014年营业收入的一半。这表明，KDX的主营业务板块裸眼3D技术和光学膜技术相继遇到发展瓶颈，从而导致KDX的主营业务收入明显下降，并且两次出现负增长。这种下滑趋势主要是需求风险导致的。KDX的主营业务板块所依赖的市场需求已经达到饱和状态，导致其产品销售数量受到限制，进而影响公司的收入。此外，随着市场竞争的加剧和技术更新速度的加快，KDX的竞争力和市场占有率也在逐渐下降，这也对公司的收入造成了影响。因此，KDX需要通过不断的技术创新和市场拓展来拓宽业务领域，增加公司的产品线和市场份额，以应对市场的需求变化和竞争挑战。同时，KDX还需要加强市场调研和产品研发，针对市场需求进行有针对性的创新和改进，以提高产品的质量和竞争力，从而更好地满足市场的需求。

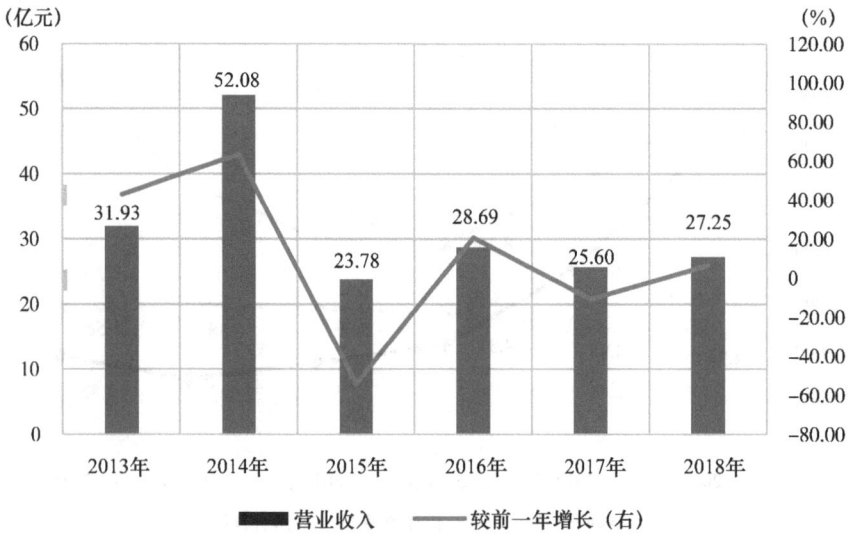

图5　KDX 2013—2018年营业收入变化

（五）研发环节风险影响存贷款

在企业中，研发环节是推动其技术创新和产品升级的重要环节，也是企业未来发展的重要保障。然而，研发活动的风险性也是不可忽视的。KDX作为一家新材料企业，其研发活动具有不确定性且周期长，需要大量资金的投入，因此在资金占用方面存在一定风险。从表3中可以看出，KDX在研发投入方面的比重一直较高，研发投入占营业收入的比重均在7%以上，高于高新技术企业5.5%的均值。这表明KDX为了保持竞争力，不断推进新产品的研发，需要付出更多的研发成本。一旦研发失败，将会对公司的后续业务发展带来不利影响，并且会对公司的日常经营业务造成一定的影响。此外，研发活动对公司的存贷款需求也具有较大的影响，因此需要科学规划研发预算，确保研发投入与公司财务承受能力相适应，减少财务风险。

表3　　　　　　　　KDX 2015—2018年研发投入情况　　　（单位：亿元,%）

|  | 研发投入 | 研发投入占营业收入比重 |
| --- | --- | --- |
| 2015年 | 1.75 | 7.34 |
| 2016年 | 2.64 | 9.20 |
| 2017年 | 3.16 | 12.35 |
| 2018年 | 3.24 | 11.90 |

另外，从KDX公司的有息负债中也可以看出端倪。由于KDX的主营业务面临市场挑战和技术瓶颈，公司需要不断地进行研发来推出新产品，以增强市场竞争力。然而，研发成本高昂，需要大量的资金支持，使得公司需要通过贷款等方式来获得足够的资金。从表4可以看出，KDX公司的有息负债较高，说明公司需要支付高额的利息，从而增加了公司的财务负担。这些因素导致公司对现金流的需求较大，而高额的贷款利率又会进一步加剧公司的资金压力，增加财务风险。从表4中的数据可以看出，公司的年平均利息支出高达5.01亿元，而年平均贷款利率也偏高，达到了6.37%，明显高于市场平均水平。这表明公司需要承担较高的融资成本，从而导致财务风险进一步加剧。此外，由于公司依赖借款来满足资金需

求，一旦公司经营出现困难、偿债能力不足，将会面临资金链断裂的风险。因此，KDX需要加强财务管理，提高自身盈利能力，降低财务风险，保证企业的可持续发展。

表4　　　　　　　　KDX的贷款情况　　　　　　（单位：亿元,%）

| | 有息负债 | 占负债比重 | 利息支出 | 平均贷款利率 |
|---|---|---|---|---|
| 2015年 | 50.59 | 55.27 | 3.54 | 7.00 |
| 2016年 | 57.05 | 52.72 | 3.75 | 6.57 |
| 2017年 | 110.05 | 67.79 | 5.77 | 5.24 |
| 2018年 | 105.01 | 65.23 | 6.99 | 6.66 |
| 平均值 | 80.68 | 60.25 | 5.01 | 6.37 |

### 三　经营环节风险到重大错报风险的演变机制

经营环节风险会受到企业内外部机制共同作用的影响，导致财务舞弊事件的发生，并形成企业的重大错报风险。在KDX舞弊案例中，影响机制主要分为内外两个方面。

外部影响主要包括资本市场、经济环境和行业变化。资本市场是一个成熟的市场，需要有科学完备的评价体系和完善的监督机制。由于中国的资本市场尚未完全成熟，法律法规与欧美国家存在差距，存在较多不健全、不完善的地方，因此上市公司往往可以利用漏洞和不完善之处来进行虚增利润和收入，导致产生重大错报风险。经济环境也会影响企业的经营环节风险和重大错报风险。随着中国经济发展速度的放缓，企业面临更加严峻的经济环境和日益激烈的竞争，这些因素可能对企业产生一定程度的影响，从而引发重大错报风险的产生。例如，KDX主营的预涂膜和光学膜更新换代快，顾客的要求不断更新，迫使KDX不断加大研发投入。为了粉饰报表，KDX虚构利润，从而造成了重大错报风险。行业变化也是影响经营环节风险转化为重大错报风险的重要因素。传统制造业受到互联网时代的冲击，如何解决市场萎缩、经营困境是每个传统制造业需要思考的问

## 案例五　KDX"122亿元存款不翼而飞"：经营环节的重大错报风险

题。KDX的主营业务光学膜和预涂膜便与传统制造业相关，虽然KDX在努力发展近年来流行的智能制造产业，但是其仍不是主营业务。市场环境竞争激烈，业务份额也在不断下滑，经营环境急剧恶化，KDX并没有很好地调整经营策略以做出应对，利润连年亏损。在这种情况下，经营环节风险演变为重大错报风险的可能性就大大增加。

内部影响主要包括股权结构和内部控制。企业的股权结构决定了公司治理结构的形式与股东之间的权利、责任和利益关系，而内部控制则直接关系到企业财务报告质量的高低，是防范财务舞弊和形成重大错报风险的关键。其一，KDX的股权过于集中，股东之间的利益格局不平衡。从表5可以看出，KD投资集团作为KDX的第一大股东，占有较大比例的股份，而其实际控制人钟某占有80%的股权，形成了"一股独大"的局面。这种股权过于集中的局面导致中小股东没有发言权，失去了制衡的功能，同时也为大股东侵占中小股东利益创造了条件。这种利益格局的不平衡为企业内部的财务舞弊行为提供了便利条件，使得经营风险更容易转化为重大错报风险。其二，KDX的内部控制存在问题。一是公司的日常经营活动被大股东钟某控制着，导致董事会和监事会失去了监督作用，使得公司的决策由钟某一人做主，这为操纵财务报告创造了机会。二是KDX的内部控制风险把控失效，内部控制的环节并没有起到应有的作用。这种内部控制不到位的状况使得企业的财务报告质量无法得到保障，同时也为财务舞弊的发生提供了条件。

表5　　　　　　　　KDX前十大股东持股情况　　　　　　（单位:%）

|  | 第一大股东 | 第一大股东持股比例 | 其他九大股东持股比例 |
| --- | --- | --- | --- |
| 2015年 | KD投资集团 | 15.28 | 17.31 |
| 2016年 | KD投资集团 | 27.26 | 20.94 |
| 2017年 | KD投资集团 | 24.06 | 23.17 |
| 2018年 | KD投资集团 | 24.05 | 23.17 |

### 四 注册会计师对 KDX 公司经营环节风险的应对措施

KDX 公司是一家医药公司,其财务舞弊案例揭示了企业管理中存在的风险,这也给注册会计师审计工作带来了很大的挑战。在 KDX 公司的经营环节中,涉及供应、生产、销售和货币资金等多个环节,每个环节都有其独特的风险和难点,需要注册会计师从控制测试和实质性程序两个方面加以应对。

在供应环节,KDX 公司通过虚构存货和虚构应付账款进行了财务舞弊。在控制测试阶段,注册会计师应结合 KDX 自身的业务特点和环节流程,核对采购合同和相关凭证是否一致,以确保采购过程的真实性。在实质性程序阶段,注册会计师应加强对存货和应收账款实施实质性程序,例如分析复核存货余额明细表,进行存货监盘,函证应收账款,等等。

在生产环节,KDX 公司通过操纵生产成本和结转成本等手段进行了财务舞弊。在审计过程中,注册会计师应该了解该循环涉及的业务活动及相关的内部控制,并重点关注 KDX 核算产品成本、发出产成品、领用原材料等环节的内部控制。在实质性程序阶段,注册会计师应加入对原材料监盘、检查和重新计算生产成本分配明细表等。

在销售环节,KDX 公司通过虚构销售来增加营业收入。在控制测试阶段,注册会计师应对收入的发生认定、应收账款的存在认定实施控制测试。在实质性程序阶段,注册会计师应对毛利率和营业收入与前一年同期和同行业进行对比,并对销售合同的金额进行仔细核对,最后进行销售截止性测试。而对于应收账款,注册会计师需要获取应收账款明细账,并复核其金额的正确性和合理性,同时按要求实施函证程序。

在货币资金审计方面,KDX 公司存在 122 亿元的银行存款造假,给注册会计师的审计工作带来了很大挑战。在控制测试阶段,注册会计师应当了解银行存款内部控制,核对银行存款收付凭证与银行对账单是否相符,核对银行存款,检查银行存款账号发生额、函证银行存款余额,关注是否存在质押、存在境外的款项,抽查和检查大额银行存款收支的原始凭证,

## 案例五 KDX"122亿元存款不翼而飞":经营环节的重大错报风险

等等。

另外,KDX案例中,其虚假报表涉及税务方面的问题,如虚增发票等。在审计过程中,注册会计师需要注意对公司的纳税合规情况进行审计。应当了解企业的主要税种、税务登记情况、税收负担等,开展控制测试和实质性程序,以确保企业税务的合规性。稳健有效的公司治理是企业长期发展的基础,KDX公司的虚假报表导致的严重后果与公司治理有关。在审计过程中,注册会计师需要对公司治理结构、股权结构、高管人员任命与监督机制等方面进行评估,以便更好地发现和防范公司治理风险。

专 题 三

舞弊审计

# 案例六

# KM 药业：财务造假的多米诺骨牌效应

### 李 超 马慧知

**摘要**：舞弊导致的重大错报风险属于需要注册会计师特别考虑的重大错报风险，即特别风险。KM 药业曾是医药类上市公司中的龙头企业，却被曝出巨额财务造假，引起了广泛关注。本研究以 KM 药业为例，分析了 KM 药业财务造假的手段，探讨如何识别舞弊导致的重大错报风险。值得注意的是，在这次造假案件中同时重罚了会计师事务所和公司的独立董事，这种多米诺骨牌效应的影响也给第三方责任人敲响了警钟。

**关键词**：KM 药业；财务舞弊；审计失败；责任界定

## 第一部分　理论导入

会计差错是指在会计核算过程中，由于各种原因，在确认、计量、记录时可能会产生误差。经济事件或交易进入会计系统后，经过确认、计量、记录和报告，输出对信息使用者有用的会计信息。管理层有意进行的会计造假是指由管理层直接实施的行为，突破现有会计规范，故意误报或遗漏应披露的财务报告内容，或提供虚假会计信息。会计差错与会计造假的不同之处在于以下五个方面。(1) 内涵不同。会计差错是由于计算或账户分类错误，采用了不允许的会计政策，对事实的疏忽或曲解。会计造假是在会计核算过程中，违反国家法律法规、准则、制度，编造虚假账目和报表的一种行为。(2) 动机不同。会计差错是无意或故意行为，而会计造假是故意行为。(3) 特性不同。无意的会计差错对社会的危害性较低，但会计造假行为由于其具有隐蔽性和违法性，其社会危害性较高。(4) 处理不同。一般的会计差错只需要调整当前数据，重要的会计差错需要调整前期数据；而会计造假行为不仅需要调整会计差错，还需要承担相应的行政、民事或刑事责任。(5) 发生单位不同。会计差错更容易发生于会计核算水平较低的单位，而会计造假行为则更容易发生于拟上市公司或上市公司。其中虚增收入、利润和资产等为主要方式，而减少收入、利润和资产等则主要发生在中小企业，目的在于逃税等。

针对舞弊导致的重大错报风险，注册会计师应特别考虑该风险的存在。在确定财务报表的准确性以及各种交易、账户余额和披露的可靠性时，注册会计师应该识别和评估舞弊导致的重大错报风险。例如，针对收入审计，注册会计师应该评估哪些类型的收入、交易或认定可能存在导致舞弊的风险。如果注册会计师认为收入确认不存在舞弊风险，则应在审计工作底稿中记录该结论的原因。

通常，注册会计师应该从三个方面来应对此类风险：总体应对措施（财务报表层次）；针对舞弊导致的认定层次重大错报风险实施的审计程序；针对管理层操纵财务信息的风险实施的程序。在确定针对舞弊导致的财务报表层次重大错报风险的总体应对措施时，注册会计师应该考虑承担重要业务职责的项目组成员所具备的知识、技能和能力，并考虑舞弊导致的重大错报风险的评估结果；评价被审计单位的会计政策的选择和运用，特别是涉及主观计量和复杂交易的会计政策，以判断管理层是否通过操纵利润对财务信息做出虚假报告；在选择审计程序的性质、时间安排和范围时，增加审计程序的不可预测性。对于舞弊导致的认定层次的重大错报风险，注册会计师应该参考表1的内容来实施应对措施。

表1　　　　　　　　　　　实施程序的内容

| | 相关内容 |
|---|---|
| 性质 | 获取更可靠、相关的审计证据，或获取额外的佐证信息，包括：①更加重视实地观察或检查；②在实施函证程序时改变常规函证内容；③询问被审计单位的非财务人员等 |
| 时间 | ①在期末或接近期末实施实质性程序；②针对本期较早期间发生的交易或整个报告期内的交易实施实质性程序 |
| 范围 | 实施的审计程序的范围反映对舞弊导致的重大错报风险的评估结果，包括：①扩大样本规模；②采用更详细的数据实施分析程序等 |

# 第二部分　案例情况

## 一　2019年修订《证券法》后的首案尘埃落定

近年来，上市公司财务造假行为屡屡被媒体曝光，这种现象引起了资本市场的高度关注。2021年11月12日，广东省广州市中级人民法院作出一审判决：KM药业需向顾某某等52037名投资者赔偿投资损失近24.59亿元。马某某等需承担KM药业股份有限公司债务的连带清偿责任。广东ZZZJ会计师事务所（特殊普通合伙）、杨某某也需承担KM药业股份有限公司债务的连带清偿责任。KM药业财务造假案备受关注，该案是2019年修订的《证券法》确立证券特别代表人诉讼制度后的首例案件，也是迄今为止法院审理的原告人数最多、赔偿金额最高的上市公司虚假陈述民事赔偿案件。

## 二　KM药业财务造假始末

KM药业是一家成立于1997年的现代化大型医药企业，主要生产、经营和批发销售医药产品，以中药饮片、化学原料药及制剂生产为主导，集药品生产、研发及药品、医疗器械营销于一体。2001年3月在上交所挂牌上市，巅峰时期的市值接近1400亿元，稳坐医药板块第二把交椅。KM药业拥有行业内生产规模最大、品种最多的中药饮片业务，于2001年在上海证券交易所上市，董事长、总经理及实际控制人均为马某某，其持股比例为32.74%。KM药业成功研发出以络欣平、利乐、诺沙为代表的国家级新药，并被列入国家级科技项目。2011 年，KM 药业取得了普宁中药材市场的经营管理权，选址流沙镇，投资兴建了普宁 KM 中药城；2017 年 7 月 1 日老市场的商户搬迁到这里，正式开业。这样的模式，KM 复制到了安徽亳州、青海玉树、甘肃定西、云南昆明等地，建中药市场或者中药产业园，进行地产开发，几乎成了 KM 后期的主要业务，这也是 KM 财务造假最浓重的一笔。

2018 年 10 月中旬，有媒体发表了一篇质疑文章，称 KM 药业存在多个问题，包括货币资金过高、存贷双高、大股东股票质押比例过高，以及中药材贸易毛利率过高等。存贷双高是一种不符合商业逻辑的现象，指的是在公司拥有充足货币资金的情况下，仍然向金融机构贷款，或者在资本市场发债融资，或者通过日常业务经营进行商业信用融资。从 KM 药业在更正错报前的 2017 年年报中显示的货币资金与有息负债情况（见表 2），可以看出该公司存在明显的存贷双高现象。此外，拥有公司股份最多的股东 KM 实业投资控股有限公司的股份在近三年都被质押，显然公司处于资金极度紧张的状态，这与账上高额的货币资金相矛盾。受此影响，KM 药业股价连续 3 个交易日跌停，市值迅速缩水。2018 年 12 月，KM 药业因涉嫌信息披露违法违规，被证监会立案调查。其公布的以前年度会计差错调整，使得资本市场再次将焦点转向了财务舞弊行为。作为市值曾高达 1283.36 亿元的 A 股医药类白马企业，此次财务舞弊行为的曝光无疑是资本市场上的"黑天鹅"，公司受到重创之后，市值一路跌至 150 亿元。

表 2　　　　KM 药业 2017 年度货币资金与有息负债情况　　　（单位：亿元）

|  | 更正错报前 | 更正错报后 |
| --- | --- | --- |
| 货币资金 | 341.51 | 42.07 |
| 短期借款 | 113.70 | — |
| 应付票据 | 0.22 | — |
| 应付债券 | 83.07 | — |
| 长期应付款 | 18.00 | — |

2019年8月，KM药业因造假问题被证监会下发《行政处罚及市场禁入事先告知书》，其中指出了三个方面的问题。首先，KM涉嫌虚增了291.28亿元的营业收入和41.01亿元的营业利润，以及虚增了886亿元的货币资金。其次，其2018年年度报告中存在虚假记载，共计虚增了36亿元的固定资产、在建工程和投资性房地产。最后，2016—2018年的年度报告中存在重大遗漏，未按规定披露控股股东及其关联方非经营性占用资金的关联交易情况。

2020年5月14日，证监会正式对KM药业进行处罚，责令改正，并处以60万元罚款。对马某某和许某某分别给予90万元的罚款，对邱某某等责任人员处以10万元至30万元不等的罚款。6名主要责任人被采取10年至终身证券市场禁入措施。此外，马某某等还被公安机关采取强制措施。

2020年12月31日，11名投资者向广州中院提起普通代表人诉讼。2021年4月16日，中国证监会中小投资者服务中心接受50名以上投资者委托，对KM药业启动特别代表人诉讼。此时，KM药业市值只剩下102亿元。

2021年7月27日，广州市中级人民法院公开开庭审理了KM药业证券虚假陈述集体诉讼案。根据《证券法》和最高人民法院有关司法解释的规定，中证中小投资者服务中心有限责任公司作为5.5万余名投资者的特别代表人参加了集体诉讼。两个多月后，该案在11月12日宣判，原被告双方当庭未提出上诉。2021年11月17日，KM药业收到了《广东省佛山市中级人民法院刑事判决书》，马某某因操纵证券市场罪，违规披露、不披露重要信息罪以及单位行贿罪数罪并罚，被判处有期徒刑12年，并处罚金人民币120万元；公司因单位行贿罪被判处罚金500万元；公司原副董事长、常务副总经理许某某及其他责任人员11人，因参与相关证券犯罪被分别判处有期徒刑并处罚金。

### 三 KM药业财务舞弊案主要违法事实

（一）虚增营业收入、利息收入及营业利润

KM药业在其2016年、2017年的年度报告，以及2018年的半年度和年度报告中虚增了营业收入、利息收入和营业利润,存在虚假记载。根据《中国证监会行政处罚决定书》,2016 年,KM 药业虚增了 89.99 亿元营业收入和 1.51 亿元利息收入,以及 6.56 亿元营业利润,这相当于合并利润表中披露的利润总额的 16.44%。2017 年,KM 药业虚增了 100.32 亿元营业收入、2.28 亿元利息收入和 12.51 亿元营业利润,占合并利润表中披露的利润总额的 25.91%。在 2018 年半年度报告中,KM 药业虚增了 84.84 亿元营业收入、1.31 亿元利息收入和 20.29 亿元营业利润,占合并利润表中披露的利润总额的 65.52%。在 2018 年年度报告中,KM 药业虚增了 16.13 亿元营业收入和 1.65 亿元营业利润,占合并利润表中披露的利润总额的 12.11%。

(二) 虚增货币资金

KM 药业在其 2016 年的年度报告、2017 年的年度报告和 2018 年的半年度报告中存在虚假记载,虚增了货币资金。具体来说,在 2016 年 1 月 1 日至 2018 年 6 月 30 日期间,KM 药业采用财务不记账、虚假记账,伪造或变造大额定期存单或银行对账单,以及伪造销售回款等方式来虚增货币资金。根据上述方式,KM 药业在其 2016 年年度报告中虚增了货币资金近 225.49 亿元,分别占公司披露总资产的 41.13% 和净资产的 76.74%。在 2017 年的年度报告中,KM 药业虚增了货币资金约 299.44 亿元,分别占公司披露总资产的 43.57% 和净资产的 93.18%。在 2018 年的半年度报告中,KM 药业虚增了货币资金约 361.88 亿元,分别占公司披露总资产的 45.96% 和净资产的 108.24%。

(三) 虚增固定资产、在建工程、投资性房地产

KM 药业在其 2018 年的年度报告中存在虚假记载,该公司通过将未纳入报表的 6 个工程项目纳入表内,虚增了固定资产、在建工程和投资性房地产。这些工程项目包括亳州华佗国际中药城、普宁中药城、普宁中药城中医馆、亳州新世界、甘肃陇西中药城和玉林中药产业园。据调查,这些项目不满足会计确认和计量条件,KM 药业虚增了固定资产 11.89 亿元、在建工程 4.01 亿元和投资性房地产 20.15 亿元,总计虚增资产 36.05 亿元。

(四) 重大遗漏

KM 药业 2016 年的年度报告、2017 年的年度报告和 2018 年的年度报

告中存在重大遗漏，未按照规定披露控股股东及其关联方非经营性占用资金的关联交易情况。在2016年1月1日至2018年12月31日期间，KM药业向控股股东及其关联方非经营性地提供资金，用于购买股票、替控股股东及其关联方偿还融资本息、垫付解质押款或支付收购溢价款等，共计约116.19亿元。这些资金的提供未经过决策审批或授权程序，且相关信息未在年度报告中公告。

### 四　审计中介机构主要违法事实

ZZZJ为KM药业2016—2018年年度财务报表审计机构，但存在未勤勉尽责的情况。证监会对此展开立案调查和审理，查明ZZZJ存在以下违法事实。

（一）ZZZJ出具的KM药业2016—2018年的年度审计报告存在虚假记载

KM药业2016—2018年的年度报告存在虚增收入、虚增货币资金等虚假记载行为。ZZZJ为KM药业2016—2018年的年度报告提供审计服务。2017年4月18日、2018年4月24日，ZZZJ分别为KM药业2016年、2017年的财务报告出具了标准无保留意见的审计报告；2019年4月28日，ZZZJ为KM药业2018年的财务报告出具了保留意见的审计报告。经查，ZZZJ出具的前述审计报告存在虚假记载。表3列示了KM药业2015—2021年的年度审计报告的审计意见。

2016年审计项目的签字注册会计师为杨某某、张某某，财务报告审计服务收费430万元；2017年审计项目的签字注册会计师为杨某某、张某某，财务报告审计服务收费495万元；2018年审计项目的签字注册会计师为杨某某、刘某，财务报告审计服务收费500万元。

（二）2016年和2017年的年报审计期间，ZZZJ未对KM药业的业务管理系统实施相应审计程序，未获取充分适当的审计证据

捷科SCM3.0新架构供应链系统（以下简称"捷科系统"）为KM药业的业务管理信息系统，金蝶EAS系统是KM药业进行账务处理的信息系统。ZZZJ相关审计人员明知KM药业捷科系统的存在，未关注捷科系统与

金蝶 EAS 系统是否存在差异，未分析差异形成的原因及造成的影响，未实施必要的审计程序，具体包括以下几点。

第一，在财务报表层面了解信息技术的运用时，未涵盖业务管理系统。根据审计底稿的记载，KM 药业的销售业务流程是基于捷科系统开展，从捷科系统发起销售订单，并经过一系列流程，最终通过系统配送货物。在知悉 KM 药业存在捷科系统的情况下，ZZZJ 仅了解了金蝶 EAS 系统，未涵盖捷科系统。

第二，ZZZJ 了解金蝶 EAS 系统时，未执行审计程序以了解金蝶 EAS 系统与捷科系统之间数据的勾稽关系。金蝶 EAS 系统与捷科系统的销售数据存在明显差异，ZZZJ 却未执行审计程序了解捷科系统的数据如何结转至金蝶 EAS 系统。

第三，ZZZJ 实施风险应对措施时，未从业务管理系统获取审计证据。ZZZJ 在内控测试、实质性程序中计划获取销售出库单等业务单据，但仅从金蝶 EAS 系统获取审计证据，没有追溯至捷科系统，也没有说明未追溯至捷科系统的理由，获取的审计证据不具有充分性和适当性。

表3　　　　　　　KM 美药业 2015—2021 年审计意见

| | 会计年度 | 审计日期 | 审计意见类型 | 会计师事务所 |
| --- | --- | --- | --- | --- |
| *STKM | 2015 年 | 2016 年 4 月 22 日 | 标准无保留意见 | 广东 ZZZJ 会计师事务所（特殊普通合伙） |
| | 2016 年 | 2017 年 4 月 18 日 | 标准无保留意见 | 广东 ZZZJ 会计师事务所（特殊普通合伙） |
| | 2017 年 | 2018 年 4 月 24 日 | 标准无保留意见 | 广东 ZZZJ 会计师事务所（特殊普通合伙） |
| | 2018 年 | 2019 年 4 月 28 日 | 保留意见 | 广东 ZZZJ 会计师事务所（特殊普通合伙） |
| | 2019 年 | 2020 年 6 月 16 日 | 带强调事项段的保留意见 | LX 会计师事务所（特殊普通合伙） |
| | 2020 年 | 2021 年 4 月 28 日 | 带强调事项段的无法表示意见 | LX 会计师事务所（特殊普通合伙） |
| | 2021 年 | 2022 年 4 月 27 | 带强调事项段的无保留意见 | TZGJ 会计师事务所（特殊普通合伙） |

ZZZJ 的行为不符合《中国注册会计师审计准则第 1211 号——通过了解被审计单位及其环境识别和评估重大错报风险》第 21 条和《中国注册会计师审计准则第 1301 号——审计证据》第 10 条的规定。

## 第三部分 案例分析

### 一 基于股票错误定价的定量分析

以企业的股票错误定价来间接分析 KM 药业情况,具体计算如下。

选取中国 2014—2020 年 A 股上市企业为初始研究样本,数据来源于 CSMAR 数据库。数据进行如下处理:(1) 剔除金融业上市企业;(2) 剔除 ST、*ST、退市整理、暂停上市以及终止上市类上市企业;(3) 剔除企业上市当年及以前年度数据;(4) 剔除数据不全上市企业样本。其中,保留 KM 药业的样本。最终得到 19096 个样本数据,为减少极端值影响,对所有连续变量上下 1% 的分位数进行了缩尾处理。

参考陆蓉等的计算方法计算股票错误定价,[①] 具体步骤如下。

根据式 (1) 将市值账面比分解成股票错误定价与企业成长机会。

$$\frac{M_{i,t}}{B_{i,t}} = \frac{M_{i,t}}{V_{i,t}} \times \frac{V_{i,t}}{B_{i,t}} \quad (1)$$

下标 i 和 t 分别表示企业和年度,M、V、B 分别代表企业市场价值、真实价值、账面价值。将式 (1) 两边取对数得到市值账面比的对数分解式 (2)。

$$m_{i,t} - b_{i,t} = (m_{i,t} - v_{i,t}) + (v_{i,t} - b_{i,t}) \quad (2)$$

m、v、b 分别代表企业市场价值、真实价值、账面价值的自然对数。 m - v 表示股票错误定价程度,v - b 表示企业的成长机会。

股票错误定价可以分解为短期企业层面错误定价和长期行业层面错误定价,短期企业层面错误定价表示上市企业股票的市值与该企业同行业、同时

---

[①] 陆蓉、何婧、崔晓蕾:《资本市场错误定价与产业结构调整》,《经济研究》2017 年第 11 期;徐寿福、邓鸣茂:《管理层股权激励与上市公司股票错误定价》,《南开经济研究》2020 年第 2 期。

期股票市值估值水平的差异，长期行业层面错误定价表示行业整体估值水平与该行业长期真实价值水平的偏差。市值账面比可表示为式（3）。

$$m_{i,t} - b_{i,t} = ov_{Firm_{i,t}} + ov_{Indu_{i,t}} + Growth_{i,t}$$
$$= [m_{i,t} - v(\theta_{i,t};\beta_{i,t})] + [v(\theta_{i,t};\beta_{i,t}) - v(\theta_{i,t};\beta_{i,t})]$$
$$+ [v(\theta_{i,t};\beta_{i,t}) - b_{i,t}] \tag{3}$$

下标 $j$ 表示行业。$v(\theta_{i,t};\beta_{j,t})$ 是根据第 $t$ 年同行业 $j$ 的估计系数 $\beta_{i,t}$ 估算的企业真实价值，$v(\theta_{i,t};\beta_j)$ 是根据行业 $j$ 长期估计系数 $\beta_j$ 估算的长期企业价值。用式（4）分年度、行业得到估计系数。

$$m_{i,t} = \beta_0 + \beta_{1jt}b_{i,t} + \beta_{2jt}I_{(<0)}In(NI)^+_{i,t} + \beta_{4jt}Lev_{it} + \varepsilon_{i,t} \tag{4}$$

$$v(\theta_{i,t};\beta_{j,t}) = \beta_0 + \beta_{1jt}b_{i,t} + \beta_{2jt}In(NI)^+_{i,t} + \beta_{3jt}I_{(<0)}In(NI)^+_{i,t} + \beta_{4jt}Lev_{it} \tag{5}$$

$In(NI)^+$ 表示企业净利润取绝对值后的自然对数，$I_{(<0)}In(NI)^+$ 表示企业净利润为负值时的示性函数（$NI<0$ 时取值为 1，否则取值为 0），$Lev$ 表示资产负债率。将处理后的数据用最小二乘法估计式（4）的系数，将估计的系数代入式（5）计算得到企业真实价值。将式（4）的估计系数按式（6）同行业取均值得到均值系数，将均值系数代入式（7）计算得到长期企业价值。

$$\bar{\beta}_j = \frac{1}{T}\Sigma\eta\hat{\beta}_{jt} \tag{6}$$

$$v(\theta_{i,t};\bar{\beta}_j) = \bar{\beta}_0 + \bar{\beta}_{1j}b_{i,t} + \bar{\beta}_{2j}In(NI)^+_{i,t}$$
$$+ \bar{\beta}_{3j}I_{(<0)}In(IN)^+_{i,t} + \bar{\beta}_{4j}Lev_{i,t} \tag{7}$$

将计算的企业真实价值和长期企业价值代入式（8），计算得到股票错误定价（$Misp$）。$Misp$ 值越大，表明股票定价偏离其真实价值的幅度越大，即股票存在严重错误定价。

$$Misp_{i,t} = |In\left(\frac{M_{i,t}}{V_{i,t}}\right)|$$
$$= |m_{i,t} - v_{i,t}|$$
$$= |ov_{Firm_{i,t}} + ov_{Indu_{i,t}}|$$
$$= |[m_{i,t} - v(Q_{i,t};\hat{\beta}_{j,t})] + [v(Q_{i,t};\hat{\beta}_{j,t}) - v(Q_{i,t};\bar{\beta}_{j,t})]| \tag{8}$$

案例六 KM 药业：财务造假的多米诺骨牌效应

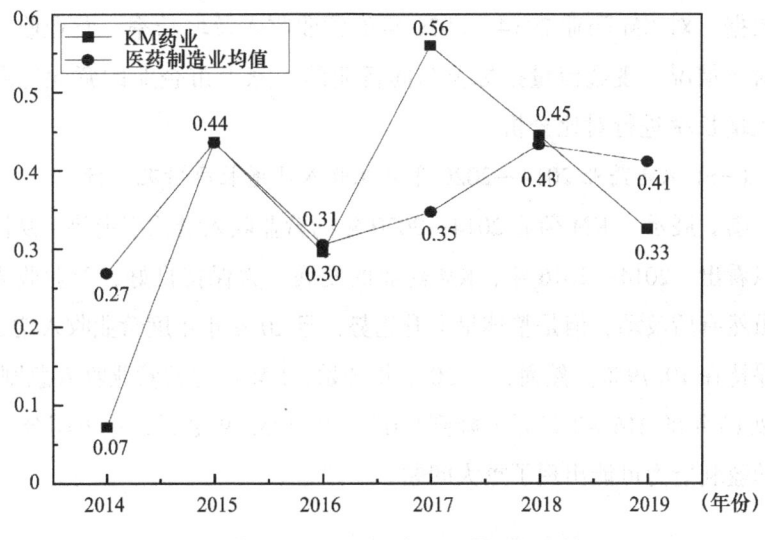

图1 KM 药业 2014—2019 年股票错误定价情况

图1展示了 KM 药业 2014—2019 年的股票定价误差情况。2014年，KM 药业的股票定价误差远低于所在医药制造业行业均值，这表明其股价与企业的真实价值相符；2015年、2016年、2018年和2019年，KM 药业的股票定价误差虽然偏高，但医药制造业行业均值也偏高，说明股票定价误差偏高是行业特征导致的；2017年，KM 药业的股票定价误差远高于所在医药制造业行业均值，说明其股价与企业真实价值完全不匹配，由此可以间接判断出 KM 药业在 2017 年存在股票错误定价的情况。

## 二 基于财务数据的趋势分析

趋势分析法有助于审计人员从宏观上把握事物的发展规律。注册会计师可根据审计需要确定时间序列，如年、季、月、旬、日等。[①] 本研究通过同花顺财经和巨潮资讯网披露的财务公告以及国泰安数据库整理

---

① 王良等：《基于数据挖掘算法的审计数据分析及案例应用》，《中国注册会计师》2020年第6期。

的数据，对 KM 药业 2014—2020 年的营业收入及增长率、营业收入与费用对比情况、现金流量指标及与同行业的 4 家上市企业的营业毛利率和收入增长率进行对比分析。

(一) KM 药业 2014—2020 年营业收入及增长率情况分析

图 2 展示了 KM 药业 2014—2020 年的营业收入增长率走势。从图 2 中可以看出，2014—2016 年，KM 药业的发展一直保持良好，营业收入增长率虽然有所波动，但是整体呈上升趋势，且 2016 年年度营业收入增长率仍然保持在 19.79%。然而，从 2017 年开始，KM 药业的营业收入急剧下降，从 2016 年的 216.42 亿元下降到 2017 年的 175.79 亿元，这表明公司 2017 年的盈利能力可能出现了重大问题。

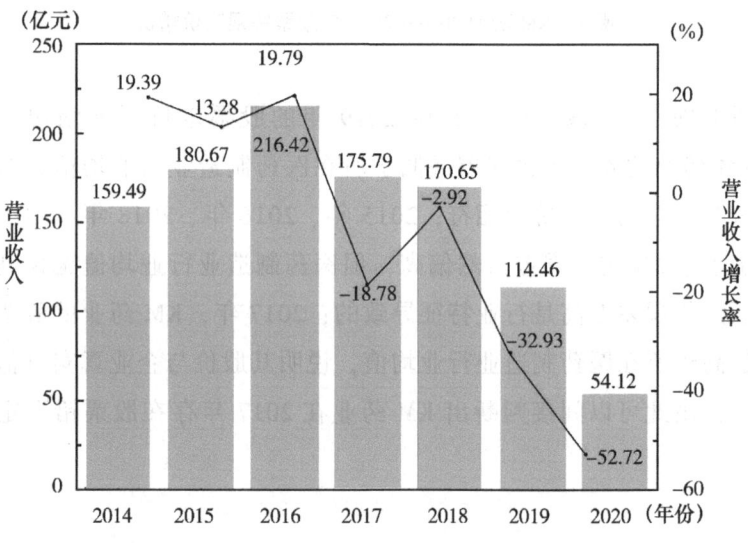

图 2　KM 药业 2014—2020 年营业收入及增长率情况

(二) KM 药业 2014—2020 年营业收入与费用对比情况分析

毛利率决定企业的初始获利能力，而期间费用率则决定了企业的最终获利能力。对期间费用的分析可以帮助评估企业的管理层运营能力，是重要的经营指标。通常情况下，相对较低的期间费用率意味着企业可以获得更多的利润。从横向比较来看,期间费率越低越好。然而,要实现费用率的降低并提高净利润率,需要通过科学合理的费用管理来实现。如果费用率相比同行偏差较大,则表明不合理。从纵向来看,期间费率的稳定性很重要,如果期间费率在某一期突然出现异常的大幅提升或降低,则可能存在财务粉饰或者造假的可能性。

如图3所示,KM药业在2014—2017年快速发展,同时费用类支出占比重较大的财务费用、管理费用和销售费用也成倍增长,增长幅度偏大,这表明公司的运营能力有所下降。虽然销售费用在2017年后有所下降,但财务费用增加较多,管理费用相对比较稳定,表明公司对于营业能力下降的战略调整不及时。这些迹象暗示着KM药业的财务运营存在重大问题。

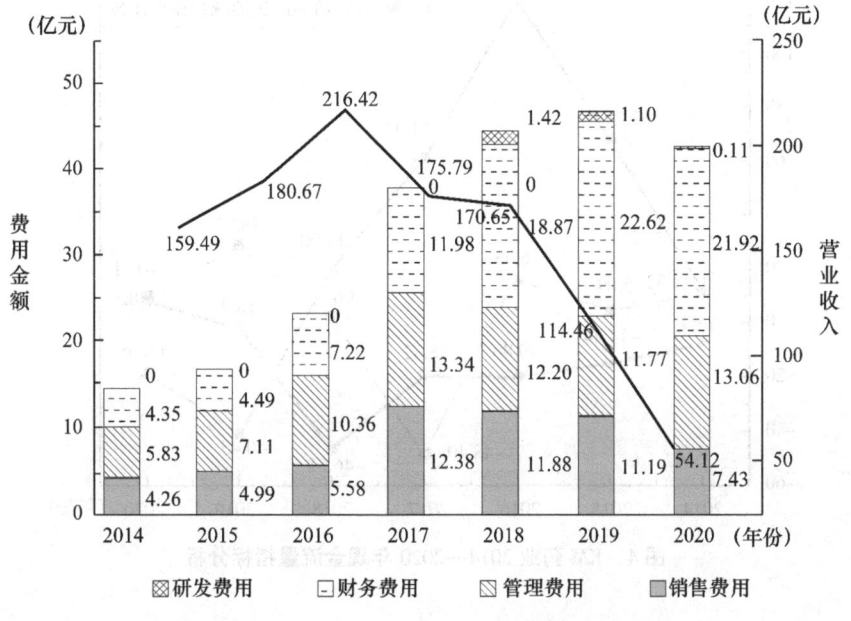

图3 KM药业2014—2020年费用与营业收入对比情况

(三) KM药业2014—2020年现金流量指标分析

图4显示,2014—2020年,KM药业的投资活动产生的现金流量净

额为负数，说明企业大量投入资金用于固定资产投资或股权投资，处于扩张阶段，还未获得投资回报，或者投资回报不足以抵消投资支出。而 2019 年筹资活动产生的现金流量净额也为负数，这可能是由于企业偿还了前期的借款，支付了利息或者股利，而没有新增的贷款。企业应该注意防止过度扩张导致资金链断裂，尽快回笼资金。值得一提的是，自 2017 年以来，KM 药业的经营活动产生的现金流量净额有所增加，这表明公司正在想办法走出困境。但是总体来看，公司资金短缺的情况并没有得到缓解。

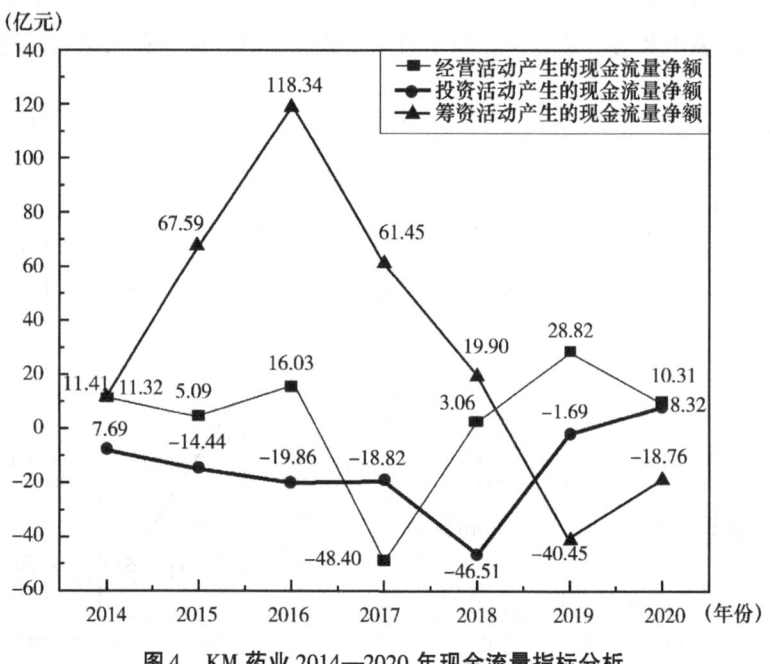

图 4　KM 药业 2014—2020 年现金流量指标分析

（四）KM 药业 2014—2020 年与其他 4 家上市企业收入增长率和营业毛利率对比分析

图 5 和图 6 分别选取中药行业其他 4 家上市公司与 KM 药业进行比较分析。在横向上，将 KM 药业的收入增长率与营业毛利率等指标与

同行业其他公司进行比较，发现 KM 药业的收入增长率在 2017 年明显下降，同时 2017 年后其营业毛利率明显与行业存在较大差异。在纵向上，将 KM 药业不同时期的收入增长率与销售毛利率等指标进行比较，分析营业收入与销售毛利率的稳定性。通常，收入与毛利率较为稳定或稳步增长的企业竞争力较强，收入质量也较高。从图 6 可以看出，与同行业其他公司相比，KM 药业的竞争力较弱，收入的质量也偏低。因此，从横向和纵向的分析结果来看，KM 药业在同行业中的地位相对较弱，其收入质量不容乐观，需要采取措施以提高收入的质量和竞争力。

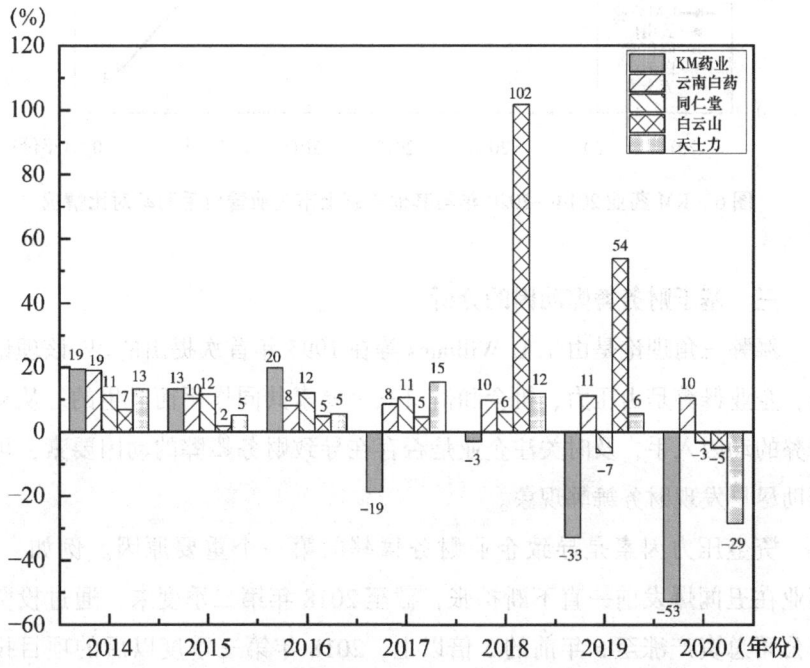

图 5　KM 药业 2014—2020 年与其他 4 家上市企业收入增长率对比情况

专题 三　舞弊审计

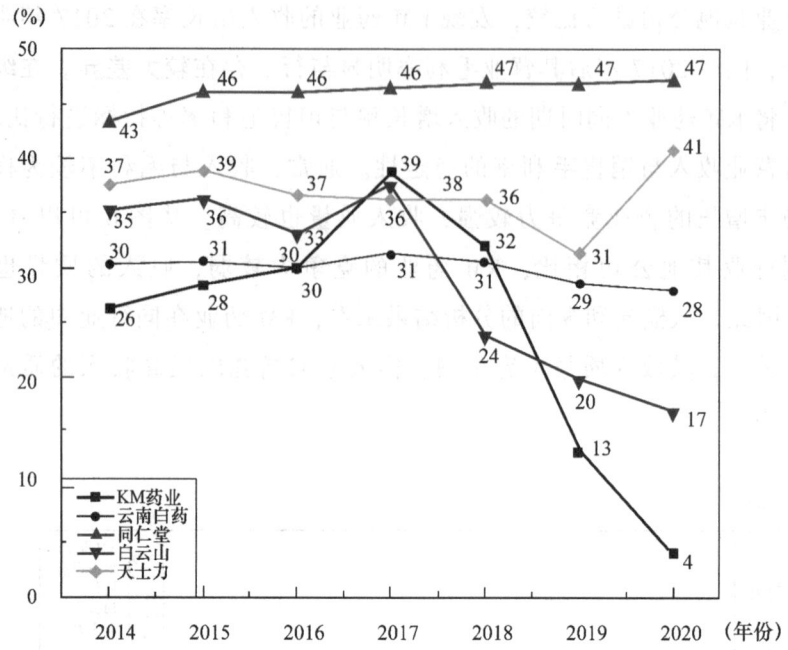

图6　KM药业2014—2020年与其他4家上市企业营业毛利率对比情况

### 三　基于财务舞弊动因的分析

舞弊三角理论是由T. L. Williams等在1995年首次提出的。[①] 该理论认为，企业舞弊是由压力、机会和借口三个要素共同作用而产生的。从财务舞弊的动因入手，及时关注企业是否存在导致财务舞弊的动因要素，可以帮助尽早发现财务舞弊现象。

资金压力因素是导致企业财务舞弊的第一个重要原因。例如，KM药业在丑闻爆发前一直不断扩张，截至2018年第二季度末，通过投资使得公司总资产涨至5年前的3倍以上，2018年第三季度以后的项目投资金额需求将近450亿元。然而，KM药业已经没有变现能力强的资产可以支持这种高强度扩张。在这种压力下，KM药业很可能采取虚增收入、

---

① W. S. Albrecht, G. W. Wernz, T. L. Williams, *Fraud*: *Bringing Light to the Dark Side of Business*, Irwin Professional Pub., 1995.

虚增货币资金或利用关联方炒作股票等财务造假手段来制造公司持续增长的假象。

第二个导致企业财务舞弊的因素是机会。机会包括内部机会和外部机会。在内部机会方面，KM 药业的股权过于集中，且是家族式管理。马某某夫妇的股份加起来占据了 KM 实业投资股份有限公司 100% 的股权，达到了绝对控制，而 KM 实业投资股份有限公司持有 KM 药业 32.91% 的股权，第 2 至第 10 位股东合计持股比例在 22% 左右。因此，马某某夫妇实际控制了 KM 药业。同时，家族式管理体制也为财务舞弊埋下了隐患。马某某的父亲和许某某的父母在 KM 药业中担任自然人股东，在管理层作出重大决策、风险评估时更容易偏向家族利益。在外部机会方面，主要表现在会计师事务所丧失了独立性。广东 ZZZJ 会计师事务所自 2001 年 KM 药业上市以来一直担任其审计工作，对于这种常年合作的客户，连续审计且缺少主任会计师更换的具体措施。

第三个是借口因素。一方面是存在自我合理化的倾向，马某某把财务舞弊归因于过去发展太快，以至于没有过多的精力放在财务管理和内部控制上，导致企业的财务管理不完善、内控不健全进而出现了财务舞弊。另一方面是监事会的借口。国内外学者的研究表明，监事会的持股比例与信息披露的质量呈正比例关系，KM 药业监事会相较于其他上市公司缺少股权激励的情况，通常会成为其不履行职责的一种借口。

## 四　KM 药业审计失败的启示

KM 药业审计失败事件是中国资本市场的一起重大事件，也是一次触目惊心的审计失败案例。这次事件给我们带来了深刻的反思和启示，对于审计行业和资本市场的发展具有重要意义。

1. 审计机构要保持独立性和专业性

审计机构的独立性和专业性是审计工作的基础，也是保证审计质量和审计效果的关键。然而，KM 药业审计失败事件暴露出了审计机构在审计工作中存在的独立性和专业性问题。自 MK 药业上市以来，一直由 ZZZJ 会计师事务所为其提供审计业务，尽管财经媒体等外部各方都对 KM 药业财务报告的真实性提出了质疑，但是承接其业务后的 19 年里，ZZZJ 会计师事务所均未对财务报告提出过质疑，对于 2017 年财务报告中的重大会计差错也未能识别。

如图 7 所示，KM 药业支付的审计费用在逐年上升。自 2000 年时的 20 万元增长至 2018 年的 500 万元，成为 ZZZJ 重要的收入来源。然而，2012—2017 年，KM 药业的财务情况多次出现"造假"疑云，如存贷双高等问题。尽管如此，ZZZJ 一直置之不理，审计报告中均出具标准无保留意见（其中 2018 年出具保留意见），并未发现公司 2017 年的重大会计差错。这说明会计师事务所没有保持审计的独立性，其审计报告的可信度值得质疑。

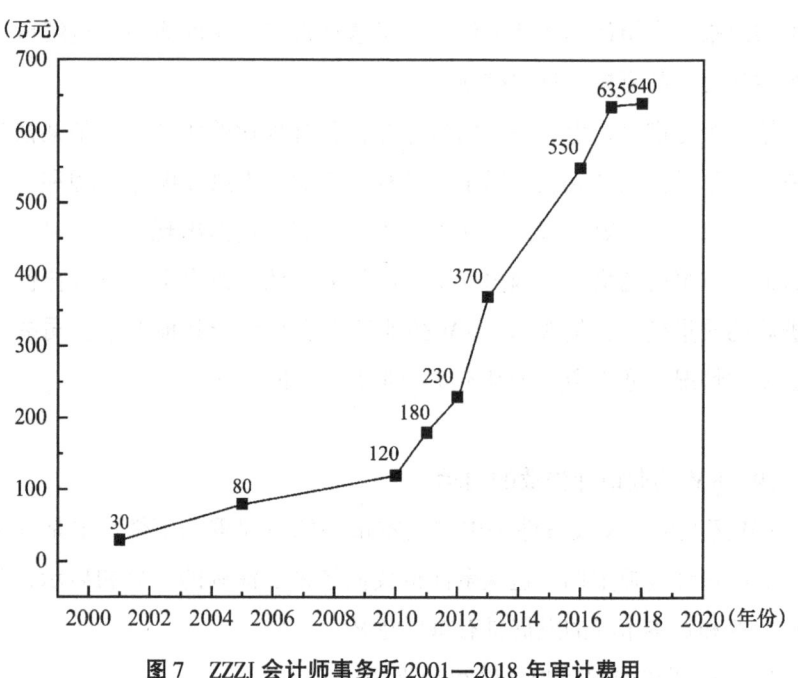

图 7　ZZZJ 会计师事务所 2001—2018 年审计费用

2. 加强职业怀疑态度与应有的关注

审计人员缺乏职业怀疑态度和足够的关注，未能充分关注 KM 药业的异常指标和风险点，是导致 KM 药业审计失败的重要原因之一。其一，职业怀疑态度是审计工作的核心要求之一。审计人员需要具有审慎的态度，对被审计单位的财务报表提出质疑，对重要事项进行充分调查，从而保证审计工作的有效性和准确性。然而，ZZZJ 未保持应有的职业怀疑态度，未对异常指标进行综合和深入的分析，没有发现 KM 药业的财务异常，导致审计失败。其二，审计人员需要对被审计单位的异常指标和风险点进行足够的关注，采取相应的措施来保证审计质量。KM 药业存在多项异常指标，包括存贷双高、利息支出高于利息收入、净现比低等。这些指标本应引起审计人员的高度关注，而 ZZZJ 并未对这些指标予以足够的关注，未采取相应的措施，导致审计失败。因此，职业怀疑态度和足够的关注是保证审计质量的重要因素。如果审计人员缺乏职业怀疑态度和足够的关注，就会容易忽视被审计单位的异常指标和风险点，从而导致审计失败。审计人员需要加强对被审计单位的认识和了解，提高审计工作的有效性和准确性，为被审计单位提供更好的服务。

3. 加强投资者保护和提高独立董事履职能力

投资者保护是资本市场监管的重要组成部分。KM 药业财务造假案的曝光给投资者带来了巨大的经济损失，同时也严重损害了投资者的信心和市场的稳定。因此，要加强投资者教育和保护，完善投资者维权机制，提高投资者识别和评估风险的能力。另外，独立董事应该更加积极地履行职责，对企业财务报表和内部控制情况进行更深入的调查和审查，加强对公司治理的监督和提出更有价值的建议。

# 案例七

## JY 科技造假案落锤:"阴阳账本"虚增利润

### 曾 琰

**摘要**:独立性一直是注册会计师职业道德的核心,作为管理者和股东的第三方,注册会计师需要保持客观、公正的执业态度,合理保证对外公布的财务报表能够如实、公允反映公司的财务状况。本案例回顾了 LX 事务所对 JY 科技公司的审计过程,从独立性的角度分析了审计失败的原因。这些原因包括事务所与被审计单位存在长期的合作关系、专业能力缺失、缺乏职业怀疑的态度以及不合理的审计费用收取。同时,本案例还从被审计单位的角度分析了导致审计失败的原因,包括故意隐瞒部分信息、不合理的内部治理结构、监事会失效以及频繁更换财务总监等。

**关键词**:独立性;审计失败;财务造假

## 第一部分 理论导入

根据《中国注册会计师职业道德守则》,独立性是指应用特定思路和方法来解决独立性问题,以指导注册会计师识别对独立性的不利影响、评估不利影响的严重性,并在必要时采取措施消除或降低不利影响至可接受的水平。如果不能采取适当的防范措施来消除或降低不利影响至可接受的水平,则注册会计师应消除产生不利影响的情况、拒绝接受审计业务委托或终止审计业务。会计师事务所在承办审计、审阅和其他鉴证业务时，应从整体层面和具体业务层面采取措施，以保持会计师事务所和项目组的独立性。注册会计师在执行审计、审阅和其他鉴证业务时，应从实质上和形式上保持独立性，不让任何利害关系影响其客观性。实质上的独立性是指一种内心状态，使得注册会计师在提出结论时不受损害职业判断的因素影响，诚信行事，遵守客观和公正原则，保持职业怀疑的态度。形式上的独立性是指一种外在表现，使得一个理性且掌握充分信息的第三方，在权衡所有相关事实和情况后，认为会计师事务所或审计项目组成员没有损害诚信、客观和公正原则或职业怀疑态度。

公众利益实体包括上市公司和法律法规界定的公众利益实体，以及按照上市公司审计独立性要求接受审计的实体。如果除公众利益实体外的其他实体拥有数量众多且分布广泛的利益相关者，则注册会计师应考虑将其视为公众利益实体。网络事务所是指属于某一网络的会计师事务所或实体，若某一会计师事务所被视为网络事务所，则应与网络中其他会计师事务所的审计客户保持独立。在执行鉴证业务时，注册会计师必须保持独立性态度。

## 第二部分 案例情况

JY科技股份有限公司是一家专注于数字电视产业链条研发和销售的企业。该公司成立于1999年11月，总部位于中国四川省成都市。2009年10月30日，JY科技作为首批28家创业板上市公司之一，在深圳证券交易所创业板成功挂牌上市。JY科技是一家资深的高新技术企业，其主要研发方向是数字信号技术，并在国内数字多媒体领域拥有一定的行业影响力。2012年，JY科技在中国香港成立了子公司，并在同年和次年成功收购了英国老牌知名企业哈佛国际和多家广播电视网络公司等。[①] 然而，近年来，

---

① 刘智禹：《注册会计师审计独立性缺失问题研究——以立信会计事务所审计金亚科技为例》，硕士学位论文，江西师范大学，2018年。

## 专题三 舞弊审计

由于市场竞争加剧，运营商不再需要通过运营分成的商业模式与 JY 科技合作，而是采用直接采购的模式。这对 JY 科技原有的商业模式造成了巨大的冲击。本案例中，LX 会计师事务所负责审计 JY 科技股份有限公司。LX 会计师事务所是中国建立时间较早的事务所之一，于 1927 年创建。经过 80 多年的发展，该公司已成为目前国内规模最大、最有影响力的会计师事务所之一，受到业界和社会各界的广泛赞誉。表 1 列示了 JY 科技财务造假事件的发展过程。

表 1　　　　　　　　　　JY 科技违规事件进展过程

|  | 事件进展 |
| --- | --- |
| 2015 年 2 月 14 日 | JY 科技宣布拟溢价 19 倍，进行重大重组预案，以 22 亿元的交易对价收购天象互动 100% 股权。天象互动刚刚成立一年和溢价过高的现象，引起了证监会的注意并介入调查 |
| 2015 年 6 月 4 日 | JY 科技被暂停上市，原因是涉嫌违反证券法律法规，证监会也因此对其立案调查 |
| 2015 年 7 月 16 日 | 公司发布自查报告，公司账实不符是因为资金被大股东侵占，并等待监管部门调查的最后结果 |
| 2015 年 8 月 31 日 | 公司发布公告，通知将更正调整报表的重大错报 |
| 2016 年 1 月 14 日 | 公司再次发布自查报告，说明披露中的多项财务数据有重大错报，其中 2014 年的货币资金、应收账款、未分配利润、净利润等九大会计科目合计调整金额接近 12 亿元人民币 |
| 2016 年 1 月 8 日 | 发布自查报告承认财务造假，其中周某某占用公司资产 2.17 亿元 |
| 2018 年 3 月 1 日 | 证监会发布行政处罚决定书及对周某某的市场禁入决定书 |
| 2018 年 6 月 28 日 | 证监会对 JY 科技的最终判定结果：①2014 年的财务数据造假；②欺诈上市，被处以顶格罚款并予以强制退市 |
| 2018 年 8 月 6 日 | 证监会对 LX 会计师事务所及签字注册会计师给予处罚 |

资料来源：证监会处罚公告。

JY 科技公司在自查报告中披露了 9 项财务数据的重大差错更正，涉及货币资金、应收账款、其他应收款等合计近 12 亿元人民币的调整。除了营业成本以外，其余 8 项财务指标的差错均为了粉饰财务报表、提高公司业绩。具体的调整项目及其金额如表 2 所示。

表 2　　　　　JY 科技 2014 年财报更正与追溯调整项目　　　（单位：万元）

| 合并报表项目 | 更正前 | 更正数 | 更正后 |
| --- | --- | --- | --- |
| 货币资金 | 34523.39 | -22094.54 | 12428.85 |
| 应收账款 | 22773.41 | -3213.27 | 19560.14 |
| 其他应收款 | 1752.84 | 23512.89 | 25265.73 |
| 其他非流动资产 | 31048.16 | -31000.00 | 48.16 |
| 未分配利润 | 2534.22 | -30761.49 | -28227.27 |
| 营业收入 | 55822.95 | -3033.17 | 52789.78 |
| 营业成本 | 42234.90 | -1628.63 | 40606.27 |
| 营业利润 | 852.76 | -1415.47 | -562.71 |
| 净利润 | 2632.55 | -1931.11 | 701.44 |

资料来源：JY 科技 2014 年的年度财务报告。

中国证监会于 2017 年 11 月 13 日发布了《行政处罚及市场禁入事先告知书》公告，指出 JY 科技公司虚构了预付账款 3.1 亿元和银行存款 2.18 亿元，导致利润总额虚增 8049 万元。[①] 具体的违法事实表现在以下几个方面。

一是 JY 科技虚构了巨额的预付账款。JY 科技在 2016 年 1 月 18 日的自查报告公布的 2014 年合并报表项目中，调整了一项其他非流动资产，金额高达 3.1 亿元。JY 科技公司解释称该款项是预付给四川宏山建设工程有限公司的一笔预付款。然而，证监会的调查发现，该款项并未通过银行存款支付给四川宏山建设工程有限公司，而是虚构的。[②] 表 3 中列示了相关的非流动资产调整项目情况。

---

① 毕文明：《会计师事务所函证程序问题及优化探究——以立信审计金亚科技为例》，硕士学位论文，中南财经政法大学，2019 年。
② 王海棠：《创业板上市公司审计失败研究——以立信审计金亚科技为例》，硕士学位论文，河北经贸大学，2019 年。

表3　　　　　　2014年JY科技其他非流动资产调整项目　　　（单位：万元，%）

| 合并报表项目 | 更正前 | 更正后 | 更正数 | 调整幅度 |
|---|---|---|---|---|
| 其他非流动资产 | 31048.16 | 48.16 | -31000 | -99.84 |

资料来源：JY科技2014年的年度财务报告。

二是虚增收入及净利润。证监会调查证实了JY科技在2014年的合并财报中虚增了7363.5万元的营业收入和1925.33万元的营业成本。而在费用支出方面，JY科技总共少计368.5万元的销售费用、132.08万元的管理费用、795.3万元的财务费用和1315.49万元的营业外收支。经过一系列的财务调整，公司的利润总额虚增了8049.55万元，将JY科技的利润从亏损转为盈利。

三是虚增货币资金。从表4和表5中可以看出，JY科技在2016年1月的自查报告中，将货币资金科目调减22094.54万元，调整幅度达64%。同时根据证监会处罚公告，JY科技日记账记载，公司在中国工商银行成都高新西部园区支行存款21930.13万元，经过调查，账户余额实际金额只有138.94万元，虚增了21791.19万元。JY科技2014年年报中，受限货币资金的其他选项为7503.1万元。同时其他重要事项列明，成都国通信息产业有限公司委托JY科技以其自身为受益人开具信用证，JY科技接受委托，分别开具了4000万元和3500万元的信用证。信用证这种业务结算方式通常是用于国际贸易，JY科技采用这种结算方式不得不让人生疑。实际上这4000万元和3500万元都是JY科技增加账面资产的方式，因为信用证未到期，仍然是属于JY科技的资产，由成都国通先付给JY科技，JY科技再开具信用证，这样就可以在财务报表货币资金的项目上增加7500万元的余额，达到虚增货币资金的目的。

案例七　JY科技造假案落锤："阴阳账本"虚增利润

表4　　　　JY科技调整2014年报表项目中货币资金的情况　（单位：万元,%）

| 合并报表项目 | 更正前 | 更正后 | 更正数 | 调整幅度 |
|---|---|---|---|---|
| 货币资金 | 34523.40 | 12428.85 | -22094.54 | -64 |

资料来源：JY科技2014年的年度财务报告。

表5　　　　　　　JY科技受限制货币资金明细　　　　　　（单位：元）

| 项目 | 期末余额 | 期初余额 |
|---|---|---|
| 银行承兑汇票保证金 | 9864624.79 | 41461401.50 |
| 借款保证金 | 1069.44 | — |
| 履约保证金 | 770000.00 | 770000.00 |
| 其他 | 75031000.00 | 103000.00 |
| 合计 | 85665624.79 | 4235470.94 |

资料来源：JY科技2014年的年度财务报告。

由于案件当事人JY科技的违法行为、违法性质、违法事实以及因此给社会造成的影响，证监会对JY科技财务造假案给予一定的处罚。表6列示了对主要相关责任人的处罚结果。

表6　　　　　　　　　证监会处罚结果

| 处罚对象 | 处罚类型 | 处罚结果 |
|---|---|---|
| JY科技 | 罚款 | 处以60万元罚款 |
| JY科技实际控制人（周某某） | 被公安机关刑事拘留、罚款 | 处以90万元罚款、终身禁止进入证券市场 |
| JY科技董事会秘书和总经理（何某、罗某） | 给予警告、罚款 | 处以25万元罚款、5年禁止进入证券市场 |
| LX会计师事务所 | 责令改正、没收业务收入、罚款 | 处以270万元的罚款，并没收业务收入90万元 |
| 签字注册会计师（程某、邹某某） | 给予警告、罚款 | 分别处以10万元的罚款 |

资料来源：证监会处罚公告。

· 129 ·

# 第三部分 案例分析

## 一 审计独立性缺失的原因——注册会计师的角度

从注册会计师自身的角度而言，保持独立性是执行审计准则中至关重要的一环。在本案例中，审计事务所与被审计单位存在长期合作关系、专业胜任能力缺乏、未秉承保持职业怀疑的态度以及不合理的审计费用收取等，最终导致了审计失败。

一是审计事务所与被审计单位存在长期合作关系。具体而言，表7披露了JY科技2009—2016年委托的境内审计会计师事务所名称、审计意见类型和签字注册会计师的信息。其揭示了LX会计师事务所与JY科技之间长达多年的连续审计关系，其中邹某某和程某连续4年（2011—2014年）负责JY科技的审计工作。

表7　　JY科技历年获得审计意见类型及签字会计师情况

|  | 年份 | 境内审计会计师事务所 | 审计意见类型 | 签字注册会计师 | 连续服务年限 |
| --- | --- | --- | --- | --- | --- |
| JY科技 | 2009 | LX大华会计师事务所有限公司 | 标准无保留意见 | 资料暂缺 | 4 |
| JY科技 | 2010 | LX大华会计师事务所有限公司 | 标准无保留意见 | 康某某 | 5 |
| JY科技 | 2011 | LX会计师事务所（特殊普通合伙） | 标准无保留意见 | 邹某某 程某 | 6 |
| JY科技 | 2012 | LX会计师事务所（特殊普通合伙） | 标准无保留意见 | 邹某某 程某 | 7 |
| JY科技 | 2013 | LX会计师事务所（特殊普通合伙） | 标准无保留意见 | 邹某某 程某 | 8 |
| JY科技 | 2014 | LX会计师事务所（特殊普通合伙） | 标准无保留意见 | 邹某某 程某 | 9 |
| JY科技 | 2015 | 中兴华会计师事务所（特殊普通合伙） | 无法发表意见 | 康某 倪某某 | 1 |
| JY科技 | 2016 | 亚太（集团）会计师事务所（特殊普通合伙） | 保留意见 | 周某某 周某 | 1 |

资料来源：JY科技2009—2016年审计报告。

长期审计的优点是对被审计企业的各方面情况更加了解,但缺点是这种长期关系很容易让双方因为熟络建立起工作之外的联系和情感,影响独立性。如图 1 所示,中国会计师事务所从 2015 年的 8374 家发展到 2018 年的 9005 家,数量每年都在递增。事务所为了在竞争中维持跟老客户的关系、保持稳定的收入来源,很容易在审计过程中没有客观地去处理某些异常情况,影响到独立性的原则。同时,由于事务所竞争日益激烈,在利益的驱使下,对老客户的审计进行成本的缩减,也容易省略掉某些本该追加的审计程序,忽视保持职业怀疑的重要性。

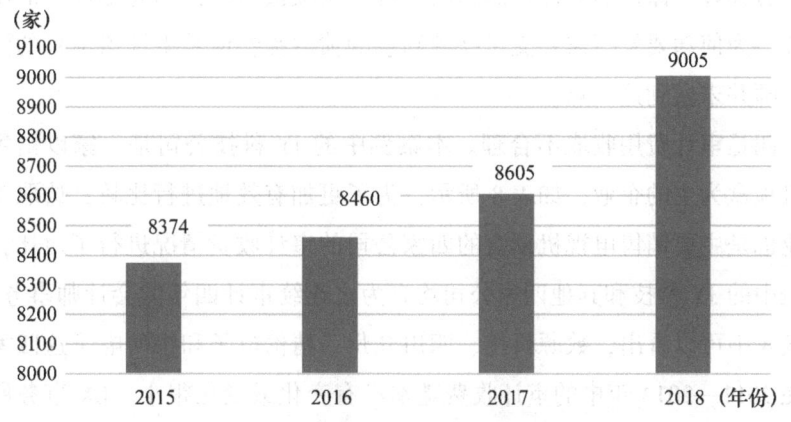

图 1　2015—2018 年中国会计师事务所数量

二是专业胜任能力缺失。JY 科技属于数字电视行业的公司,LX 事务所负责审计的注册会计师对此行业并不熟悉,之前鲜有审计相关行业的经验,因此在审计过程中会出现过于依赖且容易相信被审计单位提供的各种资料及信息的情况,难以从财务数据以及信息收集中发现重大错报的风险点和容易出现舞弊的地方。有线数字电视产业具有技术密集型、资金需求量大、新项目研发成本大等特点,如果由经验不足的会计师担任审计工作,且不聘请专家协助,很容易出现专业胜任能力缺失导致影响独立性的问题。

三是没有秉承保持职业怀疑的态度。在审计准则中明确规定，注册会计师在执行审计工作中需要保持职业怀疑的态度，运用专业知识客观公正地质疑审计证据。这种态度对注册会计师保持独立性具有重要的作用，但在此案例中 LX 的注册会计师没有秉承保持职业怀疑的态度。例如，在进行货币资金审计时，如果注册会计师向中国工商银行成新西部园支行发询证函，质疑 JY 科技的银行单据等信息，就可以通过执行相应的审计程序去验证，不至于出现报表中银行存款最终虚增了 2.18 亿元的结果。公司在 2013 年发行了 1.48 亿元的债券，但同年的货币资金余额为 5.7 亿元。如果注册会计师保持职业怀疑的态度，就会质疑被审计公司有如此多的闲置资金，为何却要发行需要支付高额利息的债券呢？但是审计该项目的注册会计师并未做到这一点。

四是审计费用收取不合理。本案例中的 JY 科技公司是一家以销售电视机顶盒为主的企业，如表 8 所示，为了更加有效地进行比较，选取了同行业也是主要销售电视机顶盒的四家公司的审计收费情况进行了对比，而且表中的 JY 科技和其他四家公司均有为之连续审计四年的会计师事务所。从表 8 中可以看出，数源科技、四川九州、精伦电子和银河电子这四家公司在 2011—2014 年中的审计收费基本没有变化或变化很小。LX 事务所对 JY 科技在 2011 年和 2012 年的审计收费均为 50 万元，在 2013 年和 2014 年却分别为 86 万元和 90 万元，增幅高达 72% 和 80%。并且在这期间，JY 科技更是在自查报告中调减了部分财务数据，在审计收费明显偏高的情况下，很难不对独立性产生影响。

表8　2011—2014 年度数字电视行业会计师事务所审计收费情况

（单位：万元）

|  | 聘任的会计师事务所 | 2011 年 | 2012 年 | 2013 年 | 2014 年 |
| --- | --- | --- | --- | --- | --- |
| JY 科技 | LX | 50 | 50 | 86 | 90 |
| 数源科技 | 中汇 | 68 | 68 | 68 | 68 |

案例七 JY科技造假案落锤:"阴阳账本"虚增利润

续表

|  | 聘任的会计师事务所 | 2011年 | 2012年 | 2013年 | 2014年 |
|---|---|---|---|---|---|
| 四川九州 | 信永中和 | 50 | 50 | 53 | 50 |
| 精伦电子 | 众环海华 | 40 | 40 | 40 | 45 |
| 银河电子 | 立信 | 50 | 50 | 50 | 68 |

资料来源:各公司年度报告。

## 二 审计独立性缺失的原因——被审计单位的角度

在审计过程中,由于大部分财务及非财务信息都是由被审计单位提供的,因此如何有效地配合注册会计师进行审计也是审计报告是否客观的重要因素。本研究从被审计单位故意隐瞒部分信息、不合理的内部治理结构、监事会失效、频繁更换财务总监等方面进行了分析。

一是故意隐瞒部分信息。JY科技公司存在着两套账簿的情况,也是目前很多公司的真实写照。一套用于给内部人员使用,记录真实的财务及非财务信息;另一套通过虚构、篡改,编制财务报表用于对外公布。在审计过程中,提供给注册会计师的是那套虚假的账簿,严重影响了审计的效果和效率。

二是不合理的内部治理结构。很多上市公司都存在着"一股独大"的情况,JY科技公司在这个问题上也是典型例子。如表9所示,第一大股东周某某的持股比例在几年间高达27%以上,远远高出其他九大股东持股比例的总和。在这种持股比例之下,往往第一大股东集决策权和控制权于一身,其他股东很难有话语权,第一大股东可以根据自己的意愿做出有利于自身利益的行为。

表9　　　　　　　　JY科技大股东持股比例　　　　　　　　(单位:%)

|  | 第一大股东 | 持股比例 | 其他九大股东持股比例总和 |
|---|---|---|---|
| 2012年 | 周某某 | 27.21 | 12.87 |
| 2013年 | 周某某 | 27.21 | 11.09 |

· 133 ·

续表

| | 第一大股东 | 持股比例 | 其他九大股东持股比例总和 |
|---|---|---|---|
| 2014 年 | 周某某 | 27.8 | 10.68 |
| 2015 年 | 周某某 | 27.8 | 16.02 |
| 2016 年 | 周某某 | 27.8 | 16.02 |

资料来源：JY 科技 2011—2015 年审计报告。

三是监事会失效。从表 10 中可以看出，JY 科技在监事会的设置上存在"形同虚设"的问题，三名监事会成员中有两名都是公司员工，受到公司高管的领导和管理，不能真正发挥监事会应有的监督作用，而且从表 10 中还可以看到，董事会和高管也存在高度重合的情况。在这样的权责划分不明确的组织结构中，一旦出现舞弊的情况，监督机制也很难起作用。

表 10　　　　　JY 科技 2015 年董、监、高任职情况

| | 职务 |
|---|---|
| 董某某 | 董事长、财务负责人 |
| 殷某某 | 董事、总经理 |
| 何某 | 副董事长、董事会秘书 |
| 王某某 | 董事、副总经理 |
| 陈某 | 独立董事 |
| 潘某某 | 独立董事 |
| 张某某 | 独立董事 |
| 熊某 | 监事会主席、计划室副主任 |
| 杨某某 | 监事、证券事务专员 |
| 段某 | 监事 |

资料来源：JY 科技 2015 年审计报告。

四是频繁更换财务总监。从表 11 中可以看出，2011—2014 年，JY 科技财务总监的任期都只有 1—2 年。查阅财务总监的年薪数据后发现，从

案例七 JY科技造假案落锤:"阴阳账本"虚增利润

2011年开始,财务总监的年薪就呈逐年上升的趋势,到2014年,财务总监的年薪竟高达48万元。如此高额的年薪,很有可能是财务总监为了追求个人业绩,通过编制虚假财务报表而达到的目的。

表11　　2011—2015年JY科技财务总监任职情况

|  | 2011年 | 2012年 | 2013年 | 2014年 | 2015年 |
| --- | --- | --- | --- | --- | --- |
| 财务总监 | 乔某 | 张某某 | 张某某 | 丁某某 | 未披露 |

资料来源:JY科技2011—2015年审计报告。

# 案例八

## XL 股份：对赌协议能"赌赢"吗？

马慧知 王维华 马利红

**摘要**：企业财务造假问题不仅侵害了投资者的利益，对中国资本市场的健康发展也产生了非常不利的影响。注册会计师应该分析与编制虚假财务报告相关的舞弊风险因素，以识别和评估舞弊导致的重大错报风险，并设计用于发现这类错报的审计程序。本研究以 XL 股份为案例分析对象，分析了该公司在挂牌前签署的对赌协议，梳理了 XL 股份的舞弊动机、手段以及结果，并分析了对赌协议下的重大错报风险。

**关键词**：对赌协议；XL 股份；财务舞弊；重大错报风险

## 第一部分 理论导入

在执行审计工作时，注册会计师应当遵循审计准则的规定，对财务报表整体是否不存在舞弊或错误导致的重大错报获取合理保证。舞弊行为可能包括编制虚假财务报告或侵占资产，这些行为通常涉及舞弊的动机或压力、机会以及借口。由于舞弊行为往往具有隐蔽性，因此发现舞弊行为非常具有挑战性。然而，注册会计师可以通过识别与舞弊行为相关的动机或压力、提供机会的事项或情况（舞弊风险因素）来加以防范。此外，对于不同规模、所有权特征或情况的被审计单位，注册会计师可能需要识别出不同的风险因素，并对其重要性进行评估。舞弊风险因素主要包括两类：

与编制虚假财务报告导致的错报相关的舞弊风险因素、与侵占资产导致的错报相关的舞弊风险因素。签署对赌协议是中国上市公司为了获取资金支持的一种常见的手段。为了达成承诺的业绩目标，企业在日常经营活动中可能会采取舞弊行为，特别是在经营业绩远低于对赌协议要求的情况下。因此在执行审计工作时，注册会计师需要分析与编制虚假财务报告相关的舞弊风险因素，以识别和评估可能导致重大错报的风险。

## 第二部分 案例情况

XL股份的前身是SXXL食品有限公司，于2005年6月成立，2015年12月在新三板挂牌。公司的实际控制人为陈某，是一家集养殖、加工、销售为一体的大型牛肉食品加工企业，拥有现代化的屠宰、排酸、分割流水生产线，并在星村、黄沟、洙边等地拥有高标准的示范型养殖基地。然而，2016年，XL股份因涉嫌违反证券法律法规，被中国证券监督管理委员会立案调查。2019年5月17日，证监会决定终止XL股份的股票挂牌。随后，在2019年6月11日，证监会公布了对XL股份的《行政处罚决定书》。决定书公告XL股份的主要违法事实包括两个方面。一方面是公司申请股份公开挂牌转让过程中披露文件存在虚假记载。表现在公司采取有计划、有组织的收入造假方式虚增申报会计期主营业务收入，并伪造与收入相关的银行收款，虚增了申报会计期末银行存款和固定资产，在转让说明书申报稿及反馈稿中披露的对赌协议也存在不实。另一方面是公司披露的2015年年度报告存在虚假记载。其中虚增2015年主营业务收入36907.29万元，影响利润总额的86.67%。使用工行莒南支行账户伪造银行收款1054笔，虚构银行收款54664.38万元，虚增主营业务收入。因受申报期虚增"车间二期工程"项目成本影响，虚增固定资产原值2728万元。同时未对资金交易进行完整的会计记录，导致期末负债被隐瞒。根据《中国证监会行政处罚决定书》，XL股份隐瞒2015年关联方资金往来发生额，与莒南鸿润、山东绿润、北京绿润、绿色乐园四家公司及陈某全年累计发生关联方资金往来 40615.37 万元，较披露发生额高出 28494.37 万元。

因 XL 股份财务舞弊，中国证监会对其罚款 60 万元，陈某等有关责任人被分别处以 3 万—30 万元的罚款。陈某被终身禁入证券市场，成为新三板首例。审计机构 BJXH 会计师事务所和 ZXCGH 会计师事务所在 2013—2015 年出具了标准无保留意见，未有效执行审计程序，未做好风险评估，也受到了相应的处罚。其中，BJXH 会计师事务所被责令改正，没收业务收入 30 万元，罚款 60 万元。ZXCGH 会计师事务所被没收 25 万元业务收入，罚款 25 万元。表 1 列示了 2013—2015 年 XL 股份的年报审计机构及审计意见情况。

表 1　　　　　　　2013—2015 年 XL 股份年报审计意见

|  | 审计机构 | 审计意见 |
| --- | --- | --- |
| 2013 年 | BJXH 会计师事务所 | 标准无保留意见 |
| 2014 年 | BJXH 会计师事务所 | 标准无保留意见 |
| 2015 年 | ZXCGH 会计师事务所 | 标准无保留意见 |

值得注意的是，XL 股份在挂牌之前涉及多次与不同公司签订的对赌协议。主要包括：2012 年，馨兰聚君和陈某等签订了增资协议，约定了 XL 股份 2012 年、2013 年的净利润，如未达到业绩，陈某等应无偿转让股权给馨兰聚君；2013 年，联新投资和诚鼎二期分别与 XL 股份、陈某等签订了投资协议和增资协议，约定了 XL 股份 2013—2015 年的净利润，如未达到业绩，联新投资和诚鼎二期可要求股权调整或现金补偿；2015 年，馨兰绿馨和邑德投资分别与 XL 股份、陈某等签订了投资协议和增资协议，约定了 XL 股份 2015 年的净利润，如未达到业绩，馨兰绿馨和邑德投资有权要求股权调整或现金补偿。对赌协议的具体内容如表 2 所示。

案例八 XL股份：对赌协议能"赌赢"吗？

表2　　　　　　　　XL股份签约的对赌协议具体内容

| | 签订对象 | 签订内容 |
|---|---|---|
| 2012年7月 | 馨兰聚君 | XL股份2012年、2013年的净利润分别不低于4000万元、6000万元，如未达到上述业绩，调整后馨兰聚君在XL股份的持股比例减去其调整前持有XL股份的股权比例的差额部分由陈某等在下一年度的4月底前以无偿转让的方式补足给馨兰聚君 |
| 2013年7月 | 联新投资 | XL股份承诺公司2013年、2014年、2015年的净利润分别不低于5750万元、7475万元、9775万元，如未达到上述业绩，联新投资可要求股权调整或现金补偿 |
| 2013年8月 | 诚鼎二期 | XL股份承诺公司2013年、2014年、2015年的净利润分别不低于5750万元、7475万元、9775万元，如未达到上述业绩，诚鼎二期可要求股权调整或现金补偿 |
| 2015年4月 | 馨兰绿馨 | XL股份承诺公司2015年的净利润不低于9775万元，如未达到上述业绩，馨兰绿馨有权要求陈某等进行股权调整或现金补偿 |
| 2015年7月 | 邑德投资 | XL股份承诺公司2015年的净利润不低于9775万元，如未达到上述业绩，邑德投资有权要求陈某等进行股权补偿或现金补偿 |

资料来源：笔者根据XL股份公开转让说明书及法律意见整理所得。

对赌协议的履行情况，具体如下。(1) 2013年7月11日，陈某以零对价将其持有的XL股份46249.43股股权转让给馨兰聚君，原因是XL股份2012年的净利润未达到约定的4000万元净利润目标。陈某以无偿转让股权的方式弥补了这一损失。(2) 2015年4月13日，陈某将其持有的公司股权中113.49万股转让给馨兰聚君，81.16万股转让给馨兰聚牧，146.80万股转让给联新投资，146.80万股转让给诚鼎二期。本次股权转让，陈某系无偿将其持有XL股份的部分股权转让给上述非自然人股东。因为陈某与上述股东签订了增资、投资补充协议等合同，合同中涉及公司业绩对赌的问题。2014年度公司未达到双方约定的业绩目标，因此根据协议约定，陈某无偿将其持有的XL股份的部分股权转让给了上述非自然人股东。

## 第三部分　案例分析

对赌协议与普通的股权转让协议有一定的相似之处，但是也存在明显

· 139 ·

的不同。对赌协议是为了帮助投资者在向目标公司投资时合理控制风险而拟定的合同，其中包含估值调整条款。对赌协议合同必须明确约定经营目标，以及经营目标无法实现时的股权回购责任、支付补偿等事项。此外，当事人应当在合同中清晰而明确地做出对赌的意思表示。

## 一 XL股份财务舞弊动机分析

### （一）直接动机

中国的对赌协议主要包括业绩对赌和上市对赌两大类，其中业绩对赌条款是企业财务舞弊的主要动机之一。业绩对赌条款通常要求融资企业在未来几年内达到一定的业绩水平，往往这一水平设置得相对较高。为了获得资金支持，许多企业会与投资者签订对赌协议。[①] 为了实现承诺的业绩目标，当企业日常经营活动无法实现预期利润或经营业绩低于协议要求时，企业便可能通过欺诈手段实现目标。XL股份在上市前签署了业绩对赌协议，为了避免对赌失败，公司有组织地制订和实施了收入造假计划。但XL股份的财务数据表明，即使在2014年和2015年进行财务造假后，公司的净利润业绩仍未达到约定的目标指标。

### （二）间接动机

XL股份实施财务舞弊的间接动机是为了实现挂牌上市。与主板市场相比，新三板的挂牌条件限制较少，挂牌程序简单，时间也较短。因此，许多公司都将新三板挂牌视为目标。XL股份也一直为此努力，因为一旦成功上市，不仅可以融到大量资金，还会提高公司声誉，使公司价值得到成倍的增长。XL股份无法抵制融资的巨大诱惑，选择了以违法的方式争取上市。除此之外，2015年7月2日，XL股份与邑德投资签署的《增资协议》中关于回购的详细内容表明，如果XL股份在邑德投资支付投资款之日起一年内未能成功以做市交易方式在股转系统上市，邑德投资有权要求XL股份或陈某等回购其持有的全部XL股份。因此，为了上市，XL股

---

① 于光杰：《新绿股份审计失败案例引发的思考》，《广西质量监督导报》2020年第8期。

份不惜以财务舞弊来达到目的。

## 二 对赌协议诱发财务舞弊的路径

对赌协议往往会要求融资方做出业绩承诺，业绩承诺越高风险越大，对赌压力也就越大。当对赌失败时，融资方将面临着高额赔偿甚至还有可能丧失控制权。[①] 在难以完成对赌目标时，企业管理层为避免对赌失败而带来的损失，便会寻机实施舞弊，以达成对赌业绩承诺。在对赌协议签发前、对赌实施期间以及对赌期后，都有可能诱发企业实施财务舞弊。图1展示了对赌协议与舞弊行为的传导过程。

在签署对赌协议之前，通常设立更高对赌目标的企业容易获得投资者的投资。因为对于投资者而言，对赌目标设定的高低显现出融资方对自身实力的信心度。一般来说，对赌目标设定越高，说明企业对自己的信心越强，投资这样的企业将能获取更高的收益。因此为了获得更多的融资机会，融资企业可能会实施财务舞弊，以美化企业的盈利能力，以更高的对赌目标来吸引更多的投资者投资，确保融资成功。

一旦签订对赌协议，融资企业必须尽一切努力实现对赌目标。如果对赌目标设定合理，企业正常生产经营将是良性发展，实现对赌目标将是双赢的。如果对赌目标设定不合理，业绩承诺远远超出企业的发展实力，企业将面临对赌失败带来的压力。为实现这样的对赌目标，融资方可能会存在粉饰报表的财务舞弊行为。

一般来说，当未完成对赌目标时，融资企业将根据对赌协议赎回投资者持有的股份或进行现金赔付。无论是回购股权，还是支付现金赔偿，企业都需要在短期内支付巨额的现金流，企业很可能会因此背负巨额负债，大大增加了企业的短期偿债风险。因此企业为了保持继续运转经营，必须得到贷款或者新一轮投资的资金注入，但这两种方式都要求企业具备足够

---

[①] 梁绮婷：《鑫秋农业签订对赌协议诱发财务舞弊案例研究》，博士学位论文，广东工业大学，2020年。

的实力，让银行和新投资者对企业有信心。在这样的压力下，企业管理层便产生了财务舞弊的动机，试图通过粉饰财务报表以获取贷款或新投资，用以抵抗偿还债务的风险。

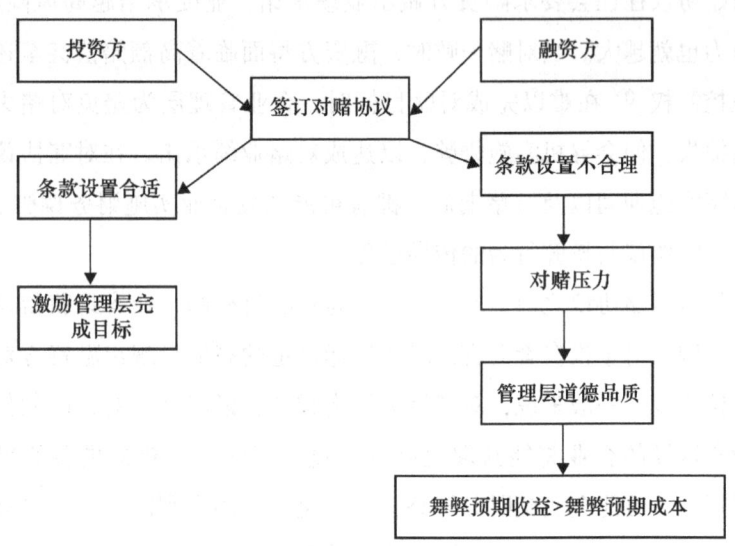

图1 对赌协议与舞弊行为传导

## 三 XL股份财务舞弊手段

### （一）虚增主营业务收入

收入舞弊是常见的财务舞弊事项，XL股份有组织、有计划地对与收入相关的银行存款进行伪造，虚增主营业务收入的虚假记载在申报会计期和2015年年度报告中均存在。具体来看，XL股份虚增银行存款1190笔，共计77952.28万元。2013年—2015年4月，分别虚增主营业务收入26582.67万元、30151.60万元、15773.16万元，共计72507.43万元。其财务舞弊行为是一个系统性的造假，具体体现在：（1）收入造假首先有"顶层设计"，其实际控制人陈某负责决策并安排收入造假，设置了所谓的"造假指南"；（2）账务处理程序上，建立了长期的、系统的造假账务处理及考核流程；（3）为满足各种需要，违法私设三套财务账套——税务账、上市账和内账；(4) 为配合收入造假，虚构数额巨大的资金流入，制造公司持续获得与收入相关的经济利益的假象，达到虚增主营业务收入的目的。

(二) 隐瞒关联交易和关联方资金往来发生额

转让说明书的申报稿及反馈稿披露，山东绿润、北京绿润、绿色乐园和莒南鸿润的控制人是陈某，均为 XL 股份的关联方。然而，XL 股份未在年报中披露与这些关联方的关系。在申报会计期内，XL 股份通过隐瞒资金往来并伪造、篡改银行收付款凭证以掩盖 59120.2 万元的关联交易。此外，2015 年 XL 股份宣布山东绿润、北京绿润、莒南鸿润三家关联方合计占用资金 10521 万元，归还 1600 万元。但经过调查后发现，XL 股份披露的关联方交易内容并不真实，实际上资金往来金额为 40615.37 万元。①

(三) 虚增固定资产

XL 股份 2015 年 4 月 30 日 2728 万元固定资产为虚增的，其操作手段如下：伪造银行存款和付款凭证，从而虚假记账，达到虚列固定资产的目的。根据《中国证监会行政处罚决定书》，2013 年 5 月—2014 年 1 月，XL 股份虚构银行账户 5 笔付款，其"车间二期工程"项目 2728 万元生产成本也是虚构的。

(四) 未如实披露实际控制人信息

公开资料显示，XL 股份实际控制人陈某在股票公开挂牌转让前，其父亲代其履行控股股东和实际控制人职权，并实际代陈某履行公司董事长职务及股东权利。因此，陈某父亲应为公司实际控制人，但在 XL 股份年度报告中并未如实披露相关信息。

## 四　识别对赌协议下的重大错报风险

(一) 监管环境

中国的新三板于 2013 年正式成立。相较于主板，新三板起步虽然较

---

① 杨云飞：《注册会计师审计失败的反思与应对策略研究——以新绿股份审计失败案为例》，《经营与管理》2021 年第 2 期。

晚，但发展较快，凭借宽松的挂牌和监管环境吸引了众多的企业入驻。但较为宽松的监管会让试图造假的企业有机可乘，因此新三板上市公司的重大错报风险也会相应增加。

（二）公司治理

自成立以来，XL股份股权一直高度集中，实际控制人陈某直接操纵了整个财务舞弊事件。关于公司内部控制制度，XL股份在其年度报告中表示，其内部控制制度符合国家法规要求、符合自身情况以及现代企业制度的要求，是完整而合理的，并不存在缺陷。但实际上，XL股份的内部控制制度形同虚设，并未得到严格执行。在陈某的安排和统筹下，XL股

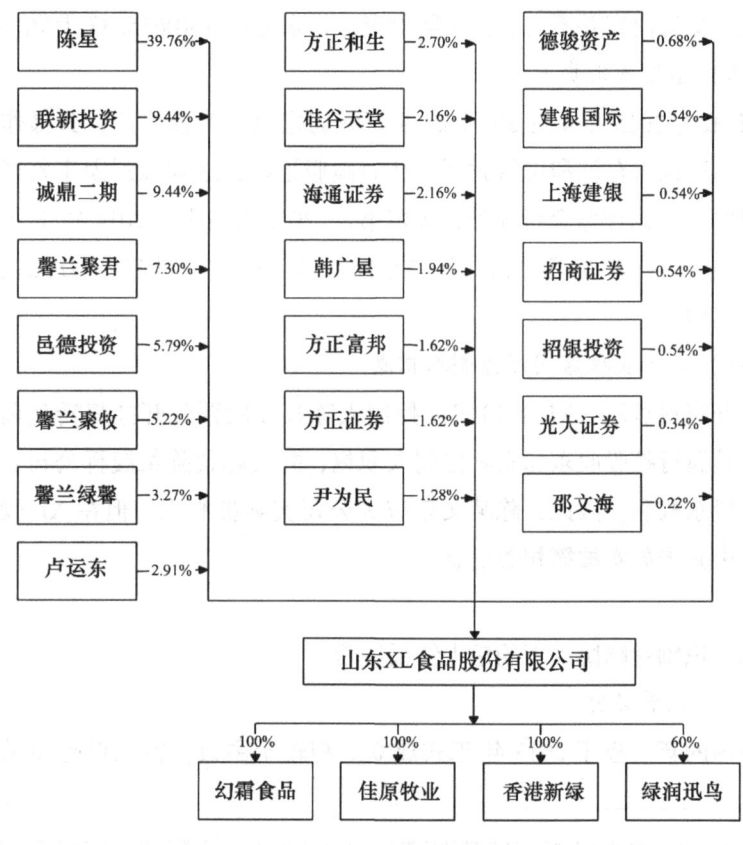

图2　XL股份股权结构

份制定了成体系的造假流程,并对造假进行考核。简而言之,只要造假足够出色,员工的业绩就足够高。甚至公司设有三套账——税务账、上市账和内账,以区分过多的外账的造假情况。这足以说明 XL 股份造假的严重程度。在公司治理方面,管理层知晓、放纵甚至主导了业绩造假,这样的财务舞弊情节非常严重。在公司的股东大会和董事会上,陈某不仅拥有公司的绝对控制权,而且在几次重要的董事会会议上,只有五名出席者,且所有讨论的决策和事项都以全票通过。因此,基于对赌协议的业绩压力,从公司治理层面来看,XL 股份的内部控制制度已完全失效,其带来的财务舞弊风险非常大。

(三) 内部组织结构

XL 股份的内部组织结构与大多数公司类似,从组织结构图来看,内部组织设置合理。然而,其表面上的合理结构实际存在较大问题。(1) 监管部门未对新三板上市公司设置独立董事做出强制性规定,在此情况下,如果实际控制人权力过大,公司的财务报表存在严重错报的可能性。尤其在管理水平低下、财务制度不健全的情况下,缺乏独立董事的监督,内部控制制度将更易失效,财务舞弊的风险也随之加大。(2) 由于公司实际控制人权力过大,财务部门缺乏真正的独立性,反而成为企业舞弊的主力。

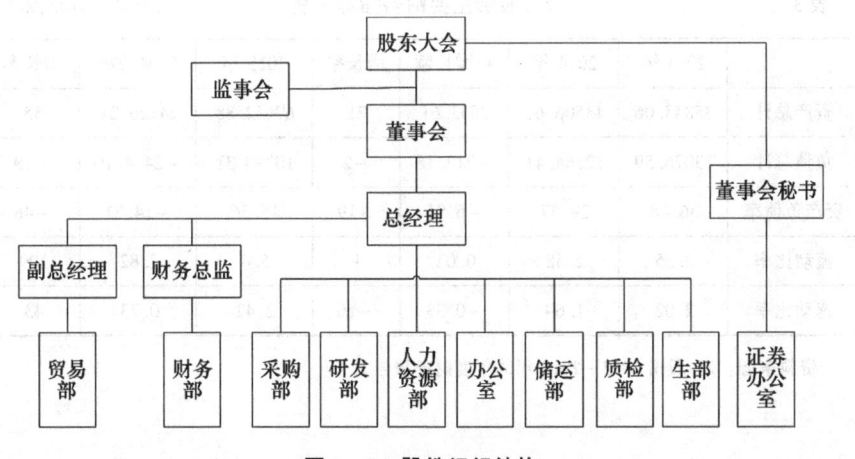

图3 XL 股份组织结构

XL股份实施了系统性的造假，以造假进度作为业绩考核依据，致使整个公司深陷造假的漩涡中，财务部门难以发挥应有的核算监督作用。

（四）财务指标

从表3中XL股份主要财务指标分析来看，XL股份的资产总额以一个相当快的速度增长，其中2015年的资产较2014年的增长率甚至高达55%。与此同时，XL股份的负债总额却在持续减少，从2013年的13076.59万元逐年减少到2015年的10390.31万元，2015年的负债相对于2014年减少了19%。在企业生产经营无重大变化的情况下，资产与负债应呈现相似的变化方向和变化幅度。XL股份的资产和负债却呈现截然不同的变化方向和变化幅度，这可能意味着企业存在着财务舞弊。

流动比率是评价企业短期偿债能力的重要财务指标，该指标数值越大说明偿债能力越强，但一般认为流动比率不应该过高也不应该过低，应该维持在2∶1左右。2013年和2014年，XL股份的流动比率在2.5左右，这是较为正常的现象。然而，2015年的流动比率却高达5.40，远超通常水平，这值得注册会计师进一步查证相关项目的真实性。

表3　　　　　　XL股份主要财务指标分析　　　　　（单位：万元,%）

| | 2013年 | 2014年 | 年增长额 | 增长率 | 2015年 | 年增长额 | 增长率 |
|---|---|---|---|---|---|---|---|
| 资产总计 | 35843.06 | 43506.67 | 7663.61 | 21 | 67632.88 | 24126.21 | 55 |
| 负债总计 | 13076.59 | 12864.41 | -212.18 | -2 | 10390.31 | -2474.10 | -19 |
| 资产负债率 | 36.48 | 29.57 | -6.91 | -19 | 15.36 | -14.21 | -48 |
| 流动比率 | 2.55 | 2.58 | 0.03 | 1 | 5.4 | 2.82 | 109 |
| 速动比率 | 2.02 | 1.69 | -0.33 | -16 | 2.42 | 0.73 | 43 |

资料来源：XL股份2013—2015年的年度财务报告。

# 绩效审计

# 案例九

# X市公共卫生服务专项资金绩效审计

## 万国超　张恒嘉

**摘要：** 基本公共卫生服务专项资金是政府财政支出的重要组成部分，审查其使用效益是必要的。绩效审计可以有效地检查该资金是否发挥预期效益，并提出有建设性的审计意见和建议，以促进专项资金的社会效益和经济效益。本研究以委托代理理论、新公共管理理论和公共财政理论为主要理论依据，阐释和区分了财政专项资金、绩效审计和专项资金绩效审计等概念。以X市基本公共卫生服务财政专项资金为例，本研究探讨了建立健全的基本公共卫生服务财政专项资金绩效审计指标体系。通过对样本的绩效审计，发现该专项资金在组织管理、项目执行和实施效果方面存在问题。本研究提出了完善绩效考核体系、强化公卫队伍建设、提高公众参与积极性、加强医防融合强弱项发展、建立健全联动机制、规范处置公共卫生事件的改进建议。

**关键词：** 财政专项资金；绩效审计；指标体系；基本公共卫生服务

## 第一部分　理论导入

财政专项经费通常由上级部门专门为某个具体项目拨出的资金。这些资金通常具有指定性、政策性和范围广的特点。例如，各地为提高基本公共服务水平设立的专项资金是由省级财政直接拨付的。此外，这些资金必

## 专题四 绩效审计

须专户储存、专账核算，资金分配过程必须按时发放，用途仅限于基本公共卫生服务，不能用于规定范围以外的其他工作。财政专项资金覆盖方方面面，特别是政府的中心工作和重要项目基本上都有财政专项资金，包括公共卫生、乡村振兴和扫黑除恶等。近年来，地方政府特别是欠发达地区财政收支不平衡，因此必须重视财政专项资金的使用效率。政府绩效审计是指国家审计机关和审计人员利用多种不同的审计技术和手段，按照一定的标准，对政府的经济、效率、效益、环境和公共等方面进行审计。其目的在于发现问题，并进一步提出相应的解决方案。[①] 政府绩效审计还要对相关部门的实施情况进行审查和评估，以推动各部门的责任尤其是绩效、环境和社会公共责任的全面和有效地执行。

财政专项资金绩效是政府绩效的一部分，包括整体绩效、部门绩效和财政专项资金绩效。在中国，财政专项资金的绩效审计是指审计机关根据相关业绩评估准则，采用相应的评估方法，对被审计单位的行政行为进行评估。在确保被审计的财政专项资金真实有效、合法合规的前提下，审查专项资金是否实现预期目标，发现资金使用中的经济、效率和效果潜力，提出问题并提供改进途径，辅助其整改到位，从而提高效益。财政专项资金绩效审计具有政策指向性、对象多元化和内容综合性等特点。[②] 政策指向性是指专项资金在设立时就有明确的目标和用途，与政府制定的政策相互依存，与行政事业单位的日常财政支出有很大区别。因此，在绩效审计过程中，仅对该项资金的流动进行审查，不涉及被审计单位正常的行政收支行为。对象多元化是指财政专项资金绩效审计所涉及的审计对象比较分散和多元，包括财政部门、主管部门、项目方、使用者等。而主管部门、项目方和使用者往往都有多个，因此审计人员需要对所有涉及方进行审计监督。内容综合性是指其使用以专项资金立项为起始，涉及的环节包括立

---

① 浙江省审计学会课题组等：《全面预算绩效管理背景下财政资金绩效审计研究》，《审计研究》2020 年第 8 期。
② 付瑞：《财政专项资金绩效审计研究——以 S 市人才类专项资金绩效审计为例》，硕士学位论文，天津财经大学，2019 年。

项、分配、管理、使用、后续评估等。财政专项资金绩效审计的目的主要关注以下几个阶段：第一是专项资金设立阶段，需要审查项目目标适应性、项目内容的完整性、资金标准的合理性和明确性、项目对象的准确率；第二是资金拨付阶段，考虑专项资金的及时性、资金金额的准确性；第三是资金使用阶段，评估运用管理的规范性；第四是资金效果阶段，评价专项资金是否达到预期的效果。

中国财政专项资金绩效审计所需的方法包括社会调查、因素分析、比较分析、平衡分析、制度分析、抽样与案例分析、趋势分析等。[①] 其中，社会调查是通过公众问卷和访谈等方式来了解公众对政策的评价，并对其实施效果进行分析。因素分析方法是通过对外部和外部影响因素的梳理，并对政策绩效目标的完成情况进行分析，进而分析影响指标实现的因素，通过对影响因素的控制，使其更好地实现项目的绩效。

## 第二部分　案例情况

### 一　X市基本公共卫生服务基本情况

X市的面积为1633平方千米，户籍人口为110.453万人，服务人口为91.4万人。该市共有22个乡镇卫生院和4个社区卫生服务中心，其中从事公共卫生工作的专职公卫人员有340人，乡村医生有1052人。X市各级部门均制定了年度实施方案、绩效考核方案和资金使用分配标准，并编写了半年和年终工作进展报告。各镇（中心）卫生院、社区卫生服务中心都有明确的分管领导、主管科室，并配备了6名以上专职公共卫生服务人员。在财务管理方面，项目资金专款专用，不会挤占、挪用或截留。2021年，基本公共卫生服务资金共计6893.28万元，所有资金已经全部到位，到位率为100%。资金的拨付是按照进度预拨付的，在项目年度结束后，县卫生健康部门统一

---

[①] 邓鸣茂、阳久样：《国家现代化治理下财政专项资金绩效审计对策研究》，《财政监督》2021年第21期。

组织评估，并根据评估结果对项目资金进行结算。所有资金已经全部拨付到各个项目实施单位，资金准确率为100%。

X市已经针对基本公共卫生服务项目，制定了分类管理实施细则。下面列举了几个实施细则方面的表现。一是居民健康档案管理。全县电子建档率为94.75%；在250份随机抽样的健康档案中，有198份档案有动态记录，档案使用率为79.20%。二是对高血压、糖尿病和重性精神病患者进行免费体检和健康管理。全县老年人估计总数为107206人，体检了74654人，体检率为69.64%。通过电话核实125份健康档案的真实性，其中有34份记录与实际不符，真实率为72.80%。对250份老年人档案进行核查，有177份是规范的，规范率为70.80%。高血压病患者管理人数为68575人，任务完成率达到99.38%；糖尿病患者管理人数为27876人，任务完成率达到99.56%；大多数慢性病患者现场测量血压、血糖，控制满意度达到60%以上，总体慢性病患者血压、血糖控制得较好。三是0—6岁儿童和孕产妇管理。全县常住活产数为1499人，新生儿访视1469人，访视率为98.00%。全县常住0—6岁儿童25224人，管理23354人，管理率为92.59%。现场抽查200份0—6岁儿童健康档案以核实其真实性，真实管理199人，真实率为99.50%。对375项0—6岁幼儿健康记录进行检查，有302例进行规范管理，达到了80.53%。全市1486名孕产妇管理人员，100%完成了健康管理工作。早孕建册1413例，早孕建名率为95.11%。四是预防接种。适龄儿童建卡/证/网率为100%，儿童预防接种信息规范填写录入率为99.2%，儿童预防接种信息卡/证/网符合率为100%。五是重大传染病管理。进一步规范了传染病和突发公共卫生事件风险管理、网络直报质量管理、传染病和突发公共卫生事件的处置等工作，传染病防控和突发公共卫生事件处置工作质量有了新的提升，学校等重点场所传染病防控工作更加科学、规范、有效。

## 二　X市基本公共卫生服务专项资金绩效审计的现状

尽管中国政府对财政支出绩效管理工作的重视在近年来不断提升，但政府绩效审计起步较晚。2011—2018年，国务院先后发布了关于推进绩效审计工作的指导意见、管理办法、工作规划等内容。虽然国家层面近年来在财政支出绩效管理工作方面比较重视，地方层面却相对滞后。直到2019年，《X市财政局关于印发〈X市预算绩效管理工作考核暂行办法〉的通知》要求从2020年开始，X市财政局每年委托第三方机构对基本公共卫生服务专项资金进行绩效审计，并采用综合评价、现场调查和访谈相结合的方式进行。因此，X市基本公共卫生服务专项资金绩效审计才仅仅进行了两年，而且在审计过程中还存在一些问题，包括缺乏科学系统可行的绩效审计指标体系，缺少基本公共卫生服务专项资金支出绩效审计统一标准，以及缺少审计结果的有效监督等。[①] 表1列出了X市现阶段所采用的绩效审计指标体系。

表1　　　　　　　　X市现阶段绩效审计指标体系

| 一级指标 | 二级指标 |
| --- | --- |
| 组织管理 | 资金到位状况 |
|  | 考核评估情况 |
|  | 信息化建设情况 |
| 项目执行 | 健康档案管理 |
|  | 预防接种情况 |
|  | 传染病管理 |
|  | 老年人健康管理 |
|  | 慢性病健康管理 |
|  | 严重精神障碍患者健康管理 |
| 实施效果 | 群众满意度 |

由表1可知，目前基层基本公共卫生服务专项资金的绩效审计工作仍以组织管理、项目执行和实施效果为重点。基于《国家基本公共卫生服务规范》（以下简称《规范》）的内容，该体系强调服务中所付出的资源成本，

---

① 张恒嘉：《西部基本公共卫生服务政策绩效评价及优化路径》，《中国农村卫生》2022年第1期。

以提高该资金的经济效益和社会效益为目标。然而，该体系仍存在一些不足之处。首先，涉及的公共卫生服务指标还不够丰富、不够全面，未能充分综合评估社会效益和经济效益。其次，在组织管理方面，评价重点仅限于资金、考核、信息化效益，未对人员和制度进行评价。在实施过程中，缺乏对健康档案管理、健康教育和促进、肺结核病人管理、卫生监督和中医药健康管理等方面的评价。最后，对社会效益的评价指标不够全面，缺乏对基本公共卫生服务的知晓率和慢性病管理的控制率等方面的评估。

## 第三部分 案例分析

### 一 专项资金绩效审计指标体系的设计

为了科学合理地构建指标体系，本研究从"经济性、效率性、效果性"（"3E"）角度出发，提出了以下原则。首先，要选择代表性指标来衡量基层公共卫生服务质量，而不是所有指标都纳入评估体系。其次，选取的指标应该具有可操作性，以便有效地监督基层公共卫生工作效率。此外，在设计绩效审计指标体系时，应考虑科学性，即反映公共卫生服务的客观规律。导向性也很重要，因为审计指标体系的设计需要具有创造性和理论基础，能够反映客观现实。定量指标更具体、直观、准确，能够用量化的语言表达，从而准确、直观地评价真实数据。但是，对于一些无法量化的指标，可以采用定性指标来弥补。最后，指标体系需要具有动态性，以便根据社会和经济发展情况进行相应的调整。

目前，中国用于评价基本公共卫生服务的指标主要包括文献研究、专家会议、系统分析、现场调查、专家评议以及数理统计六种方法。本研究主要采用文献研究法、专家会议法和专家评议法。文献研究法指的是收集、整理、汇总现有的基本公共卫生服务评价指标，生成新的评价指标，并建立指标库。专家会议法是目前应用最广泛的方法之一，其最大优点在于可以在很短时间内收集大量专家的意见和建议，从而使问题有一个初步的结论。通过建立指标库，组织10—12名专家进行专题讨论会，确定指标体系的总体框架和选定的指标。会议使与会专家能够充分表达他们的观点和看法。在此基础上，根据专家的建议和意见，建立评价指标体系，并对其进行初步筛选。专家评议法（Delphi法）是一种更加优化的专家会议法，其核心在于采用匿名形式进行多轮咨询以征求专家意见。每轮意见都会被收集整理，然后以参考的形式发送给每位专家，以便他们进行分析并给出新的观点。经过多次循环，各方意见将逐渐达成共识，得出一个比较有说服力的结论或方案。这种方法已经比较成熟，广泛应用于各个领域，并在各方面都取得了巨大进展。本研究应用此方法进行了两轮专家咨询，第一轮主要是为了建立指标体系并初步设定指标的权重，第二轮则是最终确定各指标的权重。通过发放书面征求意见单、电子邮件等形式，对21名专家进行咨询以方便他们填写。

## 二 专项资金绩效审计指标体系的建立

### （一）专项资金绩效审计指标的选取

本研究探讨了基本公共卫生服务专项资金绩效审计的指标选取和评估方法。结合大量文献以及各省市的实践经验，本研究以《规范》为主要依据，共选取了健康档案管理服务规范、健康教育服务规范、预防接种服务规范、0—6岁儿童健康管理服务规范、孕产妇健康管理服务规范、老年人健康管理服务规范、高血压患者健康管理服务规范、糖尿病患者健康管理服务规范、严重精神障碍患者管理服务规范、肺结核患者健康管理服务规范、中医药健康管理服务规范、传染病及突发公共卫生事件报告和处理服务规范、卫生计生监督协管服务规范13个类别作为专项资金绩效审计指标。[1] 在现有的项目共性指标体系的基础上，构建了初步的基本公共卫生服务专项资金绩效审计指标体系。

本研究采用"3E"理论为绩效审计的基础，从经济性、效率性、效果

---

[1] 邓鸣茂、阳久样：《国家现代化治理下财政专项资金绩效审计对策研究》，《财政监督》2021年第21期。

性三个角度对卫生机构的工作投入、工作过程和结果进行评价。其中，经济性指卫生机构在为基本公共卫生服务项目提供充足的财政专项资金、人力、物力的同时，尽量降低费用。评估政府对基本公共服务的资金补助，以及卫生机构是否以资金、人员、物资等方式进行投资。效率性则指基本公共卫生服务投入与产出的比例，高效益为投入少、产出多，反之则是低效益。为提高基本卫生服务的有效性，应在基本公共卫生服务投入量不变的前提下追求最大产出，或以最低的投入达到同样的产出。根据《规范》所规定的数量和操作规程，评估其服务质量。效果性则指基本公共卫生服务对预期目标的实现情况，以及最终目标的完成情况。

（二）专项资金绩效审计指标的初步建立

本研究借鉴曹雪姣和骆平原的方法，[①] 主要进行以下三个方面的改进。首先，将基本公共卫生服务项目的一般性绩效考核指标加入项目共性指标体系中，以进一步细化原有的共性指标体系。其次，着重强调项目的社会效益和可持续影响，并结合基本公共卫生项目的具体内容，重新设计了社会效益、可持续影响、经济效益和生态效益等指标，以针对不同类型的公共卫生项目选择更具针对性的绩效审计指标。最后，由于基本公共卫生服务项目往往涉及国家医疗卫生产业结构的变动和调整，其绩效审计要比一般性项目更为复杂。因此，在基本公共卫生服务专项资金的绩效审计中，应将产业间的投入产出关系变动纳入绩效审计指标体系中，以综合评价项目的绩效和所带动的相关产业发展情况。

表2初步构建基本公共卫生服务项目绩效审计指标体系，并将其划分为三个层次，分别是组织管理、项目执行和实施效果。相应地，建立了相应的二级指标，包括组织保障、财务管理、人员保障、绩效考核、信息化建设、居民健康档案管理、健康教育与健康素养促进行动、预防接种、突发公共卫生事件报告和处理、传染病管理、儿童健康管理、孕产妇健康管理、老年人

---

[①] 曹雪姣、骆平原：《重大公共卫生项目绩效评价体系设计研究》，《财政监督》2013年第20期。

## 案例九  X 市公共卫生服务专项资金绩效审计

健康管理、高血压患者健康管理、严重精神障碍患者健康管理、肺结核患者健康管理、卫生监督协管、中医药健康管理、残疾人管理、健康档案使用效果、慢性病患者管理效果、知晓率和满意度等。在第二个层次的指标中,还设置了 38 项三级指标,这些三级指标之间存在着很强的逻辑联系,以进一步完善第二个层次的指标体系。

表 2    **基本公共卫生服务专项资金绩效审计指标体系(初步)**

| 一级指标 | 二级指标 | 三级指标 |
|---|---|---|
| 组织管理 | 1.1 组织保障 | 1.1.1 方案制定 |
| | | 1.1.2 建立服务团队 |
| | 1.2 财务管理 | 1.2.1 资金到位及时性 |
| | | 1.2.2 资金到位准确性 |
| | 1.3 人员保障 | 1.3.1 团队完整性 |
| | | 1.3.2 专题培训 |
| | 1.4 绩效考核 | 1.4.1 考核制度 |
| | | 1.4.2 考核评估 |
| | 1.5 信息化建设 | 1.5.1 信息化系统建设 |
| 项目执行 | 2.1 居民健康档案管理 | 2.1.1 电子档案建档率 |
| | | 2.1.2 新建档案真实性和合格率 |
| | 2.2 健康教育与健康素养促进行动 | 2.2.1 开展健康教育咨询和讲座 |
| | 2.3 预防接种 | 2.3.1 0—6 周岁儿童卡/证/网管理 |
| | | 2.3.2 0—6 周岁儿童国家免疫规划疫苗接种率 |
| | | 2.3.3 新冠病毒疫苗接种工作 |
| | 2.4 突发公共卫生事件报告和处理 | 2.4.1 突发公共卫生事件相关信息报告及时率 |
| | | 2.4.2 突发公共卫生事件的处理 |
| | 2.5 传染病管理 | 2.5.1 传染病疫情报告及时率 |
| | 2.6 儿童健康管理 | 2.6.1 儿童健康管理率 |
| | | 2.6.2 儿童健康管理规范率 |
| | 2.7 孕产妇健康管理 | 2.7.1 孕产妇健康管理建档率 |
| | | 2.7.2 孕产妇健康档案规范率 |

续表

| 一级指标 | 二级指标 | 三级指标 |
|---|---|---|
| 项目执行 | 2.8 老年人健康管理 | 2.8.1 老年人健康档案规范性 |
| | | 2.8.2 老年人体检率 |
| | 2.9 高血压患者健康管理 | 2.9.1 高血压患者管理真实率和规范率 |
| | 2.10 糖尿病患者健康管理 | 2.10.1 糖尿病患者管理真实率和规范率 |
| | 2.11 严重精神障碍患者健康管理 | 2.11.1 严重精神障碍患者管理真实率和规范率 |
| | 2.12 肺结核患者健康管理 | 2.12.1 肺结核患者管理率 |
| | | 2.12.2 肺结核患者规则服药率 |
| | 2.13 卫生监督协管 | 2.13.1 卫生监督协管开展情况 |
| | 2.14 中医药健康管理 | 2.14.1 中医药健康管理率 |
| | 2.15 残疾人管理 | 2.15.1 残疾人档案管理 |
| 实施效果 | 3.1 健康档案使用效果 | 3.1.1 健康档案动态使用率 |
| | 3.2 慢性病患者管理效果 | 3.2.1 抽查的高血压患者控制率 |
| | | 3.2.2 抽查的糖尿病患者血糖控制率 |
| | 3.3 知晓率和满意度 | 3.3.1 群众项目知晓率 |
| | | 3.3.2 群众健康教育知识知晓率 |
| | | 3.3.3 群众综合满意度 |

(三) 德尔菲法实施情况

根据 Delphi,[①] 选取基层卫生技术人员 16 名和基层卫生管理部门人员 5 名,共 21 名。筛选条件：大学本科及以上学历,7 年以上公共卫生工作经验,中级及以上职称。通过现场、电子邮件等方式,发放专家咨询表,请求在两个星期之内,对各个指标的重要性进行评分,并提供相应的参考值。两轮专家咨询的开展情况如下。

专家积极系数：本研究所使用的是专家咨询问卷,其大小反映了专家对此课题的关注程度。本研究第一轮共发出 21 份问卷,21 份已全部回收,

---

① 杨世玉、刘丽艳、李硕：《高校教师教学能力评价指标体系构建——基于德尔菲法的调查分析》,《高教探索》2021 年第 12 期。

回收率为100%；第二轮发放问卷21份，回收率为100%，即专家积极系数为1，表示参与调查的专家对这项研究都很感兴趣，并提出了建议。

专家咨询的权威性：专家的权威性是根据专业的判断基础（$C_a$）和熟悉程度（$C_s$）来确定的，其计算公式如下：

$$C_r = \frac{C_s + C_a}{2}$$

本研究根据 $C_r$ 的评分标准，将其划分为理论分析（0.6分）、工作经验（0.8分）、文献资料（0.4分）、直觉判断（0.2分）；而熟悉程度的量化分级为很熟悉（1.0分）、比较熟悉（0.75分）、一般（0.5分）、不太熟悉（0.25分）、不熟悉（0分）。经过两轮向21名专家进行函询，从表3可以看出，第1轮权威系数为0.81；从表4可以看出，第2轮权威系数为0.83。专家权威系数大于0.7，则认为专家的权威度高，结论可信。

表3　　　　　　　　　　专家权威程度（第一轮）

| 专家编号 | 熟悉系数（$C_s$） | 判断系数（$C_a$） | 权威系数（$C_r$） |
| --- | --- | --- | --- |
| 1 | 0.9 | 0.9 | 0.9 |
| 2 | 0.7 | 1.0 | 0.85 |
| 3 | 0.5 | 0.9 | 0.7 |
| 4 | 0.7 | 0.8 | 0.75 |
| 5 | 0.9 | 0.9 | 0.9 |
| 6 | 0.7 | 1.0 | 0.85 |
| 7 | 0.7 | 0.9 | 0.8 |
| 8 | 0.5 | 1.0 | 0.75 |
| 9 | 0.7 | 0.8 | 0.75 |
| 10 | 0.7 | 0.9 | 0.8 |
| 11 | 0.7 | 0.8 | 0.75 |
| 12 | 0.9 | 1.0 | 0.95 |
| 13 | 0.9 | 0.9 | 0.9 |
| 14 | 0.9 | 1.0 | 0.95 |
| 15 | 0.7 | 1.0 | 0.85 |

续表

| 专家编号 | 熟悉系数（$C_s$） | 判断系数（$C_a$） | 权威系数（$C_r$） |
| --- | --- | --- | --- |
| 16 | 0.5 | 0.9 | 0.7 |
| 17 | 0.7 | 1.0 | 0.85 |
| 18 | 0.7 | 0.9 | 0.8 |
| 19 | 0.5 | 0.8 | 0.65 |
| 20 | 0.7 | 1.0 | 0.85 |
| 21 | 0.5 | 0.8 | 0.65 |
| 均值 | 0.70 | 0.91 | 0.81 |

表4　　　　　　　　专家权威程度（第二轮）

| 专家编号 | 熟悉系数（$C_s$） | 判断系数（$C_a$） | 权威系数（$C_r$） |
| --- | --- | --- | --- |
| 1 | 0.9 | 1.0 | 0.95 |
| 2 | 0.7 | 0.9 | 0.8 |
| 3 | 0.9 | 1.0 | 0.95 |
| 4 | 0.7 | 1.0 | 0.85 |
| 5 | 0.5 | 0.9 | 0.7 |
| 6 | 0.7 | 0.8 | 0.75 |
| 7 | 0.7 | 0.9 | 0.8 |
| 8 | 0.5 | 0.8 | 0.65 |
| 9 | 0.7 | 1.0 | 0.85 |
| 10 | 0.9 | 0.9 | 0.9 |
| 11 | 0.7 | 1.0 | 0.85 |
| 12 | 0.9 | 0.9 | 0.9 |
| 13 | 0.7 | 0.9 | 0.8 |
| 14 | 0.9 | 0.8 | 0.85 |
| 15 | 0.9 | 0.9 | 0.9 |
| 16 | 0.7 | 1.0 | 0.85 |
| 17 | 0.5 | 0.9 | 0.7 |
| 18 | 0.7 | 1.0 | 0.85 |
| 19 | 0.9 | 0.9 | 0.9 |

续表

| 专家编号 | 熟悉系数（$C_s$） | 判断系数（$C_a$） | 权威系数（$C_r$） |
| --- | --- | --- | --- |
| 20 | 0.7 | 0.9 | 0.8 |
| 21 | 0.7 | 0.8 | 0.75 |
| 均值 | 0.72 | 0.92 | 0.83 |

专家咨询的协调系数：通常运用肯德尔系数 $W$ 来判定各指标之间的差异，以及专家们的一致性。公式较为复杂，直接用 SPSS 实现。其公式如下：

$$W = \frac{12}{m^2(n^3-n)} \sum_{j=1}^{n} d_j^2$$

其中，$n$ 代表指标数，$m$ 代表专家数，$d_j$ 表示第 $j$ 个指标的重要性得分水平合计与各指标重要性得分水平和之间的差异。该系数取值范围为（0,1），$W$ 越大，表示协调水平越高。相反，则表示专家意见的协调水平不高。协调程度的显著性检验计算公式如下：

$$x_R^2 = \frac{1}{mn(n+1) - \frac{1}{n-1}\sum_{i=1}^{m} T_i} \sum_{j=1}^{n} d_j^2$$

如果 $x_R^2 > x^2$，则可认为协调系数经检验后有显著性，说明专家评估意见协调性好，结果有效。反之，$x_R^2$ 值相对较小，说明专家评估意见的协调性不一致。如果 $P > 0.05$，则认为专家意见评估结果的说服力不强、可信度较差，结果不可取（见表5）。

因为肯德尔系数在首轮专家咨询中比较低，故进行了第二次专家咨询。从表6中可以看到，肯德尔系数在第二轮中的数据都比首次的肯德尔系数要高，这表明在专家们的甄别和修正后，第二轮的结果是一致的。采用等级一致性检验方法，对第二轮专家咨询结果展开了显著性检验，P值小于0.05，显示出了较高的可信度。

表5　　　　　　　　德尔菲专家咨询协调系数（第一轮）

| 指标 | 协调系数 $W$ | $\chi^2$ | P |
| --- | --- | --- | --- |
| 一级指标 | 0.06 | 6.15 | 0.046 |
| 二级指标 | 0.02—0.05 | 3.75—26.39 | 0.023—0.441 |
| 三级指标 | 0.00—0.05 | 0.04—2.13 | 0.144—0.847 |

表6　　　　　　　　德尔菲专家咨询协调系数（第二轮）

| 指标 | 协调系数 $W$ | $\chi^2$ | P |
| --- | --- | --- | --- |
| 一级指标 | 0.09 | 8.12 | 0.017 |
| 二级指标 | 0.06—0.08 | 6.66—33.74 | 0.001—0.036 |
| 三级指标 | 0.07—0.10 | 4.17—7.10 | 0.025—0.041 |

对专家咨询结果的处理如下。专家对重要度进行了评分，把重要度分为很重要（10分）、比较重要（7.5分）、一般（5分）、不重要（2.5分）、很不重要（0分）。在专家打分方面，采用算术平均法，求出各项目的平均得分，并计算出各项目的满分率和变异系数，以此为依据，进行综合评价。

通过参考均值、变异系数、满分率等指标，以及专家的建议，对原有指标进行删除、修改、新增和合并。待整理完毕后，再向21名专家进行反馈，若专家对建议内容没有任何异议，将会进行最后的问询，确定本研究的指标设定。从表7可以看出，各个三级指标的重要性指数的平均值都在3.05以上，这表明了专家们对初选指标的重视程度比较高。从变异系数来看，指标2.15.1的变异系数为0.32，大于0.3，这表明专家对此指标的重要程度有很大差异。满分率表示该指标中的专家占总分的百分比，得分越高，表明其重要性也就越大。从表7中可以看到，指标1.1.2、2.3.2、2.5.1和2.15.1的得分都是0，表明这些指标在专业人士眼中并不是很重要。

案例九　X市公共卫生服务专项资金绩效审计

表7　　　　　　　　　第一轮专家咨询结果　　　　　　　（单位：%）

| 三级指标 | 平均得分 | 变异系数 | 满分率 |
| --- | --- | --- | --- |
| 1.1.1 方案制定 | 3.96 | 0.19 | 14.29 |
| 1.1.2 建立服务团队 | 3.33 | 0.26 | 0 |
| 1.2.1 资金到位及时性 | 3.95 | 0.17 | 19.05 |
| 1.2.2 资金到位准确性 | 3.81 | 0.20 | 19.05 |
| 1.3.1 团队完整性 | 4.14 | 0.16 | 28.57 |
| 1.3.2 专题培训 | 4.05 | 0.18 | 28.57 |
| 1.4.1 考核制度 | 3.90 | 0.20 | 23.81 |
| 1.4.2 考核评估 | 4.10 | 0.17 | 28.57 |
| 1.5.1 信息化系统建设 | 4.24 | 0.15 | 33.33 |
| 2.1.1 电子档案建档率 | 4.05 | 0.18 | 28.57 |
| 2.1.2 新建档案真实性和合格率 | 3.86 | 0.19 | 19.05 |
| 2.2.1 开展健康教育咨询和讲座 | 4.19 | 0.18 | 38.10 |
| 2.3.1 0—6周岁儿童卡/证/网管理 | 4.05 | 0.17 | 23.81 |
| 2.3.2 0—6周岁儿童国家免疫规划疫苗接种率 | 3.71 | 0.12 | 0 |
| 2.3.3 新冠病毒疫苗接种工作 | 4.05 | 0.23 | 42.86 |
| 2.4.1 突发公共卫生事件相关信息报告及时率 | 3.90 | 0.20 | 23.81 |
| 2.4.2 突发公共卫生事件的处理 | 4.00 | 0.19 | 28.57 |
| 2.5.1 传染病疫情报告及时率 | 3.19 | 0.27 | 0 |
| 2.6.1 儿童健康管理率 | 4.29 | 0.15 | 38.10 |
| 2.6.2 儿童健康管理规范率 | 4.33 | 0.13 | 38.10 |
| 2.7.1 孕产妇健康管理建档率 | 4.10 | 0.19 | 33.33 |
| 2.7.2 孕产妇健康档案规范率 | 4.19 | 0.18 | 38.10 |
| 2.8.1 老年人健康档案规范性 | 4.14 | 0.24 | 47.62 |
| 2.8.2 老年人体检率 | 4.24 | 0.17 | 38.10 |
| 2.9.1 高血压患者管理真实率和规范率 | 3.76 | 0.17 | 9.52 |
| 2.10.1 糖尿病患者管理真实率和规范率 | 4.05 | 0.18 | 14.29 |
| 2.11.1 严重精神障碍患者管理真实率和规范率 | 4.05 | 0.18 | 28.57 |
| 2.12.1 肺结核患者管理率 | 3.90 | 0.18 | 19.05 |
| 2.12.2 肺结核患者规则服药率 | 4.05 | 0.15 | 19.05 |
| 2.13.1 卫生监督协管开展情况 | 4.05 | 0.18 | 28.57 |
| 2.14.1 中医药健康管理率 | 4.10 | 0.19 | 33.33 |
| 2.15.1 残疾人档案管理 | 3.05 | 0.32 | 0 |

· 163 ·

续表

| 三级指标 | 平均得分 | 变异系数 | 满分率 |
| --- | --- | --- | --- |
| 3.3.1 群众项目知晓率 | 4.05 | 0.20 | 33.33 |
| 3.3.3 群众综合满意度 | 3.95 | 0.20 | 28.57 |

绩效指标按照以下方法进行筛选。其一，经德尔菲法两轮专家咨询，分析结果见表8和表9，参考指标筛选标准均数>3.5且变异系数<0.25。其二，按照最新文件要求整合指标。其三，小组讨论并征求专家意见，对指标进行筛选。比如，根据专家意见，将"建立服务团队"修改为"制度建设"，指标"人员保障"中对服务团队进行了审计，修改后考核的内容更加全面；有专家建议，应结合《规范》的规定，将传染病和突发公共卫生事件的报告及时率纳入同一个指标；由于残疾人档案管理不属于基本公共卫生服务的内容，故将指标"残疾人档案管理"去除；国家卫健委对群众健康知识的知晓率没有明确要求，并且健康知识过于专业，部分公卫从业人员也无法完全知晓，故将指标"群众健康教育知识知晓率"删除；由于早孕建册在孕妇健康管理中的重要性、准确性高于孕产妇健康管理建档，本研究将指标从"孕产妇健康管理建档率"改为"早孕建册率"；产后28天的随访对孕妇来说比记录标准更重要，所以把"孕产妇健康档案规范率"修改为"产后访视率"；中医保健管理的重点是对0—36个月儿童中医药健康管理和老年人中医药健康管理，分解后的绩效审计结果更加精确，因此将"中医药健康管理率"分解成"老年人中医药健康管理率"和"0—36个月儿童中医药健康管理服务率"；将"儿童健康管理规范率"改为"新生儿访视率"，其中，新生儿的访视率主要反映考核儿童0—3岁生长发育状况，而0—3岁是儿童发育最重要阶段，修改后审计结果更有价值。

根据《规范》和卫健委文件精神，新增指标"高血压患者管理人群血压控制率"和"糖尿病患者管理人群血糖控制率"，绩效审计评价结论更加完善。

表8 　　　　专家咨询各级指标权重统计分析结果（第一轮）

一级指标：$W = 0.06$, $\chi^2 = 6.15$, $P = 0.046$

| 一级指标 | 均数 | 变异系数 | 权重值（秩和比法） |
|---|---|---|---|
| 组织管理 | 3.90 | 0.14 | 0.30 |
| 项目执行 | 4.33 | 0.11 | 0.40 |
| 实施效果 | 3.86 | 0.09 | 0.30 |

二级指标：$W = 0.02—0.05$, $\chi^2 = 3.75—26.39$, $P = 0.023—0.441$

| 一级指标 | 二级指标 | 均数 | 变异系数 | 权重值（秩和比法） |
|---|---|---|---|---|
| 组织管理 | 1.1 组织保障 | 3.95 | 0.17 | 0.20 |
| | 1.2 财务管理 | 3.76 | 0.17 | 0.17 |
| | 1.3 人员保障 | 4.19 | 0.16 | 0.22 |
| | 1.4 绩效考核 | 3.90 | 0.18 | 0.19 |
| | 1.5 信息化建设 | 4.14 | 0.18 | 0.23 |
| 项目执行 | 2.1 居民健康档案管理 | 3.71 | 0.15 | 0.06 |
| | 2.2 健康教育与健康素养促进行动 | 4.10 | 0.17 | 0.08 |
| | 2.3 预防接种 | 3.76 | 0.17 | 0.06 |
| | 2.4 突发公共卫生事件报告和处理 | 3.67 | 0.18 | 0.06 |
| | 2.5 传染病管理 | 3.24 | 0.24 | 0.04 |
| | 2.6 儿童健康管理 | 4.19 | 0.10 | 0.09 |
| | 2.7 孕产妇健康管理 | 4.24 | 0.13 | 0.09 |
| | 2.8 老年人健康管理 | 4.14 | 0.14 | 0.08 |
| | 2.9 高血压患者健康管理 | 3.86 | 0.19 | 0.07 |
| | 2.10 糖尿病患者健康管理 | 3.71 | 0.12 | 0.06 |
| | 2.11 严重精神障碍患者健康管理 | 3.81 | 0.11 | 0.07 |
| | 2.12 肺结核患者健康管理 | 3.67 | 0.13 | 0.06 |
| | 2.13 卫生监督协管 | 3.95 | 0.19 | 0.07 |
| | 2.14 中医药健康管理 | 3.86 | 0.17 | 0.07 |
| | 2.15 残疾人管理 | 3.38 | 0.29 | 0.05 |
| 实施效果 | 3.1 知晓率和满意度 | 4.24 | 0.17 | 1.00 |

三级指标：$W = 0.00—0.05$，$\chi^2 = 0.04—2.13$，$P = 0.144—0.847$

| 二级指标 | 三级指标 | 均数 | 变异系数 | 权重值（秩和比法） |
|---|---|---|---|---|
| 1.1 组织保障 | | | | |
| | 1.1.1 方案制定 | 3.76 | 0.19 | 0.56 |
| | 1.1.2 建立服务团队 | 3.33 | 0.26 | 0.47 |
| 1.2 财务管理 | | | | |
| | 1.2.1 资金到位及时性 | 3.95 | 0.17 | 0.53 |
| | 1.2.2 资金到位准确性 | 3.81 | 0.20 | 0.47 |
| 1.3 人员保障 | | | | |
| | 1.3.1 团队完整性 | 4.14 | 0.16 | 0.51 |
| | 1.3.2 专题培训 | 4.05 | 0.18 | 0.49 |
| 1.4 绩效考核 | | | | |
| | 1.4.1 考核制度 | 3.90 | 0.20 | 0.48 |
| | 1.4.2 考核评估 | 4.10 | 0.17 | 0.52 |
| 1.5 信息化建设 | | | | |
| | 1.5.1 信息化系统建设 | 4.24 | 0.15 | 1.00 |
| 2.1 居民健康档案管理 | | | | |
| | 2.1.1 电子档案建档率 | 4.05 | 0.18 | 0.52 |
| | 2.1.2 新建档案真实性和合格率 | 3.86 | 0.19 | 0.48 |
| 2.2 健康教育与健康素养促进行动 | | | | |
| | 2.2.1 开展健康教育咨询和讲座 | 4.19 | 0.18 | 1.00 |
| 2.3 预防接种 | | | | |
| | 2.3.1 0—6 周岁儿童卡/证/网管理 | 4.05 | 0.17 | 0.36 |
| | 2.3.2 0—6 周岁儿童国家免疫规划疫苗接种率 | 3.71 | 0.12 | 0.29 |
| | 2.3.3 新冠病毒疫苗接种工作 | 4.05 | 0.23 | 0.35 |
| 2.4 突发公共卫生事件报告和处理 | | | | |
| | 2.4.1 突发公共卫生事件相关信息报告及时率 | 3.90 | 0.20 | 0.48 |
| | 2.4.2 突发公共卫生事件的处理 | 4.00 | 0.19 | 0.52 |
| 2.5 传染病管理 | | | | |
| | 2.5.1 传染病疫情报告及时率 | 3.19 | 0.27 | 1.00 |

续表

| 二级指标 | 三级指标 | 均数 | 变异系数 | 权重值（秩和比法）|
|---|---|---|---|---|
| 2.6 儿童健康管理 | | | | |
| | 2.6.1 儿童健康管理率 | 4.29 | 0.15 | 0.48 |
| | 2.6.2 儿童健康管理规范率 | 4.33 | 0.13 | 0.52 |
| 2.7 孕产妇健康管理 | | | | |
| | 2.7.1 孕产妇健康管理建档率 | 4.10 | 0.19 | 0.48 |
| | 2.7.2 孕产妇健康档案规范率 | 4.19 | 0.18 | 0.52 |
| 2.8 老年人健康管理 | | | | |
| | 2.8.1 老年人健康档案规范性 | 4.14 | 0.24 | 0.51 |
| | 2.8.2 老年人体检率 | 4.24 | 0.17 | 0.49 |
| 2.9 高血压患者健康管理 | | | | |
| | 2.9.1 高血压患者管理真实和规范率 | 3.76 | 0.17 | 1.00 |
| 2.10 糖尿病患者健康管理 | | | | |
| | 2.10.1 糖尿病患者管理真实率和规范率 | 3.86 | 0.17 | 1.00 |
| 2.11 严重精神障碍患者健康管理 | | | | |
| | 2.11.1 严重精神障碍患者管理真实率和规范率 | 4.05 | 0.18 | 1.00 |
| 2.12 肺结核患者健康管理 | | | | |
| | 2.12.1 肺结核患者管理率 | 3.90 | 0.18 | 0.48 |
| | 2.12.2 肺结核患者规则服药率 | 4.05 | 0.15 | 0.52 |
| 2.13 卫生监督协管 | | | | |
| | 2.13.1 卫生监督协管开展情况 | 4.05 | 0.18 | 1.00 |
| 2.14 中医药健康管理 | | | | |
| | 2.14.1 中医药健康管理率 | 4.10 | 0.19 | 1.00 |
| 2.15 残疾人管理 | | | | |
| | 2.15.1 残疾人档案管理 | 3.05 | 0.32 | 1.00 |
| 3.1 知晓率和满意度 | | | | |
| | 3.3.1 群众项目知晓率 | 4.05 | 0.20 | 0.36 |
| | 3.3.3 群众综合满意度 | 3.95 | 0.20 | 0.33 |

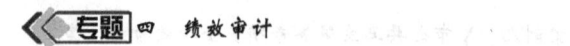

表9　　　专家咨询各级指标权重统计分析结果（第二轮）

一级指标：$W=0.09$，$\chi^2=8.12$，$P=0.017$

| 一级指标 | 均数 | 变异系数 | 权重值（秩和比法） |
|---|---|---|---|
| 组织管理 | 4.00 | 0.11 | 0.30 |
| 项目执行 | 4.48 | 0.11 | 0.42 |
| 实施效果 | 3.95 | 0.06 | 0.29 |

二级指标：$W=0.06$—$0.08$，$\chi^2=6.66$—$33.74$，$P=0.001$—$0.036$

| 一级指标 | 二级指标 | 均数 | 变异系数 | 权重值（秩和比法） |
|---|---|---|---|---|
| 组织管理 | 1.1 组织保障 | 4.05 | 0.12 | 0.19 |
|  | 1.2 财务管理 | 3.86 | 0.12 | 0.16 |
|  | 1.3 人员保障 | 4.48 | 0.11 | 0.25 |
|  | 1.4 绩效考核 | 4.00 | 0.14 | 0.18 |
|  | 1.5 信息化建设 | 4.29 | 0.13 | 0.23 |
| 项目执行 | 2.1 居民健康档案管理 | 3.71 | 0.12 | 0.06 |
|  | 2.2 健康教育与健康素养促进行动 | 3.95 | 0.13 | 0.08 |
|  | 2.3 预防接种 | 3.71 | 0.15 | 0.06 |
|  | 2.4 传染病和突发公共卫生事件报告和处理 | 3.57 | 0.17 | 0.05 |
|  | 2.5 儿童健康管理 | 4.33 | 0.11 | 0.10 |
|  | 2.6 孕产妇健康管理 | 4.38 | 0.11 | 0.10 |
|  | 2.7 老年人健康管理 | 4.43 | 0.11 | 0.10 |
|  | 2.8 高血压患者健康管理 | 3.90 | 0.16 | 0.07 |
|  | 2.9 糖尿病患者健康管理 | 3.81 | 0.11 | 0.07 |
|  | 2.10 严重精神障碍患者健康管理 | 3.86 | 0.09 | 0.07 |
|  | 2.11 肺结核患者健康管理 | 3.76 | 0.12 | 0.07 |
|  | 2.12 卫生监督协管 | 4.05 | 0.15 | 0.08 |
|  | 2.13 中医药健康管理 | 3.95 | 0.15 | 0.08 |
| 实施效果 | 3.1 知晓率和满意度 | 4.48 | 0.11 | 1.00 |

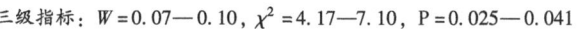

## 案例九　X 市公共卫生服务专项资金绩效审计

三级指标：$W = 0.07—0.10$，$\chi^2 = 4.17—7.10$，$P = 0.025—0.041$

| 二级指标 | 三级指标 | 均数 | 变异系数 | 权重值（秩和比法） |
|---|---|---|---|---|
| 1.1 组织保障 | | | | |
| | 1.1.1 方案制定 | 3.90 | 0.16 | 0.41 |
| | 1.1.2 制度建设 | 4.10 | 0.13 | 0.53 |
| 1.2 财务管理 | | | | |
| | 1.2.1 资金到位及时性 | 4.14 | 0.19 | 0.57 |
| | 1.2.2 资金到位准确性 | 3.71 | 0.21 | 0.43 |
| 1.3 人员保障 | | | | |
| | 1.3.1 团队完整性 | 4.33 | 0.15 | 0.57 |
| | 1.3.2 专题培训 | 3.90 | 0.23 | 0.43 |
| 1.4 绩效考核 | | | | |
| | 1.4.1 考核制度 | 3.76 | 0.19 | 0.42 |
| | 1.4.2 考核评估 | 4.29 | 0.17 | 0.58 |
| 1.5 信息化建设 | | | | |
| | 1.5.1 信息化系统建设 | 4.38 | 0.13 | 1.00 |
| 2.1 居民健康档案管理 | | | | |
| | 2.1.1 电子健康档案建档率 | 4.14 | 0.18 | 0.57 |
| | 2.1.2 健康档案使用率 | 3.71 | 0.17 | 0.47 |
| 2.2 健康教育与健康素养促进行动 | | | | |
| | 2.2.1 开展健康教育咨询和讲座 | 4.33 | 0.18 | 1.00 |
| 2.3 预防接种 | | | | |
| | 2.3.1 0—6 周岁儿童卡/证/网管理 | 4.29 | 0.11 | 0.38 |
| | 2.3.2 0—6 周岁儿童国家免疫规划疫苗报告接种率 | 3.76 | 0.12 | 0.26 |
| | 2.3.3 新冠病毒疫苗接种率 | 4.24 | 0.10 | 0.36 |
| 2.4 传染病和突发公共卫生事件报告和处理 | | | | |
| | 2.4.1 传染病和突发公共卫生事件相关信息报告及时率 | 3.67 | 0.20 | 0.42 |
| | 2.4.2 传染病和突发公共卫生事件的处理 | 4.14 | 0.14 | 0.58 |
| 2.5 儿童健康管理 | | | | |
| | 2.5.1 新生儿访视率 | 3.90 | 0.18 | 0.43 |

续表

| 二级指标 | 三级指标 | 均数 | 变异系数 | 权重值（秩和比法） |
|---|---|---|---|---|
| 2.5 儿童健康管理 | | | | |
| | 2.5.2 儿童健康管理率 | 4.33 | 0.15 | 0.57 |
| 2.6 孕产妇健康管理 | | | | |
| | 2.6.1 早孕建册率 | 4.10 | 0.13 | 0.42 |
| | 2.6.2 产后访视率 | 4.57 | 0.11 | 0.58 |
| 2.7 老年人健康管理 | | | | |
| | 2.7.1 老年人健康管理率 | 4.14 | 0.09 | 0.42 |
| | 2.7.2 老年人体检率 | 4.62 | 0.11 | 0.58 |
| 2.8 高血压患者健康管理 | | | | |
| | 2.8.1 高血压患者规范管理率 | 3.90 | 0.14 | 0.43 |
| | 2.8.2 高血压患者管理人群血压控制率 | 4.05 | 0.11 | 0.51 |
| 2.9 2型糖尿病患者健康管理 | | | | |
| | 2.9.1 2型糖尿病患者规范管理率 | 3.62 | 0.14 | 0.43 |
| | 2.9.2 糖尿病患者管理人群血糖控制率 | 4.05 | 0.05 | 0.57 |
| 2.10 严重精神障碍患者健康管理 | | | | |
| | 2.10.1 严重精神障碍患者规范管理率 | 3.81 | 0.18 | 1.00 |
| 2.11 肺结核患者健康管理 | | | | |
| | 2.11.1 肺结核患者管理率 | 3.52 | 0.15 | 0.43 |
| | 2.11.2 肺结核患者规则服药率 | 3.95 | 0.06 | 0.57 |
| 2.12 卫生监督协管 | | | | |
| | 2.12.1 卫生监督协管开展情况 | 4.33 | 0.13 | 1.00 |
| 2.13 中医药健康管理 | | | | |
| | 2.13.1 老年人中医药健康管理率 | 4.48 | 0.11 | 0.47 |
| | 2.13.2 0—36个月儿童中医药健康管理服务率 | 4.34 | 0.14 | 0.43 |
| 3.1 知晓率和满意度 | | | | |
| | 3.1.1 群众项目知晓率 | 4.48 | 0.15 | 0.40 |
| | 3.1.2 群众项目满意度 | 4.24 | 0.13 | 0.34 |

### (四) 确定最终指标体系

对初选的指标，按照上述方法筛选后，得到基本公共卫生服务财政专项资金绩效审计指标体系（见表10），包括3个一级指标、19个二级指标和35个三级指标。

表 10　基本公共卫生服务财政专项资金绩效审计指标体系

| 一级指标 | 二级指标 | 三级指标 |
| --- | --- | --- |
| 组织管理 | 组织保障 | 方案制定 |
| | | 制度建设 |
| | 财务管理 | 资金到位及时性 |
| | | 资金到位准确性 |
| | 人员保障 | 团队完整性 |
| | | 专题培训 |
| | 绩效考核 | 考核制度 |
| | | 考核评估 |
| | 信息化建设 | 信息化系统建设 |
| 项目执行 | 居民健康档案管理 | 电子健康档案建档率 |
| | | 健康档案使用率 |
| | 健康教育与健康素养促进行动 | 开展健康教育咨询和讲座 |
| | 预防接种 | 0—6周岁儿童卡/证/网管理 |
| | | 0—6周岁儿童国家免疫规划疫苗报告接种率 |
| | | 新冠病毒疫苗接种率 |
| | 传染病和突发公共卫生事件报告和处理 | 传染病和突发公共卫生事件相关信息报告及时率 |
| | | 传染病和突发公共卫生事件的处理 |
| | 儿童健康管理 | 新生儿访视率 |
| | | 儿童健康管理率 |
| | 孕产妇健康管理 | 早孕建册率 |
| | | 产后访视率 |
| | 老年人健康管理 | 老年人健康管理率 |
| | | 老年人体检率 |

续表

| 一级指标 | 二级指标 | 三级指标 |
|---|---|---|
| 项目执行 | 高血压患者健康管理 | 高血压患者规范管理率 |
| | | 高血压患者管理人群血压控制率 |
| | 2型糖尿病患者健康管理 | 2型糖尿病患者规范管理率 |
| | | 糖尿病患者管理人群血糖控制率 |
| | 严重精神障碍患者健康管理 | 严重精神障碍患者规范管理率 |
| | 肺结核患者健康管理 | 肺结核患者管理率 |
| | | 肺结核患者规则服药率 |
| | 卫生监督协管 | 卫生监督协管开展情况 |
| | 中医药健康管理 | 老年人中医药健康管理率 |
| | | 0—36个月儿童中医药健康管理服务率 |
| 实施效果 | 知晓率和满意度 | 群众项目知晓率 |
| | | 群众综合满意度 |

（五）指标权重及评价标准

根据第一轮专家咨询的结果，本研究对该指标体系进行了修正，并进行了第二轮专家咨询。在第二轮专家咨询的基础上，对审计指标进行了修改，得出了指标体系。对某一事物或要素的重要性进行定量的分配，称为权重，设置权重在某种程度上反映着专家的价值观，而不同的权重设定则会得到不同的评价结果。确定评价指标权重有多种方法，按照数据来源的不同，可以将其划分为主观赋权法、客观赋权法、组合赋权法。主观赋权法是一种比较早、比较成熟的方法，它的优势在于，专家可以根据自己的知识和经验，合理地决定各个属性的权重，从而避免属性权重与实际重要性不相符。最常用的主观赋权法为 Delphi 法与层次分析法（AHP）。本研究主要采用 Delphi 法中的百分权重值法，计算公式如下：

$$W_j = \frac{\sum_{i=1}^{n} B_{ij}}{\sum_{j=1}^{m} \sum_{i=1}^{n} B_{ij}}$$

其中，$j$ 表示第 $j$ 个指标，$i$ 表示第 $i$ 个专家，$m$ 表示该级别下指标总数，$n$ 表示专家总数，$B_{ij}$ 表示第 $i$ 个专家对第 $j$ 项指标的打分，$W_j$ 表示第 $j$ 项指标在该级别下的权重。

各项一级指标的权重系数之和为 1，以此类推，每个一级指标中的二级指标的权重系数总和为 1，二级指标中的所有三级指标的权重系数总和为 1。关于指标的具体权重见表 11。

表 11　基本公共卫生服务专项资金绩效审计体系及权重系数

| 一级指标 | 权重 | 二级指标 | 权重 | 三级指标 | 权重 |
| --- | --- | --- | --- | --- | --- |
| 组织管理 | 0.30 | 组织保障 | 0.18 | 方案制定 | 0.47 |
| | | | | 制度建设 | 0.53 |
| | | 财务管理 | 0.16 | 资金到位及时性 | 0.57 |
| | | | | 资金到位准确性 | 0.43 |
| | | 人员保障 | 0.25 | 团队完整性 | 0.57 |
| | | | | 专题培训 | 0.43 |
| | | 绩效考核 | 0.18 | 考核制度 | 0.42 |
| | | | | 考核评估 | 0.58 |
| | | 信息化建设 | 0.23 | 信息化系统建设 | 1.00 |
| 项目执行 | 0.41 | 居民健康档案管理 | 0.07 | 电子健康档案建档率 | 0.53 |
| | | | | 健康档案使用率 | 0.47 |
| | | 健康教育与健康素养促进行动 | 0.08 | 开展健康教育咨询和讲座 | 1.00 |
| | | 预防接种 | 0.06 | 0—6 周岁儿童卡/证/网管理 | 0.38 |
| | | | | 0—6 周岁儿童国家免疫规划疫苗报告接种率 | 0.26 |
| | | | | 新冠病毒疫苗接种率 | 0.36 |
| | | 传染病和突发公共卫生事件报告和处理 | 0.05 | 传染病和突发公共卫生事件相关信息报告及时率 | 0.42 |
| | | | | 传染病和突发公共卫生事件的处理 | 0.58 |
| | | 儿童健康管理 | 0.10 | 新生儿访视率 | 0.43 |
| | | | | 儿童健康管理率 | 0.57 |

续表

| 一级指标 | 权重 | 二级指标 | 权重 | 三级指标 | 权重 |
|---|---|---|---|---|---|
| 项目执行 | 0.41 | 孕产妇健康管理 | 0.10 | 早孕建册率 | 0.42 |
| | | | | 产后访视率 | 0.58 |
| | | 老年人健康管理 | 0.10 | 老年人健康管理率 | 0.42 |
| | | | | 老年人体检率 | 0.58 |
| | | 高血压患者健康管理 | 0.07 | 高血压患者规范管理率 | 0.49 |
| | | | | 高血压患者管理人群血压控制率 | 0.51 |
| | | 2型糖尿病患者健康管理 | 0.07 | 2型糖尿病患者规范管理率 | 0.43 |
| | | | | 糖尿病患者管理人群血糖控制率 | 0.57 |
| | | 严重精神障碍患者健康管理 | 0.07 | 严重精神障碍患者规范管理率 | 1.00 |
| | | 肺结核患者健康管理 | 0.07 | 肺结核患者管理率 | 0.43 |
| | | | | 肺结核患者规则服药率 | 0.57 |
| | | 卫生监督协管 | 0.08 | 卫生监督协管开展情况 | 1.00 |
| | | 中医药健康管理 | 0.08 | 老年人中医药健康管理率 | 0.57 |
| | | | | 0—36个月儿童中医药健康管理服务率 | 0.43 |
| 实施效果 | 0.29 | 知晓率和满意度 | 1.00 | 群众项目知晓率 | 0.66 |
| | | | | 群众项目满意度 | 0.34 |

（六）指标体系的评价方法

应用此指标，可以得出一个反映基本公共卫生服务专项资金使用情况的综合评价指数。本研究采用了一种线性加权的方法来进行绩效审计。

利用相比较的方法，将实际评估的数值按直线型无量纲化方法进行计算。针对不同的业绩审计指标，对其评价指标的处理方式也不尽相同。在这次基本公共卫生服务专项资金的绩效审计中，所有的指标都是正向的，也就是说，在绩效审计中，它的评估值越大，其绩效表现也就越好。指标值的计算方式：指数值 = 评价值/标准值。

所有指数值采用线性加权的方法得到综合评价结果，基本公共卫生服务专项资金绩效审计综合评价指数计算公式为：

$$X = \sum_{i=1}^{n} X_i P_i$$

其中，$X_i$表示各指标的指数值，$P_i$表示各指标的权重。

### 三　X市基本公共卫生服务专项资金绩效审计指标体系的运用

本研究通过上述步骤及方法，建立了基本公共卫生服务财政专项资金绩效审计指标体系，确定了各指标的权重系数及分值，并设置了评分细则和标准。在本部分中，对X市的基本公共卫生服务财政专项资金展开绩效审计，以加强对政府公共资源的分配、管理和使用情况进行监管。

本研究组织了21位公共卫生行政人员、专家和技术从业人员，由公共卫生行政人员任组长，专家任副组长，分成三个绩效审计组对X市基本公共卫生服务专项资金进行评价，要求绩效审计组全体成员必须坚持科学规范、准确合理的原则，运用研究形成的基本公共卫生服务专项资金绩效审计指标体系，通过实地考察、查阅资料、听取汇报、电话调查、问卷调查，采取资料收集、日常监测数据分析、现场抽查等方法，对全县21个乡镇（中心）卫生院、4个社区卫生服务中心基本公共卫生服务专项资金情况进行绩效审计。实地抽查将对一些关键指标进行随机抽样，采用访谈、查阅资料、问卷调查、电话随访、入户核实等方式，对其实施情况进行全面、合理的审计。完成从理论到实践的跨度，以此验证该指标体系的可操作性及其实用价值。通过数据收集、数据分析、实地检查，得出各指标的评估值，并按权重对各指标进行加权，采用线性加权的方法，求出各评价维度的绩效指数，并分析绩效审计的综合指数。

从表12组织管理部分得出的评价结果来看，绩效结果理想的是在方案制定、制度建设、资金到位及时性和资金到位准确性、信息化系统建设方面，绩效结果不理想的有团队完整性、专题培训、考核制度、考核评估几个指标。在队伍建设方面，存在专业人才匮乏的问题。管理团队虽然配有专职人员，但由于基层卫生机构从事基本公共卫生服务工作的需要公共卫生、临床、中医、护理、医技、药学等专业人员，涉及专业范围广，公共卫生、临床专业人才缺乏，并且普遍存在着年龄偏大、学历低、知识老化、技术缺乏等问题。调查的结果表明，村医队伍中50岁以上人员占比高达40.4%，大专及以上学历仅占3.62%，仅23.6%获得执业助理医师或以上资格。在专题培训方面，针对基本公共卫生服务的培训都是以会代训，每季度专门组织卫生院、社区卫生服务中心和村（居）卫生室相关人员进行基本公共卫生服务项目培训次数不达1次。在考核制度方面，国家卫健委新增7项内容，但实地走访了解到，有3个乡镇（街道）卫生机构仍在执行旧版的《规范》；考核体系缺乏质量考核指标，考核评估中指标效果的设定多为定性指标，准确性和可测性不高。在考核评估方面，村（居）级绩效考核工作走过场，村（居）卫生室工作补助占总公共卫生服务经费的40%，却完不成要求的服务量。部分基层卫生机构人为应对考核指标，故意减少纳入管理的患者，以提高真实率、规范管理率，从而提高分值。

表12　　X市基本公共卫生服务专项资金绩效审计组织管理各指标的加权指数值

| 指标 | $P_i$ | $X_i$ | 评价值 | 标准值 | X |
| --- | --- | --- | --- | --- | --- |
| 方案制定 | 0.0779 | 1.0000 | 1.0000 | 1.0000 | 0.0779 |
| 制度建设 | 0.1007 | 1.0000 | 1.0000 | 1.0000 | 0.1007 |
| 资金到位及时性 | 0.0912 | 1.0000 | 1.0000 | 1.0000 | 0.0912 |
| 资金到位准确性 | 0.0688 | 1.0000 | 1.0000 | 1.0000 | 0.0688 |
| 团队完整性 | 0.1425 | 0.5000 | 0.5000 | 1.0000 | 0.0712 |
| 专题培训 | 0.1075 | 0.0000 | 0.0000 | 1.0000 | 0.0000 |
| 考核制度 | 0.0756 | 0.6000 | 0.6000 | 1.0000 | 0.0454 |
| 考核评估 | 0.1044 | 0.6700 | 0.6700 | 1.0000 | 0.0699 |
| 信息化系统建设 | 0.2300 | 1.0000 | 1.0000 | 1.0000 | 0.2300 |
| 基本公共卫生服务专项资金组织管理绩效指数 | — | — | — | — | 0.7552 |

## 案例九　X市公共卫生服务专项资金绩效审计

由表13可以看出，评价结果比较高的指标：电子健康档案建档率达到94.75%，高于专家咨询确定的93%；0—6周岁儿童建卡/证/网管理、0—6周岁儿童国家免疫规划疫苗报告接种率、传染病和突发公共卫生事件的处理、新生儿访视率、儿童健康管理率、早孕建册率、产后访视率、老年人健康管理率均超过或达到专家咨询确定的标准。上述领域取得较高的绩效指数，离不开当地卫生健康主管部门的重视和基层公共卫生工作者的辛勤付出。

然而，评价结果也显示了一些不理想的指标，主要包括健康教育方面，健康档案使用率为79.2%，远低于专家咨询确定的健康档案使用率标准值90%；开展健康教育咨询和讲座，每年开展咨询活动大于9次，健康教育讲座大于12次，但基本公共卫生服务推广效果不理想，究其原因是宣讲后发放的宣传册专业性过强，没有结合当地实际情况用适宜的方式和内容宣传，并且农村居民老龄化程度高，常住人口多为空巢老人和留守儿童，其文化程度较低，导致服务对象不易理解。同时健康知识宣讲缺乏针对性，基本公共卫生的服务对象有不同年龄段、不同职业的人群，健康知识需求有差异，死板、滞后的健康教育宣传知识无法满足时代发展的需要，难以实现健康教育的目标。

与传染病及突发公共卫生事件有关的信息的报告及时率、完整率、准确率、一致率均不到100%，且传染病和突发公共卫生事件相关工作登记本存在登记不全、填写不规范等情况。

老年人健康管理率、老年人体检率、高血压规范管理率、2型糖尿病患者规范管理率略低于专家咨询确定标准，深入了解后发现，主要是当下基本公共卫生服务体检内容无法满足老年人体检的需求，导致老年人健康管理率、老年人体检率不达标；基本公共卫生服务中高血压和2型糖尿病用药品种不齐，导致高血压规范管理率较低、2型糖尿病患者规范管理率较低。

严重精神障碍患者规范管理率为42.4%，低于专家咨询确定标准70%。从对当地公共卫生工作者的访谈中得知，该类患者的管理人员变动频繁，新进人员对严重精神障碍患者管理规范、流程不熟悉；同时，对该类患者的检出难度大、管理难度大，导致重度精神病患者规范管理率较低。

卫生监督协管开展情况信息报告率为70%，低于确定的标准。通过现场调查了解到，主要原因是部分乡镇（街道）卫生监督协管人员的责任心不强，发现情况未及时报告。

表13    X市基本公共卫生服务专项资金绩效审计项目
执行各指标的加权指数值

| 指标 | $P_i$ | $X_i$ | 评价值 | 标准值 | X |
| --- | --- | --- | --- | --- | --- |
| 电子健康档案建档率 | 0.0318 | 1.0188 | 0.9475 | 0.9300 | 0.0324 |
| 健康档案使用率 | 0.0282 | 0.8800 | 0.7920 | 0.9000 | 0.0248 |
| 开展健康教育咨询和讲座 | 0.0800 | 0.6700 | 0.6700 | 1.0000 | 0.0536 |
| 0—6周岁儿童卡/证/网管理 | 0.0228 | 1.0000 | 1.0000 | 1.0000 | 0.0228 |
| 0—6周岁儿童国家免疫规划疫苗报告接种率 | 0.0156 | 1.0893 | 0.9804 | 0.9000 | 0.0170 |
| 新冠病毒疫苗接种率 | 0.0216 | 0.9419 | 0.9419 | 1.0000 | 0.0203 |
| 传染病和突发公共卫生事件相关信息报告及时率 | 0.0210 | 0.7500 | 0.7500 | 1.0000 | 0.0156 |
| 传染病和突发公共卫生事件的处理 | 0.0290 | 1.0000 | 1.0000 | 1.0000 | 0.029 |
| 新生儿访视率 | 0.043 | 1.0317 | 0.9801 | 0.9500 | 0.0444 |
| 儿童健康管理率 | 0.057 | 0.9817 | 0.9326 | 0.9500 | 0.0560 |
| 早孕建册率 | 0.0420 | 1.0012 | 0.9511 | 0.9500 | 0.0420 |
| 产后访视率 | 0.0580 | 1.0021 | 0.952 | 0.9500 | 0.0581 |
| 老年人健康管理率 | 0.0420 | 0.9100 | 0.9100 | 1.0000 | 0.0382 |
| 老年人体检率 | 0.0580 | 0.9949 | 0.6964 | 0.7000 | 0.0577 |
| 高血压患者规范管理率 | 0.0343 | 0.9200 | 0.6440 | 0.7000 | 0.0316 |
| 高血压患者管理人群血压控制率 | 0.0357 | 1.4400 | 0.8640 | 0.6000 | 0.0514 |
| 2型糖尿病患者规范管理率 | 0.0301 | 0.8229 | 0.5760 | 0.7000 | 0.0248 |
| 糖尿病患者管理人群血糖控制率 | 0.0399 | 1.4400 | 0.8640 | 0.6000 | 0.0575 |
| 严重精神障碍患者规范管理率 | 0.0700 | 0.6057 | 0.4240 | 0.7000 | 0.0424 |
| 肺结核患者管理率 | 0.0301 | 1.0000 | 1.0000 | 1.0000 | 0.0301 |
| 肺结核患者规则服药率 | 0.0000 | 0.9969 | 0.9969 | 1.0000 | 0.0000 |

续表

| 指标 | $P_i$ | $X_i$ | 评价值 | 标准值 | X |
|---|---|---|---|---|---|
| 卫生监督协管开展情况 | 0.0800 | 0.7000 | 0.7000 | 1.0000 | 0.0560 |
| 基本公共卫生服务专项资金项目执行绩效指数 | — | — | — | — | 0.9005 |

为了对社会影响进行客观评价，按照"服务群众"原则，采用"受益群体满意度"指标对公众和服务对象进行了满意度调查。本次调研的对象为基本公共卫生服务政策的受益群体——基层公共卫生工作人员、辖区群众。为了保证问卷调查的全面性和具有代表性，本研究采用了抽样调查与重点选择相结合的调研方法。问卷调查采取分层随机抽样方式，共随机抽取875人。通过875份定向问卷调查，群众对公共卫生各项目的知晓率高于专家咨询确定的标准值，其中居民健康档案和预防接种两项知晓率相对较高，分别为98.51%和98.06%，表明在居民健康档案和预防接种方面的宣传引导工作值得肯定；而中医药健康管理和卫生计生监督协管的知晓率差强人意，分别为85.49%和79.09%，说明中医药健康管理和卫生计生监督协管的宣传普及工作仍待加强。根据有效问卷数据，调查对象的平均满意度为89.86%，包括顶层设计、宣传力度、信息平台、医生队伍等方面的评价。在乡村基本公共卫生服务资源配置方面的群众满意度相对较低，满意度为87.22%，接下来需要在进一步优化资源配置方面下功夫（见表14）。

表14　X市基本公共卫生服务专项资金绩效审计实施效果各指标的加权指数值

| 指标 | $P_i$ | $X_i$ | 评价值 | 标准值 | X |
|---|---|---|---|---|---|
| 群众项目知晓率 | 0.6600 | 1.1668 | 0.9334 | 0.8000 | 0.7701 |
| 群众项目满意度 | 0.3400 | 1.1233 | 0.8986 | 0.8000 | 0.3819 |
| 基本公共卫生服务专项资金项目执行绩效指数 | — | — | — | — | 1.1520 |

## 四　X市基本公共卫生服务专项资金绩效优化路径的思考

基本公共卫生服务专项资金的绩效审计是确保基本公共卫生项目可持续性实施的有效途径。本研究通过对该指标体系的试用，发现了基本公共卫生服务项目绩效的薄弱环节。以均等化为目标，提出以下几点优化路径的思考。

### （一）完善绩效考核体系

完善绩效考核体系是保证基本公共卫生项目可持续性实施的重要途径，也是基本公共卫生服务政策中的重要措施之一。为了推动基本公共卫生服务绩效的进一步提升，解决当前和长远的绩效问题，需要加强绩效考核体系的建设。为此，应更加合理地确定指标的权重，采用多维度的组合赋权法，特别是加强质量和效益等维度的考核。同时，还需优化产出指标，推动考核指标合理化，并对基层基本公共卫生服务工作进行全面评估。要及时调整绩效考核方案，完善绩效评价体系，并考虑将40%的公共卫生服务经费按考核结果发放。地方政府应牵头考核基本公共卫生绩效，科学制定绩效考核方案，并结合当地实际情况进行调整，以确保评价标准的差异化和适用性。同时，需要进一步加大对考核制度的落实力度，减少基本公共卫生服务项目执行的偏差，特别是对村（居）级基本公共卫生服务机构的考核评估。这将提升基层基本公共卫生服务的稳定性、科学性和前瞻性。

### （二）强化基层基本公共卫生服务队伍建设

优化人才队伍是完善和保障基本公共卫生服务工作的基石，要积极建设人才队伍。一是以村（居）卫生室和乡镇（街道）卫生机构的需求为重点，鼓励年轻的优秀公共卫生人才服务基层。将基层公共卫生工作者与市县（区）公共卫生机构人员进行轮岗，实现知识互通。二是继续做好教育培训，建议与高等学校合作，对全市县级以上公共卫生机构里中层及以上技术人员和管理人员，每年进行1—2次集中培训。加强对现有人才的实操培训，强化乡镇（街道）公卫人员的技能，提高公共卫生服务政策绩效。

三是完善准入退出机制。建立村级公卫队伍补偿政策保障机制，完善村医医疗保障及养老政策。出台办法要求凡年满60周岁或在村医依法注册且累计从事基本公共卫生服务满35年及以上的在岗村级公卫人员，原则上应退出岗位，并给予一次性退出补助。进一步优化基本公共卫生服务专业团队的年龄结构。四是完善考评晋升机制。完善资格考评、职称晋升机制，稳定公共卫生队伍，筑牢公共卫生服务网络，建设高素质、结构合理和人员充足的公共卫生服务队伍。五是储备后备力量。建议研究相关方案，会同教育部门在卫生学校进行农村基本公共卫生服务专业教育，为卫生学校和医学院学生提供免费到社区卫生服务中心、疾控中心实习的机会，并给予助学金补助，为基层培养一批基本公共卫生服务需要的后备力量。六是保障基层公卫队伍待遇，建立基层基本公卫服务人员专项渠道补偿保险机制，资金、资源向基层倾斜，确保公共卫生服务工作者得到合理的待遇。夯实基础网络，促进农村地区医疗卫生服务体系健康发展。

### （三）提高公众参与的积极性

在基本公共卫生服务中，公众的参与是至关重要的。一是建立健全相关制度。建议制定相关的投诉反馈制度及监督巡查制度，了解群众的需求，接受社会的监督，提高政府工作效率。二是转变健康教育宣传理念。结合当地实际情况，做好重点人群的健康教育，采用更直观、更接地气的方法进行群众宣传教育。建立全媒体健康科普信息发布机制，开展健康教育主题活动、常规健康教育工作，保证通俗性、针对性和科学性，知识传播与参与互动相结合，多措并举强化宣传教育，提高群众健康知识知晓率、参与率。三是提高服务质量。提高基本公共卫生服务的质量，改变服务对象对基本公共卫生服务政策的认识，营造基本公共卫生服务政策实施的良好舆论氛围。

### （四）加强医防融合强弱项发展

一直以来，"医"与"防"是作为两个独立的领域而存在的，但是对疾病的预防和治疗非常不利。因此，疾病防治需要医防融合起来。一是改变政策服务观念。让医疗卫生工作者了解公共卫生和预防工作，公共卫生工作者掌握临床学科知识，临床医生接诊前能查看健康档案，公共卫生人员也能查看服务对象就诊记录，打破原有界限，实现预防和治疗的有机融合。二是加强医防资源共享。加强财政投入，整合医疗机构信息交流平台，促进医疗信息与公共卫生信息的互联互通。突破"信息孤岛"，推进公共卫生服务机构和基层医疗卫生机构分工明确、功能互补、信息和资源共享，实现公共卫生与医疗服务信息高效协同、无缝衔接。三是要从"治已病"转向"治未病"，这是一个新的发展方向。针对不同群体的特点，进行有针对性的健康宣教，让所有人都能掌握基本的卫生知识和技术。

（五）建立健全联动机制

通过现场调查结果发现，基本公共卫生服务专项资金绩效的好坏，除了与公共卫生体系本身的职能职责有关，其他行业如教育、民政、公安等，也会对改善公共健康绩效产生显著的影响。提高人民群众的健康水平，绝非只靠公共卫生部门的一己之力，而是需要全社会、全系统的共同努力。一是加强部门乡镇（街道）协作。在现有沟通管理机制的基础上，不断加强与其他相关部门的联动协作，各司其职发展基本公共卫生的社区服务、志愿服务和社会慈善服务，有效利用既有资源。二是坚持以均等化为目标。多方位实现政策目标，提高政策执行力，最大程度实现公共卫生服务均等化。三是加快联动改革。以"健康中国"为目标，坚持把医药医保医疗作为改革主要路径，坚持以预防为主的方针，共享医疗改革和公共卫生服务体系建设的成果。

（六）规范处置突发公共卫生事件

提高突发公共卫生事件的处理能力是当务之急。明确各职能部门的履职责任，建立系统启动机制，汇报信息，进行应急演练等。指挥系统必须常态化运作，一旦发生事故，立刻响应，由地方政府统一指挥、联合指挥、靠前指挥，协调各部门以迅速有序地处理。各级有关部门要根据实际情况制定应急预案，做好应急预案的准备工作，做好专业人才的储备工作。坚持平战结合的原则，制定梯次调度方案和应急预案，高效应对不同规模事件，并定期培训演练，全面提升应急反应和处置能力。要强化对突

## 案例九　X市公共卫生服务专项资金绩效审计

发公共卫生事件的物资保障。有关单位要加强应急准备，做好物资的储备和调拨。针对突发公共卫生事件和现实需求，保障医疗救治物资、居民生产生活物资等的供给，保证应急处置工作有序进行。

# 案例十

# Y市退捕禁捕项目绩效审计

## 万国超

**摘要**：项目支出绩效审计是财政监管的重要手段。本研究以Y市退捕禁捕项目为案例对象，展开绩效审计的案例研究。在介绍该项目的背景、绩效目标、资金支持范围和标准以及项目管理情况的基础上，本研究介绍了审计方法和评价重点。首先，本案例分析了该项目的资金安排（包括分配）及执行情况，然后对该项目进行了总体评价和绩效分析，接着分析了该项目的产出与效果，最后提出了该项目存在的问题。本案例研究对于推动绩效审计思路的拓展、提高财政资金使用效率具有一定的借鉴意义。

**关键词**：退捕禁捕项目；绩效审计；绩效分析；评价重点

## 第一部分 理论导入

在理论层面上，财政支出被视为公共资源，其所有者是公众，政府则受公众委托管理和使用财政资金。基于公共受托责任关系，政府作为受托方有责任确保财政支出的经济、效率、效益和公平。然而，由于缺乏竞争压力和利润激励，财政支出的管理和使用过程存在道德风险和逆向选择的可能性，尤其是对于管理和使用单位而言。因此，需要有公众的代表对财政支出进行科学合理的监管，以确保财政支出的预设目标顺利实现。从目前来看，绩效审计和绩效评价是对财政支出进行监管的合理方式。①

财政支出的合法合规性在宏观上是指符合国家相关法律法规及政策的要求，在微观上则是指符合该领域财政支出的具体要求。对于专项资金，还要求独立核算和专款专用，不能挪作他用。通常情况下，为了加强管理，财政部门会会同相关部门根据相关法律法规，针对不同种类的财政支出制定相应的管理办法，部分省市还会就财政支出管理的共性特征制定地方性法规。这些管理办法和地方性法规明确规定了财政支出使用的方向、标准、程序、时间节点等关键事项，并要求预算部门（单位）遵照执行。无论是绩效审计还是绩效评价，都需要对资金使用的合法合规性进行监督。依据《中华人民共和国审计法实施条例》（以下简称《审计法实施条例》）的要求，绩效审计需要通过依法独立检查财政支出的会计凭证、会计账簿、财务会计报告以及其他有关资料和资产来监督财政支出的使用是否具有合法合规性。根据《财政支出绩效评价管理暂行办法》（以下简称《暂行办法》）的要求，绩效评价方要对财政资金使用情况、财务管理状况和资产配置、使用、处置等情况的合法合规性进行评价。

在推进法治政府、责任政府建设的大背景下，无论是绩效审计还是绩效评价，都需要关注财政支出的绩效目标。财政支出的绩效目标在相关法律法规中得到了明确体现：《审计法实施条例》将其作为审计的依据，而《中华人民共和国国家审计准则》则将其作为职业判断的依据。另外，《暂行办法》明确规定"绩效目标的实现程度，包括是否达到预定产出和效果等"是绩效评价的基本内容。这些法规和标准强调了绩效目标的重要性，也为绩效监督提供了明确的依据。

## 第二部分　案例情况

实施长江流域重点水域禁捕是贯彻落实党中央、国务院一系列部署的重

---

① 李波、费睿：《财政支出的绩效审计与绩效评价》，《江汉论坛》2017年第5期。

要措施，也是缓解长江生物资源衰退和生物多样性下降危机的关键之举。党的十九大报告提出了实施重要生态系统保护和修复重大工程、优化生态安全屏障体系，以及健全耕地、草原、森林、河流、湖泊休养生息制度等目标。2018年的中央一号文件明确提出科学划定江河湖海限捕和禁捕区域，以及建立长江流域重点水域禁捕补偿制度。2020年，四川省人民政府办公厅发布通知，要求规范管理长江流域重点水域垂钓行为，切实维护和巩固提升禁捕退捕效果。为了贯彻党中央、国务院以及省委、市委和政府关于长江流域禁捕退捕工作部署，Y市将长江流域禁捕工作作为"共抓大保护、不搞大开发"约束性任务来抓，全面完成上级安排的禁捕退捕任务。

退捕禁捕项目的总目标是完成辖区内沱江流域重点水域禁捕任务，建立健全禁捕补偿制度。根据Y市捕捞渔民退捕转产转业工作领导小组《关于印发Y市禁捕退捕工作指南的通知》以及相关时间节点要求，积极稳妥地引导退捕渔民转岗就业创业，有效保障就业困难渔民的基本生计，确保转岗后的渔民能够稳定就业，不会重返捕捞业。具体措施包括以下几点。一是货币补偿，自主择业。通过渔船和网具报废处置、回收捕捞许可证、转产转业补助和渔民生活保障补助等方式，采取一次性货币补偿的方式，直接发放给符合条件的退捕渔民。二是统一实施，辖区负责。按照"属地管理、辖区负责"的原则，由各镇人民政府（街道办）组织实施。三是明确任务，全面禁捕。项目的年度目标是，2020年12月31日前，全面完成沱江河、阳化河等水域内依法取得捕捞许可的322艘渔船退捕工作。按人均15年，每年不低于2500元的标准，对626名退捕渔民追加养老保险缴费补贴，开发公益性岗位不低于50个。逐步配齐必要的渔政执法装备，加强10年禁渔期渔政执法，逐步杜绝长江流域违法捕捞行为。

项目资金支持范围包括在全国内陆渔船管理系统内、作业区域位于Y市境内，并持有Y市渔业船舶管理机构核发有效的《中华人民共和国内陆渔业船舶证书》且在2019年年审合格的322艘捕捞船船主。长江流域禁捕退捕专项资金主要用于渔船行政许可撤回补偿、渔船及网具补偿、转产专业补助、生活保障补助、提前退捕奖励及其他相关配套工作等，具体按照

案例十 Y市退捕禁捕项目绩效审计

表1 Y市长江流域重点水域渔船禁捕转产转业补偿补助标准

| 序号 | 船舶类型 | | 渔船行政许可撤回补偿（万元/船） | 渔船报废补偿（万元/船） | 动力装置报废补偿（万元/台） | 三层刺网报废补偿（万元/张） | 转产转业补助（万元/船） | 船员生活保障补助（万元/人） | | | 提前退捕奖励（万元/船） | | |
|---|---|---|---|---|---|---|---|---|---|---|---|---|---|
| | | | | | | | | 过渡期生活补助 | 养老保险补贴 | 医疗保险补贴 | 8月31日前完成 | 9月1日—9月20日完成 | 9月1日—9月31日完成 |
| 1 | 机动渔船 | 不锈钢 | 1.2 | 1.1 | 0.4 | 0.1（长度不低于50米，每船不超过3张） | 1.8 | 0.4 | 0.2 | 0.3 | 1.0 | 0.5 | 0.0 |
| 2 | | 铁质 | 1.2 | 0.8 | | | 1.8 | 0.36 | 0.2 | 0.3 | 1.0 | 0.5 | 0.0 |
| 3 | | 塑钢 | 1.2 | 0.5 | | | 1.8 | 0.4 | 0.2 | 0.3 | 1.0 | 0.5 | 0.0 |
| 4 | | 双飞燕 | 1.2 | 1.0 | | | 1.8 | 0.4 | 0.2 | 0.3 | 1.0 | 0.5 | 0.0 |
| 5 | 非机动渔船 | 不锈钢舢板 | 1.2 | 0.7 | | | 1.8 | 0.4 | 0.2 | 0.3 | 1.0 | 0.5 | 0.0 |
| 6 | | 铁质双飞燕 | 1.2 | 0.7 | | | 1.8 | 0.4 | 0.2 | 0.3 | 1.0 | 0.5 | 0.0 |
| 7 | | 铁质舢板 | 1.2 | 0.5 | | | 1.8 | 0.4 | 0.2 | 0.3 | 1.0 | 0.5 | 0.0 |
| 8 | | 塑钢舢板 | 1.2 | 0.5 | | | 1.8 | 0.4 | 0.2 | 0.3 | 1.0 | 0.5 | 0.0 |
| 9 | | 双飞燕 | 1.2 | 0.4 | | | 1.8 | 0.4 | 0.2 | 0.3 | 1.0 | 0.5 | 0.0 |
| 10 | | 木质双飞燕 | 1.2 | 0.5 | | | 1.8 | 0.4 | 0.2 | 0.3 | 1.0 | 0.5 | 0.0 |
| 11 | | 木质舢板 | 1.2 | 0.4 | | | 1.8 | 0.4 | 0.2 | 0.3 | 1.0 | 0.5 | 0.0 |

注：网具为三层刺网，数量是3张。三层刺网长度大于50米，剩余网具由船主自行处置，但不得用于天然水域捕捞。

《Y市渔业船舶禁捕和渔民退捕转产转业实施方案》中的标准执行。根据中央和省的专项资金安排以及Y市实际情况，渔船退捕补偿政策已确定，奖励标准分为三个等级，以船舶拆解完成时间为依据。对于2020年12月31日未完成退捕的船只，将按照相关政策强制退捕，且不享受任何本次禁捕相关的补偿和补助。

## 第三部分 案例分析

### 一 绩效审计开展情况

绩效审计组在审计过程中，使用如下方法开展工作。一是审核资金材料。收集相关资金拨付文件及预算数据，对资金结构进行比对。二是查阅业务资料。查阅业务统计报表，了解任务目标及其完成情况，查看各类型退捕渔民花名册，进行数量核对，抽取个别对象进行资料查验。三是查阅审核材料。抽取申请、资格审核、渔船档案等材料，查看相关手续是否齐全。四是座谈交流、满意度调查与实地查看。与主管部门座谈，听取情况介绍，关注问题和难点；通过问卷形式了解退捕禁捕的意见和建议，进行满意度调查。

2020年该项目的主要工作内容是通过实施退捕禁捕政策，积极稳妥引导退捕渔民转岗就业创业，有效保障就业困难渔民基本生计，确保转岗的顺利进行，属于政策实施类项目。因此，绩效审计组将项目指标设立为通用指标、共性指标、个性指标和特性指标四大类指标。其中，通用指标主要考察项目决策和项目实施两方面，项目决策包括项目立项规范性、项目指标合理性、绩效指标明确性3项指标，项目实施包括资金到位率、资金到位及时率、资金分配合理性3项指标。共性指标主要考察项目产生的共性效益，主要有业务管理和财务管理两方面，业务管理包括管理机制健全性、管理机制运转有效性和项目质量可控性，财务管理包括管理制度健全性、资金使用合规性和财务监控有效性。个性指标主要考察项目产出情况，包括建档立卡退捕渔民转产转业补助情况、长江流域退渔禁渔补助资金执行情况和项目实施及时性 3 项指标。特性指标考察本年度项目完成后能产生的效益情况，包括生态效益、社会效益和满意度三个方面。生态效益包括生态环境改善和水源地水质情况 2 项指标，社会效益包括渔业废弃物资源化利用及回收处置率、招聘会场次完成率、退捕渔民从业人员培训覆盖率、为退捕渔民购买医疗保险覆盖率、为退捕渔民购买社保覆盖率和建档立卡覆盖率 6 项指标，满意度包括渔民满意度和群众满意度 2 项指标。

## 二 项目资金安排（含分配）及执行情况

该项目三级财政配套资金共计 4459.58 万元，其中，中央补助资金 1682.88 万元，省级补助资金 1263.30 万元，本级补助资金 1513.40 万元。中央补助资金于 2020 年 2 月 12 日、2020 年 9 月 11 日和 2020 年 10 月 16 日分三批下达，省级补助资金于 2019 年 10 月 21 日、2020 年 6 月 8 日和 2020 年 10 月 16 日分三批下达，本级补助资金于 2020 年 7 月 24 日起分七次下达。各级财政资金分配情况如表 2 至表 4 所示。

表 2　　2020 年 Y 市退捕禁捕项目中央补助资金安排情况　　（单位：万元）

| 补助类别 | 下达时间 | 金额 | 用途 |
| --- | --- | --- | --- |
| 一次性补助 | 2020 年 2 月 12 日 | 917 | Y 市长江禁捕退捕 |
| 过渡期补助 | 2020 年 9 月 11 日 | 576 | 捕捞渔船和有关证件赎买回收 |
| 过渡期补助 | 2020 年 10 月 16 日 | 189.88 | 长江禁捕捕捞船退捕 |

表 3　　2020 年 Y 市退捕禁捕项目省级补助资金安排情况　　（单位：万元）

| 补助类型 | 下达时间 | 金额 | 用途 |
| --- | --- | --- | --- |
| 一次性补助 | 2019 年 10 月 21 日 | 453.6 | 支持建立长江流域水生生物保护区禁捕补偿制度、过渡期就业困难生活补助、渔民再就业培训以及长江流域禁捕 |
| 一次性补助 | 2020 年 6 月 8 日 | 131.7 | 过渡期就业困难生活补助、渔民再就业培训、长江流域禁捕相关支出 |
| 过渡期补助 | 2020 年 10 月 16 日 | 678 | 长江禁捕捕捞船退捕 |

表4  2020年Y市退捕禁捕项目本级补助资金安排情况 （单位：万元）

| 补助类型 | 下达时间 | 金额 | 用途 |
| --- | --- | --- | --- |
| 一次性补助 | 2020年7月24日 | 400 | Y市长江禁捕退捕 |
| 一次性补助 | 2020年7月30日 | 278.24 | Y市长江禁捕退捕 |
| 一次性补助 | 2020年8月20日 | 82.72 | Y市长江禁捕退捕 |
| 执法装备、队伍建设及工作经费 | 2020年8月28日 | 278.097 | Y市长江禁捕退捕 |
| 过渡期补助 | 2020年9月1日 | 50 | 长江流域重点水域禁捕和退捕安置保障相关经费 |
| 过渡期补助 | 2020年11月24日 | 252.68 | 长江流域重点水域禁捕和退捕安置保障相关经费 |
| 执法装备、队伍建设及工作经费 | 2020年12月2日 | 171.663 | Y市长江禁捕退捕 |

退捕禁捕项目中，市级财政资金分配及使用情况如表5所示。截至绩效审计日，Y市已严格按照《Y市长江流域禁捕项目资金管理办法》使用资金近3034.14万元。其中，直补渔民资金约1323.96万元，渔民养老保险缴费补贴1620.40万元，公益性岗位4.62万元，工作经费约85.16万元。当前资金余额为421.00万元，根据《关于印发〈进一步加强Y市禁捕工作及退捕渔民安置保障的实施方案〉的通知》，计划用于退捕渔民转产转业产业帮扶、公益性岗位补贴，全市禁渔工作、应急处置、渔政执法装备等。

表5  2020年Y市退捕禁捕项目配套资金分配情况  （单位：万元）

| 部门 | 小计 | 捕捞证照补偿 | 船及网具补偿 | 生活补偿 | 就业保障 | 养老保险保障 | 医疗保障 | 截至2020年12月31日 转产奖励 | 2020年禁捕工作经费 |
| --- | --- | --- | --- | --- | --- | --- | --- | --- | --- |
| Y市农业农村局（第一次） | 2355.19 | 386.40 | 511.58 | 222.12 | — | 123.40 | 185.10 | 899.80 | 26.796 |
| Y市城乡居民养老保险局 | 1616.80 | — | — | — | — | 1616.80 | — | — | — |

续表

| 部门 | 资金流向情况 ||||||| 截至 2020 年 12 月 31 日 ||
| | 小计 | 捕捞证照补偿 | 船及网具补偿 | 生活补偿 | 就业保障 | 养老保险保障 | 医疗保障 | 转产奖励 | 2020年禁捕工作经费 |
| --- | --- | --- | --- | --- | --- | --- | --- | --- | --- |
| Y市涉及退捕的9个镇乡、2个街道办事处 | 45.20 | — | — | — | — | — | — | — | 45.20 |
| Y市农业农村局（第二次） | 14.68 | — | — | — | 4.62 | 1.80 | — | — | 8.26 |
| 合计 | 4031.88 | 386.40 | 511.5789 | 222.12 | 4.62 | 1742.20 | 185.10 | 899.80 | 80.26 |

## 三 项目总体审计结果及绩效分析

（一）审计结论

总体而言，2020年退捕禁捕项目立项依据充分，所有建设内容均符合项目实施方案内容，项目管理和资金使用较规范，完成对退捕渔民的一次性补助和过渡期补助，开展了针对退捕渔民的招聘会及职业技能培训会，社会效益良好。

绩效审计组运用设计的评价指标体系及评分标准，通过资料收集核查、现场访谈、现场抽查部分建设工作等方式，对2020年退捕禁捕项目进行客观评价，最终评分84.9分，为"良好"。其中，项目决策指标权重15分，得分15分，得分率为100%。过程指标权重25分，得分24分，得分率为96%。产出指标权重30分，得分27分，得分率为90%。效益指标权重30分，得分18.9分，得分率为63%。指标得分情况如表6所示。

表6　　　　　　　　　　Y市退捕禁捕项目四级指标得分明细

| 一级指标 | 二级指标 | 三级指标 | 四级指标 | 分值 | 得分 |
|---|---|---|---|---|---|
| 项目决策（15分） | 项目立项（10分） | 项目立项规范性（4分） | 项目立项必要性 | 2 | 2 |
| | | | 项目立项程序的合规性 | 1 | 1 |
| | | | 项目立项文件合理性 | 1 | 1 |
| | | 绩效目标合理性（3分） | 绩效目标依据的政策相符性 | 1 | 1 |
| | | | 绩效目标与项目单位职责的相关性 | 1 | 1 |
| | | | 绩效目标的业绩水平合理性 | 1 | 1 |
| | | 绩效指标明确性（3分） | 绩效目标细化和量化程度 | 2 | 2 |
| | | | 绩效目标与任务计划的相符性 | 1 | 1 |
| | 资金落实（5分） | 资金到位率（2分） | 项目资金到位率 | 2 | 2 |
| | | 资金到位及时率（1分） | 项目资金到位及时率 | 1 | 1 |
| | | 资金分配合理（2分） | 资金分配合理性 | 2 | 2 |
| 过程（25分） | 业务管理（13分） | 管理机制健全性（4分） | 业务管理制度的健全性 | 2 | 2 |
| | | | 责任机制的健全性 | 2 | 2 |
| | | 管理机制运转有效（6分） | 实施条件的完备性 | 1 | 1 |
| | | | 进度管理有效性 | 2 | 2 |
| | | | 调整手续规范性 | 1 | 1 |
| | | | 项目成果档案的管理情况 | 2 | 2 |
| | | 项目质量可控性（3分） | 项目质量或标准的健全性 | 1 | 1 |
| | | | 项目质量检查、验收等的控制情况 | 2 | 2 |
| | 财务管理（12分） | 管理制度健全性（3分） | 资金管理办法的健全性 | 1 | 1 |
| | | | 资金管理办法与财务会计制度的相符性 | 1 | 1 |
| | | | 资金管理办法的可行性 | 1 | 1 |
| | | 资金使用合规性（7分） | 资金使用合法合规性 | 2 | 2 |
| | | | 资金拨付的合规性 | 1 | 1 |
| | | | 政府采购的合规性 | 1 | 1 |
| | | | 项目支出与预算资金的符合性 | 1 | 1 |
| | | | 预算执行情况 | 2 | 1 |
| | | 财务监控有效性（2分） | 财务监控机制的健全性 | 1 | 1 |
| | | | 财务监控机制运转的有效性 | 1 | 1 |

案例十　Y市退捕禁捕项目绩效审计

续表

| 一级指标 | 二级指标 | 三级指标 | 四级指标 | 分值 | 得分 |
|---|---|---|---|---|---|
| 产出（30分） | 数量指标（5分） | 建档立卡退捕渔民转产转业补助情况（5分） | 渔民转产转业补助资金完成情况 | 5 | 5 |
| | 结果指标（21分） | 长江流域退捕禁渔补助资金执行情况（21分） | 收回渔民捕捞许可补助资金完成率 | 3 | 3 |
| | | | 渔民生产设备（渔船等）回收处置率 | 3 | 3 |
| | | | 对退捕渔民生活保障投入资金完成率 | 3 | 3 |
| | | | 是否为恢复生态进行购买鱼苗及生态装置安装等工作 | 3 | 0 |
| | | | 禁捕宣传员工作完成率 | 3 | 3 |
| | | | 过渡期渔民提前退捕补助资金完成率 | 3 | 3 |
| | | | 加强执法管理情况 | 3 | 3 |
| | 时效指标（4分） | 项目实施及时性（4分） | 期末项目任务完成率 | 4 | 4 |
| 效益（30分） | 生态效益（11分） | 生态环境改善（6分） | 投放鱼苗数量 | 3 | 0 |
| | | | 捕捞强度改善情况 | 3 | 3 |
| | | 水源地水质情况（5分） | 目标流域水质监测情况 | 5 | 2.5 |
| | 社会效益（13分） | 渔业废弃物资源化利用及回收处置率 | 考察渔业废弃物资源化利用及回收处置率 | 2 | 2 |
| | | 招聘会场次完成率 | 考察对退捕渔民再就业关注情况 | 2 | 2 |
| | | 退捕渔民从业人员培训覆盖率 | 考察有意向再就业的退捕渔民再就业培训情况 | 3 | 3 |
| | | 为退捕渔民购买医疗保险覆盖率 | 考察对退捕渔民购买医疗保险情况 | 2 | 2 |
| | | 为退捕渔民购买社保覆盖率 | 考察对退捕渔民购买养老保险情况 | 2 | 2 |
| | | 建档立卡覆盖率 | 考察对退捕渔民建档立卡情况 | 2 | 2 |
| | 满意度（6分） | 群众满意度 | 考察群众满意度情况 | 3 | 0 |
| | | 渔民满意度 | 考察渔民满意度情况 | 3 | 0.4 |
| 合计 | | | | 100 | 84.9 |

· 193 ·

（二）绩效分析

1. 项目决策指标分析（一级指标，满分 15 分）

项目决策指标分为三级指标，满分为 15 分，得分为 15 分。项目在立项和资金落实层面符合国家法律法规及发展政策和规划。

2. 过程指标分析（一级指标，满分 25 分）

过程指标分为三级指标，满分为 25 分，得分为 24 分，具体扣分指标分析如下：预算执行情况（四级指标，满分 2 分），禁捕退捕项目实际支出项目资金 4017.19 万元，财政下达资金 4459.58 万元，预算资金执行率为 90%。该项指标扣 1 分，得分为 1 分。

3. 产出指标分析（一级指标，满分 30 分）

产出指标分为三级指标，满分为 30 分，得分为 27 分，具体扣分指标分析如下：是否为恢复生态进行购买鱼苗及生态装置安装等工作（四级指标，满分 3 分）。根据市农业局提供的资料，截至 2020 年 12 月 31 日并未进行生态监测装置的安装和鱼苗的投放。根据评分标准，该项扣 3 分，得分为 0 分。

4. 效益指标分析（一级指标，满分 30 分）

效益指标分为三级指标，满分为 30 分，得分为 18.9 分，具体扣分指标分析如下。

（1）投放鱼苗数量（四级指标，满分 3 分）

根据市农业局提供的资料，Y 市 2021 年 6 月 7 日投放 63 万尾鱼苗，但截至 2020 年 12 月 31 日并未进行投放鱼苗工作。该项指标得 0 分。

（2）目标流域水质监测情况（四级指标，满分 5 分）

据市农业局提供的沱江 Y 市段水生生物资源初步调查报告，目前已对目标流域水质情况及生物性进行了调查，但并未体现改善结果。根据评分标准，该项指标扣 2.5 分，得分为 2.5 分。

（3）考察群众满意度情况（四级指标，满分 3 分）

根据反馈调查问卷，辖区群众综合满意度为 77.93%，该项得 0 分。

（4）考察渔民满意度情况（四级指标，满分 3 分）

根据反馈调查问卷,渔民综合满意度为 81.94%,按照评分标准该项扣 2.6 分,得分为 0.4 分。

### 四 项目产出及效果情况

(一)项目产出

2020 年,Y 市退捕禁捕项目总体完成绩效目标。总体完成情况及分区县完成情况如表 7 所示。

表 7　　　　2020 年 Y 市退捕禁捕项目绩效目标完成情况

(单位:艘,张,本,%)

| 一级指标 | 二级指标 | 三级指标 | 绩效目标 | 完成数量 | 完成比例 |
| --- | --- | --- | --- | --- | --- |
| 数量指标 | 报废拆解渔船 | 拆解报废渔船 | 322 | 322 | 100 |
|  |  | 网具 | 966 | 966 | 100 |
|  | 赎买回收相关证件 | 《中华人民共和国内陆渔业船舶证书》 | 322 | 322 | 100 |
|  |  | 《中华人民共和国渔业船员证书》 | 628 | 628 | 100 |
| 质量指标 |  | 捕捞强度 | 下降≥95% | 下降≥95% | 100 |

由表 7 可知,Y 市 5 个退捕禁捕项目全面完成绩效目标,达到 100% 的绩效目标要求。

(二)项目效果

1. 社会效益

(1)项目废弃物利用回收处置率达标。根据市农业局提供的资料及档案,Y 市于 2020 年 8 月 31 日前已完成总共回收 322 艘渔船的目标,并进行了公开招标,对废弃渔船进行处置,达到考核目标。

(2)关注渔民再就业情况的目标完成。据市农业局及市人社局提供的资料,2020 年招聘会完成率为 100%,在退捕渔民中共有 56 名人员具有再就业培训意向,并针对 56 名退捕渔民开展了技能培训和创业培训专班 3

期,均达到考核目标。

(3)退捕渔民社会保障覆盖率的目标完成。据市农业局提供的资料,退捕渔民共计628人,并对每人进行了建档立卡,建档立卡覆盖率达到100%。资料显示应参加养老保险625人,实际参加养老保险625人,已完成对全部退捕渔民的养老保险补助,共计1742万元。应参加医疗保险625人,实际参加医疗保险625人,为退捕渔民购买医疗保险覆盖率达100%,已完成对全部退捕渔民的医疗保险补助共计185.10万元。

从资金的支出结构来看,为退捕渔民购买医疗保险得到了重点支持。2020年为退捕渔民购买医疗保险支出1742万元,占总支出的比重为43.21%。医疗保险社会保障的价值大,退捕渔民非常关注,成为补助重点。

2. 满意度

满意度调查中,受益群众对实施退捕禁捕政策的满意度较高。审计方法:其得分按照各项问卷项非常好、好、一般和差,或者非常满意、满意、一般和不满意,分别得4分、3分、2分和1分,得到每个问卷子项的总分,最后用"非常满意"的分值去除以总分值得到最终的满意度比例,得到各问卷子项的得分。而后取6项问卷子项得分的算术平均数,得到总体辖区渔民的满意度和总体辖区群众的满意度得分。对问卷对象分"辖区渔民的满意度"和"辖区群众的满意度","辖区渔民的满意度"和"辖区群众的满意度"两项总体指标评分分别为81.94%和77.93%。所有被调查对象对禁捕退捕相关部门工作的总体评价非常满意,达到了91.68%。其中86.38%的被调查对象选择了"好",选择"一般"或者"不了解"的被调查对象分别都只有2.37%。

## 五 存在的主要问题

(一)实际项目支出资金未达预算资金

该项目资金来源于中央资金、省级财政资金、市级财政资金,用于退捕渔民的一次性补助和过渡期补助及购置执法装备、队伍建设和工作经费，共计4459.58万元。截至2020年12月31日，虽已完成对渔民的一次性补助和过渡期补助，但对退捕禁捕项目后期工作投入不足，使得退捕禁捕项目实际支出资金4017.19万元，预算执行率仅为90%。

### （二）生态恢复工作有待提高

2020年7月，国务院办公厅印发《关于切实做好长江流域禁捕有关工作的通知》，长江流域重点水域禁捕和退捕渔民安置保障工作实施方案要求推进长江水生生物资源和水域生态保护修复。Y市农业局已完成63万尾鱼苗购买，共计5.5万元，已全部投放。但到目前为止并未进行生态监测装置的安装，生态恢复工作效率有待提高。

### （三）针对目标流域水质监测情况，有调查报告但未体现改善结果

为修复长江流域水生生物资源，Y市政府自2018年起与内江师范学院开展了"沱江渔业资源和环境调查"合作，目前已有《沱江（Y市段）水生生物资源现状调查报告》，但报告中并未明确指出目标水域及水生生物资源改善结果，无法准确体现生态环境改善产生的效益。

## 六 相关建议

### （一）梳理禁捕退捕后期工作内容，提高工作计划资金执行效率

建议单位梳理项目具体开展工作内容，针对人员配置、装备配备、执法工作及修复生态等方面做出明确的资金安排。对项目完成的工作内容及标准、产生效果形成明确和清晰的认知，确保禁捕退捕后期工作的及时展开，有效提升项目预算执行率。如若在实际实施过程中遇到不可控的情况导致与计划存在偏差，应及时调整计划并按规定程序向市农业局和市财政局提交预算调整申请，保证后期工作预算有效执行。

### （二）加快推进生态监测装置的安装

建议单位制订关于生态监测装置的安装计划，并针对生态监测装置的安装进行实地勘察及调研，确定装置安装的地点，建立专门的监管平台，保障数据的收集及传输并定期形成统计报表。另外，应制订规范的政府采购计划，与财政部门进行沟通，对于影响工作进度的不确定因素，采取相

应的解决措施和方法，不断优化方案，从而保障生态监测装置的安装按计划实施。

(三) 进一步推进水生生物资源和水域生态保护修复工作

建议单位根据《沱江（Y市段）水生生物资源现状调查报告》梳理目前流域水质及水生生物具体情况，合理制订推进水生生物资源和水域生态保护修复的中长期规划，促进目标流域水质及生物多样性的改善，在相当程度上恢复沱江Y市段的水生生物环境。

# 案例十一

## W 镇整体支出绩效审计

### 万国超

**摘要：** 对乡镇整体支出进行绩效审计，可以丰富财政支出绩效审计的研究范畴。本研究以 W 镇整体支出为案例对象，展开绩效审计的案例分析。在介绍 W 镇基本情况、整体绩效目标、绩效审计开展情况和绩效审计实施过程的基础上，本研究介绍了 W 镇整体支出绩效审计结果和绩效分析，最后提出存在的问题和改进建议。本案例研究有利于深化全面预算管理的内涵，有利于确立乡镇支出目标导向和结果导向。

**关键词：** 部门整体支出；绩效审计；绩效分析；评价重点

## 第一部分 理论导入

整体支出绩效审计是一种基于绩效的管理工具，它的目的是评估政府部门的支出绩效和成果，以提高政府部门的效率和效益。在进行整体支出绩效审计时，需要涉及多个理论，包括新公共管理理论、预算绩效管理理论、财政支出绩效评价理论、社会契约理论和目标管理理论。

新公共管理理论是一种管理方法，强调市场化、管理学和私有化等理念。在整体支出绩效审计中，这种理论可以帮助审计人员更好地评估政府部门的绩效和成果，从而改进政府部门的管理模式和流程，提高政府部门的效率和效益。

预算绩效管理理论是一种以绩效为导向的预算管理方法，可以帮助审计人员评估政府部门预算的绩效和成效，以及预算执行的合理性和有效性。这种理论在整体支出绩效审计中起到了至关重要的作用。

财政支出绩效评价理论是一种以绩效为导向的财政管理方法，可以帮助审计人员评估政府部门的财政支出绩效和成效，以及财政支出的合理性和效益。这种理论也是整体支出绩效审计的一个重要方面。

社会契约理论强调政府与公民之间的互动和相互责任，可以帮助审计人员更好地评估政府部门的责任和义务，以及公民对政府部门的期望和要求。这种理论在整体支出绩效审计中也是非常重要的。

目标管理理论是一种以目标为导向的管理方法，可以帮助审计人员评估政府部门的目标设置和实现情况，以及目标与绩效之间的关系和作用。这种理论也是整体支出绩效审计的一个重要方面。

因此，整体支出绩效审计需要综合运用这些理论和方法，以实现对政府部门的有效监督和管理，从而推动政府部门的持续改进和提高工作绩效。对这些理论和方法的深入理解和综合应用，可以帮助审计人员更好地发挥整体支出绩效审计的作用，提高政府部门的绩效水平。

## 第二部分　案例情况

为全面落实预算绩效管理的要求，促进预算部门强化绩效理念，强化财政资金的整体效应和应履行的职能，建立部门整体支出目标的管理制度和管理机制，注重人财物的统筹安排，提高部门支出的绩效，笔者对 W 镇开展了部门整体支出绩效审计。W 镇是独立编制、独立核算的区县级行政机构，核定编制人数为 50 人，现设有 9 个综合办事机构。W 镇 2020 年的年度重点工作包括创新形式，稳步提升党建水平；抓好载体，筑牢脱贫奔康战斗堡垒；凝聚共识，持续改进作风建设；严格按照"三保一优"支出序列，安排预算；充分发挥财政职能，努力完成财政工作任务。W 镇 2020 年的年度绩效目标包括抓好农业产业结构调整，创新发展"订单农业"；

狠抓科技兴牧，盘活现有资源；严格控制程序，严把入口关，切实做好低保工作；定期召开安全生产例会，落实安全生产责任制；等等。

## 第三部分 案例分析

### 一 绩效审计开展情况

本次绩效审计的目的是围绕W镇年度职责履行程度和部门效能目标推进程度的综合评价，分析W镇的资源配置情况和各要素之间的关系，从单位宏观层面把握部门运作的有效性和资金运用效益。通过收集单位基本情况、预算制定与执行情况、单位效能目标及组织架构等信息，从年度工作计划安排合理性、重点工作完成情况、年度绩效目标实现程度、单位整体效益分析中总结经验，更加精确地查找问题，进而有针对性地进行改进，为今后完善单位管理提供可行的参考建议。绩效审计的依据包括2020年的年度工作要点、主要工作目标及重点工作、工作总结等相关资料，财政局批复的2020年的年度部门预算、决算以及中期预算调整，单位编制的会计凭证、科目余额表、相关招投标资料以及合同、资产管理资料等，有关资金管理、财务管理等内部控制制度和规定，被评价单位的其他相关资料，调查问卷。

绩效审计组重点关注基本支出、运转类项目、部门项目及专项类资金，关注内容主要包括以下几点。一是预算管理。重点关注是否开展项目库建设，是否按项目的轻重缓急程序合理安排预算，年初预算编制的准确性、预算管理的合规性及预算结余的合理性。重点关注预算调整较大的项目年初预算编制的准确性，重大调整的合理性；重点抽查重点履职专项等预算编制及管理的规范性，重点关注结余较大基本支出和项目支出的合理性。二是绩效管理。关注整体绩效管理工作完成情况，是否按要求填报绩效目标，开展绩效监控及绩效自评。选取专项预算项目等评价预算绩效目标的合理性，评价绩效目标能否有效实现。三是内部管理。重点关注是否已制定或具有预算资金管理办法、厉行节约管理措施、内部财务管理制度、会计核算制度等管理制度，相关管理制度是否合法、合规、完整，相关管理制度是否得到有效执行。四是财务管理。重点关注专项资金的使用是否符合国家财经法规和财务管理制度规定以及有关专项资金管理办法的规定，是否专款专用，是否符合预算批复的用途；是否存在截留、挤占、挪用、虚列支出等情况；资金的拨付是否有完整的审批程序和手续；项目的重大开支是否经过评估论证等。五是政府采购管理。考察政府采购项目的采购程序、采购方式的规范性。重点关注专项预算项目，检查项目采购的必要性及实施的合规性。六是履职效能。根据被审计单位的职能职责及2020年的重点工作，从事项公开情况、部门业绩、内部管理流程、学习与成长、群众满意度等方面开展评价工作，重点对部门业绩、群众满意度等方面进行绩效审计。

**二 绩效审计实施过程**

按照区财政局的有关要求，本次绩效审计的基本思路如下：审计小组分步实施前期沟通、资料准备、现场评价、数据汇总与分析、报告撰写、反馈意见及形成正式报告6个阶段，审计以现场为主、非现场评价为辅，组织实施绩效审计工作。项目实施前期现场审计小组与财政局进行深入沟通，在理解审计目的、细化审计指标、收集项目文件资料、确定评价标准的基础上，深入被审计单位并与财政局、主管部门座谈了解项目及资金管理等有关情况，广泛听取主管部门和财政部门的意见和建议，实地查看W镇整体支出项目的实施及运行情况，收集相关数据资料，通过汇总整理分析，结合部门自查报告，定量和定性分析形成审计结论，经过与项目主管部门交换意见后，会同绩效审计工作组对主管部门意见及建议进行分析研究，对合理意见及建议进行吸纳修改，形成绩效审计最终报告。

审计小组根据《中共中央 国务院关于全面实施预算绩效管理的意见》以及部门整体支出绩效审计的需求，采用综合评价、现场调查和访谈相结合的方式进行，主要运用了比较分析法、因素分析法、社会调查法等方法。结合部门特点和前期调研结果设计评价指标体系，通过指标得分分析，以打分的方式对部门整体支出情况进行绩效审计。

## 三 总体审计结果及绩效分析

（一）审计结论

基于指标评分、数据采集等，得出综合评价结论如下。

通过评价指标体系对该项目评分，最终得分为 85.45 分，绩效评级为"良"。

基本运行绩效指标共设置 10 个，其中满分指标 6 个，扣分指标 4 个，权重分 30 分，实际得分为 24.3 分，得分率为 81%。

重点履职绩效指标共设置 13 个，其中满分指标 11 个，扣分指标 2 个，权重分 60 分，实际得分为 57.4 分，得分率为 95.67%。

满意度指标 1 个，其中满分指标 0 个，扣分指标 1 个，权重分 10 分，实际得分为 3.75 分，得分率为 37.5%。

W 镇 2020 年的年度目标完成情况总体良好，全力保证党的建设、党风廉政建设、宣传思想工作等目标的实现，全力推进农业农村建设、环保整治、城乡环境治理等职能工作，确保社会稳定目标的实现，但还存在预算管理体系不够科学、部分年度工作目标未量化、经费使用的规范性有待进一步提高、固定资产管理有待加强等问题。各部分权重和绩效分值见表1。

表1　　　　　　　部门整体支出绩效审计得分汇总

| 一级指标 | 二级指标 | 三级指标 | 目标值 | 分值 | 得分 |
|---|---|---|---|---|---|
| 基本运行绩效（30分） | 预算管理（15分） | 预算管理体系科学性 | 科学 | 3 | 1 |
| | | 预算编制规范性 | 规范 | 4 | 2 |
| | | 预算执行率 | ≥96% | 3 | 3 |
| | | "三公"经费控制率 | ≤预算金额 | 3 | 3 |
| | | 预算结余率 | 预算结余率≤4% | 2 | 2 |
| | 财务管理（4分） | 管理制度健全性 | 健全 | 2 | 2 |
| | | 资金使用合规性 | 合规 | 2 | 1.5 |

续表

| 一级指标 | 二级指标 | 三级指标 | 目标值 | 分值 | 得分 |
|---|---|---|---|---|---|
| 基本运行绩效（30分） | 政府采购管理（3分） | 政府采购规范性 | 规范 | 3 | 3 |
| | 资产管理（3分） | 资产全生命周期管理规范性 | 规范 | 3 | 1.8 |
| | 绩效管理（5分） | 绩效管理工作完成率 | 100% | 5 | 5 |
| 重点履职绩效（60分） | 事项公开情况（10分） | 部门业务流程公开 | 100% | 5 | 5 |
| | | 最新政策公开 | 100% | 5 | 5 |
| | 部门业绩（34分） | 承担重点项目数 | 100% | 4 | 4 |
| | | 项目建设完成情况 | 100% | 4 | 4 |
| | | 贫困户改造数量 | 65户 | 6 | 6 |
| | | 提升公共服务供给能力工作完成率 | 100% | 6 | 6 |
| | | 保障乡镇平安稳定工作完成率 | 100% | 6 | 6 |
| | | 绿化面积率 | 增长 | 4 | 3.2 |
| | | 凸显文化引领作用工作完成率 | 100% | 4 | 4 |
| | 内部管理流程（10分） | 部门迟到/缺勤人次数 | 0 | 3 | 3 |
| | | 上班违规通报人次数 | 0 | 3 | 3 |
| | | 违法违规与违纪违章程度 | ≤3 | 4 | 2.2 |
| | 学习与成长（6分） | 提高部门工作完成率 | 100% | 6 | 6 |
| 满意度（10分） | W镇工作群众满意度（10分） | | 90% | 10 | 3.75 |
| 合计 | | | | 100 | 85.45 |

（二）主要绩效

W镇根据年度工作计划，2020年的年度目标完成情况总体良好。具体绩效情况如下。

（1）在基本运行绩效方面，人员经费预算按照相关规定编制，预算与部门活动相匹配，严格遵循合法性、真实性、完整性、重点性、绩效性，实行零基预算，按定额标准编制部门预算，但存在预算管理体系不够科学、部分年度工作目标未量化、经费使用的规范性有待进一步提高、固定资产管理有待加强等问题。W 镇的工作计划根据各部门职能设立，内容与其职责相关，工作量与部门能力相协调。

（2）在重点履职绩效方面，项目支出预算与部门履职、年度重点工作相匹配，体现了重要性原则。2020 年，W 镇部门目标的设定与其职责相符，工作计划根据各部门职能设立，内容与其职责相关，工作量与部门能力相协调。

（3）在满意度方面，将收回的 158 份有效问卷的数据进行汇总分析后，从调研结果来看，W 镇工作的群众平均满意度为 77.50%。其中，W 镇在交通设施建设、就医便捷程度、人才引进机制以及与老年人、儿童相关的基建等方面的满意度较低，需要进一步改进与完善。

（三）绩效分析

1. 基本运行绩效指标

基本运行绩效类指标由 5 个二级指标、10 个三级指标构成，权重分为 24.3 分，其中满分指标 6 个、扣分指标 4 个，各指标得分情况如表 2 所示。

表 2　　部门整体支出基本运行绩效审计得分汇总

| 一级指标 | 二级指标 | 三级指标 | 目标值 | 分值 | 得分 |
| --- | --- | --- | --- | --- | --- |
| 基本运行绩效（30 分） | 预算管理（15 分） | 预算管理体系科学性 | 科学 | 3 | 1 |
| | | 预算编制规范性 | 规范 | 4 | 2 |
| | | 预算执行率 | ≥96% | 3 | 3 |
| | | "三公"经费控制率 | ≤预算金额 | 3 | 3 |
| | | 预算结余率 | 预算结余率≤4% | 2 | 2 |
| | 财务管理（4 分） | 管理制度健全性 | 健全 | 2 | 2 |
| | | 资金使用合规性 | 合规 | 2 | 1.5 |
| | 政府采购管理（3 分） | 政府采购规范性 | 规范 | 3 | 3 |
| | 资产管理（3 分） | 资产全生命周期管理规范性 | 规范 | 3 | 1.8 |
| | 绩效管理（5 分） | 绩效管理工作完成率 | 100% | 5 | 5 |
| 合计 | | | | 30 | 24.3 |

· 205 ·

(1) 满分指标

预算执行率：反映部门（单位）年度财政拨款预算的执行情况。该指标评分标准：部门总体预算执行率达96%以上，不扣分；达92%以上，按80%打分；达88%以上，按60%打分；未达到88%，不得分。W镇的财政拨款执行数为2262万元，财政拨款调整预算数为2262万元，预算执行率为100%。该项指标得满分。

该指标满分为3分，根据评分标准得3分。

"三公"经费控制率：反映部门（单位）"三公"经费控制情况。该指标评分标准：部门"三公"经费决算数一项超预算扣1分，直至扣完。2020年，W镇的公务接待费预算数为16万元，决算数为9.64万元；公务车运行维护费预算数为4万元，决算数为0万元。决算数未超预算数，该项指标得满分。

该指标满分为3分，根据评分标准得3分。

预算结余率：反映部门（单位）预算经费结余情况。该指标评分标准：预算结余率≤4%，此项得2分；预算结余率>8%，此项不得分；4%<预算结余率≤8%，得分=2×[1−（部门实际预算结余率−4%）/4%]。经评价组现场查阅对账单及决算报表，财政拨款调整预算数为2302万元，财政拨款执行数为2262万元，经财政核定的结转结余预算数为40万元。预算结余率为1.74%。该项指标得满分。

该指标满分为2分，根据评分标准得2分。

管理制度健全性：反映部门（单位）为加强预算管理、推进厉行节约、规范财务行为而制定的管理制度是否健全完整。该指标评分标准：部门（单位）是否已制定或具有预算资金管理办法、厉行节约管理措施、内部财务管理制度、会计核算制度等管理制度，相关管理制度是否合法、合规、完整，相关管理制度是否得到有效执行，发现一个问题点扣1分。经评价组现场评阅，W镇建立了财务管理办法、预算管理制度、支出管理制度、采购管理制度、项目管理制度、预算绩效管理制度、"三公"经费管理办法等。该项指标得满分。

该指标满分为 2 分，根据评分标准得 2 分。

政府采购规范性：考察政府采购项目的采购程序、采购方式的规范性。该指标评分标准：采购方式、程序中有一点不规范，扣 1 分，直至扣完。经审计组现场抽查政府采购项目的采购程序及采购方式，检查有关凭证和合同等相关文件，未发现不合规现象。该项指标得满分。

该指标满分为 3 分，根据评分标准得 3 分。

绩效管理工作完成率：考察部门绩效管理工作完成情况。该指标评分标准：指标得分＝绩效管理工作完成率×分值权重。根据提供的基础数据和现场评阅，W 镇开展绩效管理的项目有 33 个，均开展了绩效自评。该项指标得满分。

该指标满分为 5 分，根据评分标准得 5 分。

（2）扣分指标

预算管理体系科学性：反映部门（单位）是否构建层级分明、目标清晰、管控有力的预算体系。该指标评分标准：部门（单位）推动项目库建设；实行定期清理、滚动管理；财务部门强化资金统筹调控，大力压缩经常性项目数量；实施项目排序管理；推进定额标准体系建设；等等。上述工作部门（单位）开展 1 项得 1 分，最高为 3 分。W 镇推动项目库建设，但在项目库滚动管理、大力压缩经常性项目数量等方面尚待加强。该项指标扣 2 分。

该指标满分为 3 分，根据评分标准得 1 分。

预算编制规范性：反映部门（单位）是否严格按照当年预算编制要求规范编制预算。该指标评分标准：发现 1 处未按预算要求规范编制预算的扣 0.5 分，直至扣完。W 镇设定的绩效指标应清晰、细化、可衡量等，用以反映和考核部门绩效目标的明细化情况。W 镇项目绩效目标设置较规范，但存在绩效目标的完成值是区间值而不是明确值的现象。同时，未见整体支出的绩效目标。该项指标扣 2 分。

该指标满分为 4 分，根据评分标准得 2 分。

资金使用合规性：反映部门（单位）使用预算资金是否符合相关预算

财务管理制度的规定。该指标评分标准：部门（单位）资金的使用是否符合国家财经法规和财务管理制度规定，以及有关专项资金管理办法的规定；资金的拨付是否有完整的审批程序和手续；项目的重大开支是否经过评估论证；是否存在截留、挤占、挪用、虚列支出等情况。发现一个问题点扣0.5分。经评价组现场评阅相关资料，W镇存在公务公车运行费用于其他交通费的现象。该项指标扣0.5分。

该指标满分为2分，根据评分标准得1.5分。

资产全生命周期管理规范性：考察部门（单位）资产从入口到出口涉及配置、使用、处置等各环节管理方式的规范性。该指标的评分标准有以下几点。（1）资产配置是否按照有关规定执行（0.8分）。存在无资产配置预算，配置价格、数量超标等情况，每一处扣0.2分，直至扣完。（2）资产出租、出借是否按有关规定执行（0.8分）。存在单位自行出租、出借等情况，每一处扣0.2分，直至扣完。（3）资产处置是否按照有关规定执行（0.8分）。存在处置不规范现象，每一处扣0.2分，直至扣完。（4）是否存在账外资产（0.6分）。存在资产未按有关规定入财务账及资产账，扣0.6分。经评价组现场评阅和勘查，W镇2020年存在购置摩托车、电脑未纳入固定资产核算，资产的全生命周期管理规范性有待加强。该项指标扣1.2分。

该指标满分为3分，根据评分标准得1.8分。

2. 重点履职绩效指标

重点履职绩效指标由4个二级指标、13个三级指标构成，权重分为60分，其中满分指标11个、扣分指标2个，各指标得分情况如表3所示。

表3　　　　部门整体支出重点履职绩效评价得分汇总

| 一级指标 | 二级指标 | 三级指标 | 目标值 | 分值 | 得分 |
| --- | --- | --- | --- | --- | --- |
| 重点履职绩效（60分） | 事项公开情况（10分） | 部门业务流程公开 | 100% | 5 | 5 |
|  |  | 最新政策公开 | 100% | 5 | 5 |

续表

| 一级指标 | 二级指标 | 三级指标 | 目标值 | 分值 | 得分 |
|---|---|---|---|---|---|
| 重点履职绩效（60 分） | 部门业绩（34 分） | 承担重点项目数 | 100% | 4 | 4 |
| | | 项目建设完成情况 | 100% | 4 | 4 |
| | | 贫困户改造数量 | 65 户 | 6 | 6 |
| | | 提升公共服务供给能力工作完成率 | 100% | 6 | 6 |
| | | 保障乡镇平安稳定工作完成率 | 100% | 6 | 6 |
| | | 绿化面积率 | 增长 | 4 | 3.2 |
| | | 凸显文化引领作用工作完成率 | 100% | 4 | 4 |
| | 内部管理流程（10 分） | 部门迟到/缺勤人次数 | 0 | 3 | 3 |
| | | 上班违规通报人次数 | 0 | 3 | 3 |
| | | 违法违规与违纪违章程度 | ≤3 | 4 | 2.2 |
| | 学习与成长（6 分） | 提高部门工作完成率 | 100% | 6 | 6 |
| 合计 | | | | 60 | 57.4 |

(1) 满分指标

部门业务流程公开：反映部门（单位）业务流程公开情况。该指标评分标准：每有一项业务流程未公开，扣1分，直至扣完。经评价组现场查阅，制定《W镇行业部门办事指南》，明确办事流程和所需资料，公开部门负责人、镇村干部电话，在宣传栏对业务流程进行了公开公示。该项指标得满分。

该指标满分为5分，根据评分标准得5分。

最新政策公开：反映部门（单位）最新政策公开情况。该指标评分标准：每有一项新政策未在一个月内公布，扣1分，直至扣完。经评价组现场查阅，W镇对新政策进行公布公示。以入户走访、院坝会、有奖问答等形式，宣传党的各项方针政策，为群众办实事100余件，收集问题658个、意见建议82条。该项指标得满分。

该指标满分为5分，根据评分标准得5分。

承担重点项目数：反映部门（单位）承担省市、县、镇级重点项目数量。该指标评分标准：年承担项目数量超过5件，得4分；未达5件的，每少一件扣1分，直至扣完。经评价组现场评阅，W镇2020年承担垃圾发电项目、安置房项目、污水处理厂建设项目、扶贫村水利项目、扶贫村基础设施补短板项目5个重点项目。该项指标得满分。

该指标满分为4分，根据评分标准得4分。

项目建设完成情况：反映部门（单位）项目建设完成情况。该指标评分标准：完成当年建设任务得满分；每一项未完成扣2分，直至扣完。经评价组现场评阅相关建设项目资料，W镇2020年完成1个村移民后扶项目，修建水泥路4.17千米，整治生产路4.5千米；推动2个贫困村扶贫道路项目建设完工，修建水泥路4千米，第一批项目田埂10根、蓄水池28口已全部建设完成；垃圾发电项目拆迁安置补偿协议签订工作，完成95户农户协议签订。该项指标得满分。

该指标满分为4分，根据评分标准得4分。

贫困户改造数量：反映建档立卡贫困户在安全住房方面的改造情况。该指标评分标准：贫困户改造数量达到或超过目标值得满分；每降低一户扣1分，直至扣完。经评价组现场评阅，W镇通过危房改造项目完成贫困户改造65户，完成目标值。该项指标得满分。

该指标满分为6分，根据评分标准得6分。

提升公共服务供给能力工作完成率：反映和评价部门（单位）提升公共服务供给能力工作推进情况，包括完成提升公共服务供给能力工作，积极开展为老服务和困难群体帮扶，积极寻求通过民政、医保、社保、慈善、劳动、临补、慰问等方式帮扶。该指标评分标准：工作完成率等于100%的，得满分；工作完成率小于100%的，每下降1%，扣权重的3%。经评价组现场评阅，W镇2020年完成提升公共服务供给能力工作，关注和关爱老年弱势群体，完成建设日间照料中心2个和振书敬老院的适老化改造工程，500余人享受居家养老服务。该项指标得满分。

该指标满分为6分，根据评分标准得6分。

保障乡镇平安稳定工作完成率：反映和评价部门（单位）保障辖区平

安稳定工作推进情况，包括推进社会治安防控体系建设和群防群治队伍建设，加大乡村宣传力度；加大矛盾纠纷滚动排查和风险评估工作，妥善做好突发事件、群体性事件的应对处置；推进和完善乡镇综治中心、网格中心的联动机制；扎实做好消防、安全检查和管控工作。该指标评分标准：工作完成率等于100%的，得满分；工作完成率小于100%的，每下降1%，扣权重的3%。经评价组现场评阅，W镇2020年开展治安巡逻20余次；开展扫黑除恶集中宣传12次，入户走访宣传2000余人次等；建立了周督导、月通报的网格工作机制。该项指标得满分。

该指标满分为6分，根据评分标准得6分。

凸显文化引领作用工作完成率：反映和评价部门（单位）凸显文化引领作用工作推进情况，包括考察W镇文艺演出场次情况，考察W镇文艺演出受益人数情况。该指标评分标准：工作完成率等于100%的，得满分；工作完成率小于100%的，每下降1%，扣权重的3%。经评价组现场评阅，W镇2020年打造新时代文明中心实践所1个、新时代文明实践站20个，组建"驿站小红帽"特色志愿服务队，常态化开展志愿服务活动580余场次，放映公益电影100余场次，组建农村文艺队伍6支、篮球队2支、气排球队2支，农家书屋借阅量达10000余人次。该项指标得满分。

该指标满分为4分，根据评分标准得4分。

部门迟到/缺勤人次数：考察部门（单位）工作人员迟到、缺勤情况。该指标评分标准：每迟到/缺勤1人次扣1分，直至扣完。经评价组现场评阅，除正常事假、病假外，没有发现无故缺勤、迟到的记录。该项指标得满分。

该指标满分为3分，根据评分标准得3分。

上班违规通报人次数：考察部门（单位）工作人员上班违规情况。该指标评分标准：每被通报次1次扣1分，直至扣完。经评价组现场评阅，没有发现W镇工作人员上班违规情况。该项指标得满分。

该指标满分为3分，根据评分标准得3分。

提高部门工作完成率：考察部门（单位）继续强化各类业务培训，提高干部的思想认识、业务技能，提高干部协调各方的能力。该指标评分标准：工作完成率等于100%的得满分；工作完成率小于100%的，每下降1%，扣权重的3%。经评价组现场评阅，W镇2020年开展党内各项政策宣讲会50余场（次），党委班子成员上党课30次，开展青年论坛、职工双周学习活动3次，通过演讲比赛、邀请专家授课、交流谈体会等方式，为青年干部搭建发展平台。该项指标得满分。

该指标满分为6分，根据评分标准得6分。

（2）扣分指标

绿化面积率：考察W镇绿化面积情况。该指标评分标准：较前一年有所增长，得满分；与前一年持平，得权重的80%；较前一年有所减少，不得分。经评价组对W镇提供的绿化面积进行比较，2020年绿化面积与2019年持平。该项指标扣0.8分。

该指标满分为4分，根据评分标准得3.2分。

违法违规与违纪违章程度：考察部门（单位）内违法违规与违纪违章事件发生程度。该指标评分标准：存在重大依法行政问题或违纪问题造成严重影响，不得分；存在一般依法行政问题，已结案的存在1项扣0.3分，未结案的存在1项扣1.5分，直至扣完。经评价组评阅相关资料并查阅公开报道资料，2020年W镇对党员和干部违纪问题立案6起，均已结案并给予党内警告处分。该项指标扣1.8分。

该指标满分为4分，根据评分标准得2.2分。

3. 满意度

满意度指标由1个二级指标构成，权重分为10分，指标得分情况如表4所示。

表4　　　　　　部门整体支出满意度评价得分汇总

| 一级指标 | 二级指标 | 目标值 | 分值 | 得分 |
| --- | --- | --- | --- | --- |
| 满意度（10分） | W镇工作群众满意度（10分） | 90% | 10 | 3.75 |
| 合计 |  |  | 10 | 3.75 |

W 镇工作群众满意度：考察群众对 W 镇工作的满意度情况。该指标评分标准：根据调研结果打分，达到目标值得满分，每低于目标值 1% 就扣除 5% 的权重分，扣完为止。根据有效问卷数据得出，W 镇工作的群众平均满意度为 77.50%。该项指标扣 6.25 分。

该指标满分为 10 分，根据评分标准得 3.75 分。

## 四　存在的问题及建议措施

（一）存在的主要问题

1. 预算管理缺乏科学性和规范性，项目管理有待提高

根据 W 镇年度工作完成情况以及评价组现场评阅结果：其一，W 镇在 2020 年共有 15 个项目，虽然 W 镇在推进项目库建设，但是在项目库滚动管理以及大力压缩经常性项目数量等方面有待进一步加强；其二，虽然 W 镇有设置较为规范的项目绩效目标，但是部分项目绩效目标的完成值并不明确，同时，W 镇缺少整体支出的绩效目标。

2. 资金使用和资产管理不够规范

根据 W 镇提供的相关资料，2020 年存在将公务公车运行费用于其他交通费的现象，不符合国家财经法规和财务管理制度规定，以及有关专项资金管理办法的规定。同时，2020 年存在购置摩托车、电脑未纳入固定资产核算的情况，资产的全生命周期管理规范性有待加强。

3. 交通设施建设薄弱，缺乏老年人服务设施以及高质量幼儿教育平台

根据问卷调查结果，多数群众反映 W 镇的交通设施建设薄弱，多条重要且实用性强的道路都未开通班车，同时网约车也未引进等问题，导致 W 镇群众出行困难。另外，多数群众反映 W 镇缺失老年人基础设施以及高质量的幼儿教育平台，对 W 镇的长远健康发展造成阻碍。

（二）相关建议及措施

1. 规范预算管理，加强部门整体支出目标管理，提高项目管理有效性

建议 W 镇在下一年度工作开展中，继续推进项目库建设，完善项目滚动管理机制以及大力压缩经常性项目数量；并根据部门年度总目标，针对

各项工作内容设置合理的考核目标和明确的目标值，同时制定好整体支出的绩效目标；切实树立全面预算绩效管理理念，强化政府和部门主体责任，加快建立健全体制机制，充分运用绩效评价结果，扎实推进预算绩效管理工作。

2. 严格规范资金使用管理以及资产全生命周期管理

建议 W 镇严格按照相关法规要求，改进并完善重点资金安排使用情况，严格按照规定的范围、标准和程序管理，不得超范围使用资金，及时了解和掌握资金支付情况，共同研究解决资金使用过程中存在的实际问题，进一步加大对资金使用管理的检查力度，促进财政资金使用更规范、更有效益；严格规范资产管理办法，明确资产管理责任，健全资产管理体制，加强资产投入、维修、状况分析以及报废等环节的监督与管理工作，确保资产在整个生命周期内最大化地实现价值。

3. 加强交通基础设施、老年人服务设施以及高质量幼儿教育平台建设，推进 W 镇经济社会高质量发展

建议 W 镇立足高质量发展需要和改善民生现实需求，聚焦城乡功能完善，优化交通路网结构，全面推动 W 镇各大快速通道、园区道路、瓶颈节点等重点交通项目建设，构建畅达、高效、舒适、安全的现代化交通路网；统筹协调 W 镇存量建筑的更新与运营，兼顾社会性与经济性，形成均衡布局的养老服务体系，同时大力推进学前教育公共服务体系建设，进而推进 W 镇经济社会高质量发展。

# 企业ESG表现与审计决策

# 案例十二

## 企业 ESG 表现能影响审计师意见决策吗？

万国超　钟杰可

**摘要：** 在"双碳"目标和资本市场监管的背景下，企业 ESG 表现与审计师意见决策的关系是一个值得关注的热点话题。基于和讯网公布的上市公司 ESG 评级数据，本研究以 2010—2020 年沪深 A 股上市公司为样本，实证检验了企业 ESG 表现对审计师意见决策的影响。实证结果显示，企业 ESG 表现显著影响审计师意见决策。具体来说，企业 ESG 表现越好，该公司被出具标准无保留审计意见的概率就越高。机制分析表明，企业内部控制质量起到部分中介作用，机构投资者持股对企业 ESG 表现和审计意见的中介效应具有调节作用。在通过一系列稳健性检验后，以上结论仍成立。这不仅丰富了 ESG 表现的经济后果研究，拓展了审计师意见决策的影响因素，也为企业提高 ESG 表现、审计师意见决策考虑 ESG 表现提供了理论证据。

**关键词：** ESG 表现；审计意见决策；内部控制质量；机构投资者持股

## 第一部分　引言

在"碳达峰""碳中和"目标背景下，投资者对可持续发展的关注推动了 ESG 表现的快速发展。[1] ESG（Environmental, Social and Governance）

---

[1] 沈洪涛、李双怡、林虹慧：《基于风险视角的 ESG 评级价值相关性再思考》，《财会月刊》2022 年第 9 期。

## 专题 五　企业 ESG 表现与审计决策

是环境、社会责任和公司治理三者的综合体，是一种以人与自然和谐共生为目标的可持续发展理念。虽然中国 ESG 起步较晚，但近几年 ESG 越来越被中国的监管部门、机构投资者、企业管理者等重视。2018 年证监会发布的新修订的《上市公司治理准则》中制定了 ESG 的披露框架，公司治理中新增了环境和社会责任，体现了监管机构对 ESG 的认可，表明 ESG 披露是一个长期的必然趋势。中国企业的 ESG 表现越来越受到关注和重视，那么审计师对 ESG 表现的关注能否影响审计师的意见决策呢？

从现有研究来看，学者研究了 ESG 与投融资之间的影响。较为一致的观点认为，ESG 表现较好的企业融资成本会显著降低；[①] 但也有学者持相反的观点，认为没有证据说明 ESG 评分高或评分低对投资组合绩效有影响。[②] ESG 对企业价值的影响方面，多数研究认为 ESG 表现对企业价值具有正向影响；[③] 也有学者研究非财务因素与 ESG 之间的关系，例如，国家的特征对企业 ESG 表现的影响；[④] CEO 婚姻状况对 ESG 的影响，[⑤] ESG 表现对绿色创新的影响，[⑥] ESG 表现对企业抗风险能力的影响。[⑦]

基于已有文献，本研究以 A 股上市公司为样本，使用 2010—2020 年

---

[①] 邱牧远、殷红：《生态文明建设背景下企业 ESG 表现与融资成本》，《数量经济技术经济研究》2019 年第 3 期。

[②] J. D. Spiegeleer, S. Hcht, D. Jakubowski, "ESG: A new Dimension in Portfolio Allocation", *Journal of Sustainable Finance & Investment*, Vol. 19, No. 1, June 2021, p. 41.

[③] 吾买尔江·艾山、艾力扎提·吐尔洪、郑惠：《机构投资者持股对企业价值的影响研究——基于 ESG 绩效的中介效应分析》，《价格理论与实践》2021 年第 3 期；仝佳：《ESG 表现、融资约束与企业价值分析》，《商讯》2021 年第 29 期；V. Díaz, D. Ibrushi, J. Zhao, "Reconsidering Systematic Factors during the COVID-19 Pandemic: The Rising Importance of ESG", *Finance Research Letters*, Vol. 38, No. 3, July 2021, p. 3.

[④] H. Liang, L. Renneboog, "On the Foundations of Corporate Social Responsibility", *J. Financ*, Vol. 72, No. 3, 2017.

[⑤] S. P. Hegde, D. R. Mishra, "Married CEOs and Corporate Social Responsibility", *Corp. Finan*, No. 58, 2019.

[⑥] 张允萌：《企业 ESG 表现、融资约束与绿色技术创新》，《商业会计》2021 年第 11 期；朱爱萍、江岚：《ESG 理念下基金投资者网络对公司绿色治理的影响研究》，《哈尔滨师范大学社会科学学报》2021 年第 2 期。

[⑦] K. V. Lins, H. Servaes, A. Tamayo, "Social Capital, Trust, and Firm Performance: The Value of Corporate Social Responsibility during the Financial Crisis", *J. Financ*, Vol. 72, No. 4, 2017.

和讯网公布的上市公司 ESG 评级数据来研究企业 ESG 表现对审计师意见决策的影响。通过分析得出以下结论：企业 ESG 表现越好，对该企业在审计后被出具标准无保留意见的影响越大；影响机制表明，公司内部控制质量起到部分中介作用，即健全的内部控制体系能够帮助企业建立良好的信用体系，提高信息透明度，降低企业的经营风险；机构投资者持股对 ESG 表现和审计意见的中介效应具有调节作用。

本研究的主要边际贡献：第一，基于现有研究，分析了企业 ESG 表现对审计师意见决策的影响，丰富了中国 ESG 表现的相关文献，拓展了审计意见影响因素的研究视角；第二，本研究进一步探讨了 ESG 表现对审计师意见决策的影响机制，即从公司的内部控制质量来进行机制检验，从公司的机构投资者持股来进行调节机制检验，为后续相关研究提供了新的研究思路和视角。

## 第二部分　理论分析与研究假设

### 一　企业 ESG 表现与审计师意见决策

20 世纪 90 年代，西方国家兴起了基于企业 ESG 表现的投资——ESG 投资。随着人们的投资理念从信仰层面下沉到投资策略层面，人们把环境、社会责任和公司治理三个非财务因素纳入投资决策中，使投资能够获得长期的回报，追求绿色可持续发展的收益。[①] 学者们对比发现，提高公司治理水平除了关注公司的财务信息，还应该关注公司的可持续性 ESG 等非财务信息，[②] 随后 ESG 的理念也被逐渐推广开来。在中国，目前鲜有学者研究企业 ESG 表现与审计师意见决策的关系及影响机制。

从理论上来说，如果企业的 ESG 表现越好，说明该企业的社会责任或

---

① 赵斯彤：《中国股票市场的 ESG 责任投资研究》，博士学位论文，中国社会科学院研究生院，2021 年。
② 舒伟、张咪：《公司治理：新趋势与启示》，《管理现代化》2020 年第 2 期。

者公司治理效果越好,从而导致企业的经营风险较低,审计师执行的审计程序也就越少,该企业更容易被出具标准无保留审计意见。学者们根据商道融绿的 ESG 评级数据进行分析后发现,ESG 表现越好,公司治理水平越高,信息不对称程度和经营风险能够得到降低,审计师的花费就会更少。[1] 已有研究也指出,在最初的负面 ESG 报告发布三年后,审计人员会加大对高风险客户的审计程度,尤其当 ESG 声誉受损涉及环境和治理问题时,审计人员在审计财务报表上的投入要比涉及社会问题时多。[2] 综上所述,企业 ESG 表现越好,说明该企业的治理水平或者社会责任越高,从而导致企业的经营风险降低,企业更易被审计师出具标准无保留审计意见。基于以上分析,本研究提出如下假设。

假设 H1:企业 ESG 表现越高,该企业更易被审计师出具标准无保留意见。

企业内部控制是一种根植于企业内部的机制。它是对企业所有活动和过程的监督和指导。企业的可持续发展可以通过提高企业的资源配置,从而提高企业的内部控制来实现。[3] 在信息不对称程度低、社会环境好的外部环境中,上市公司更容易披露高质量的内部控制信息。[4] 具有强烈社会责任感的企业致力于内部控制建设,促进企业规范化管理,实现内部控制目标;[5] 且公司治理越完善,内部控制越健全,企业的短期绩效越明显。[6]

---

[1] 晓芳等:《上市公司的 ESG 评级会影响审计收费吗?——基于 ESG 评级事件的准自然实验》,《审计研究》2021 年第 3 期。

[2] B. Asante-Appiah, "Does the Severity of a Client's Negative Environmental, Social and Governance Reputation Affect Audit Effort and Audit Quality?", *Journal of Accounting and Public Policy*, Vol. 39, No. 3, 2020.

[3] 王海兵、韩彬:《社会责任、内部控制与企业可持续发展——基于 A 股主板上市公司的经验分析》,《北京工商大学学报》(社会科学版) 2016 年第 1 期。

[4] 车响午、彭正银:《公司治理环境与内部控制信息披露关系研究》,《财经问题研究》2016 年第 2 期。

[5] 李清、闫世刚:《公司治理对内部控制指数的影响研究》,《吉林大学社会科学学报》2020 年第 6 期。

[6] 马建威、黄春:《国有控股公司治理、内部控制与企业绩效》,《科技促进发展》2019 年第 2 期。

内部控制对企业财务绩效有着显著的积极影响,[①] 有助于企业实现绿色可持续发展。健全的内部控制制度可以帮助企业建立良好的信用体系,提高资源的利用效率,提高信息透明度,降低企业的经营风险。基于以上分析,本研究提出如下假设。

假设 H2：内部控制质量在企业 ESG 表现对审计师意见决策的影响中起中介作用。

## 二 机构投资者持股的调节作用

机构投资者持股对内部控制质量与审计师意见决策的调节作用。ESG 责任表现较好的公司超额收益较高,机构投资者可以关注 ESG 的责任表现。机构投资者调研可以促进公司规范其经营行为,提高会计信息质量,从而促进内部控制合法合规目标和报告目标的实现。[②] 机构投资者持股比例与内部控制有效性显著正相关,表明机构投资者在国内整体上发挥了积极的治理作用,可以提高内部控制有效性。机构投资者作为一种有效的外部治理机制,在上市公司的内部控制问题中发挥了制约作用,促进了上市公司审计质量的提高。[③] 对于中国的上市公司而言,独立的机构投资者可以有效地发挥公司治理的作用,从而改善独立审计的治理环境。独立的机构投资者持股比例越高,上市公司越能发挥更好的治理作用,可以降低会计师事务所面临的实际审计风险水平,[④] 从而提高上市公司被出具标准审计意见的概率。基于以上分析,本研究提出如下假设。

假设 H3：机构投资者持股对内部控制质量与审计师意见决策的影响具有正向调节作用。

---

① 张劲松、李沐瑶：《企业社会责任、内部控制与财务绩效关系研究：基于技术创新视角》,《预测》2021 年第 4 期。
② 杨侠、马忠：《机构投资者调研与上市公司内部控制有效性》,《学术研究》2020 年第 1 期。
③ 王晓妍：《机构投资者持股与上市公司审计质量——来自中国国有上市公司的经验证据》,《现代管理科学》2012 年第 6 期。
④ 夏宁、杨硕：《异质性机构投资者持股水平与审计收费》,《审计研究》2018 年第 2 期。

机构投资者持股对内部控制质量中介作用的调节。机构投资者持股对内部控制质量与审计师意见决策的影响是内部控制质量发挥中介作用的前置影响因素。内部控制质量与审计师意见决策的影响是在机构投资者持股调节作用下，通过影响内部控制质量，进而影响审计师意见决策，即机构投资者持股对内部控制质量中介效应有调节作用。基于假设 H1、H3 的分析，机构投资者持股比例与内部控制有效性显著正相关，即机构投资者持股比例越高，说明该企业的内部控制越有效。企业 ESG 表现对审计师意见决策的影响越高，即被出具标准无保留意见的概率就越高。而机构投资者持股比例越少，说明该企业的内部控制质量越差，企业 ESG 表现对审计师意见决策的影响就越低，即被出具标准无保留意见的概率越低，内部控制质量中介效应会减弱。基于此，本研究提出以下假设。

假设 H4：机构投资者持股对内部控制质量和审计师意见决策的中介效应具有调节作用。

基于以上假设，本研究建立了企业 ESG 表现为解释变量、审计师意见决策为被解释变量、内部控制质量为中介变量、机构投资者持股为调节变量的理论模型，如图 1 所示。

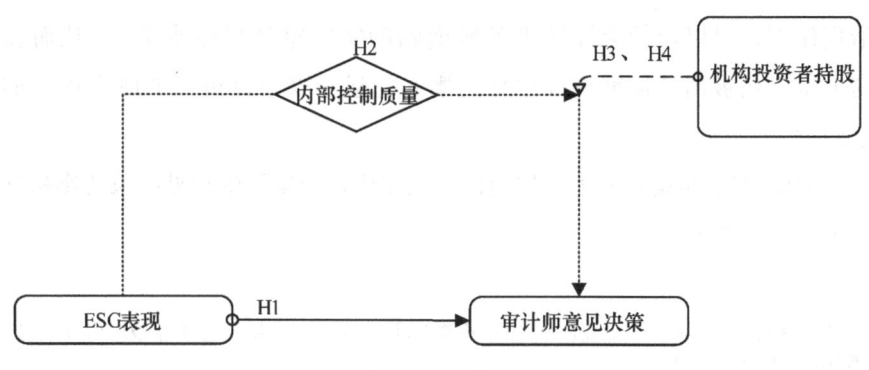

图 1　理论模型

案例十二　企业 ESG 表现能影响审计师意见决策吗？

## 第三部分　研究设计

### 一　样本选择与数据来源

本研究以 2010—2020 年沪深 A 股上市公司为样本，分析了企业 ESG 表现对审计师意见决策的影响。具体的样本选择过程如下：第一，剔除金融保险业的上市公司，原因是中国金融保险业的上市公司在主营业务、信息披露等方面与其他上市公司存在显著的差异；第二，剔除*ST 类上市公司，原因是这类上市公司在财务指标、信息披露方面与其他公司存在较大的差异；第三，剔除审计意见、ESG 评级、控制变量等缺失的样本。最后，共得到 28176 个公司的年度样本观测值。为了缓解极端值对实证结果的影响，本研究利用 winsor2 对连续变量在 0.01 和 0.99 水平上进行了缩尾处理。ESG 评级数据来自和讯网，内部控制指数数据来自迪博（DIB）内部控制与风险管理数据库，机构投资者持股比例来自 Wind 数据库，其他数据均来自 CSMAR 数据库。

### 二　变量定义

被解释变量：审计师意见决策。审计师意见决策用审计意见进行量化，目前衡量审计意见类型的主流方法是对其进行赋值，如果被出具标准无保留意见，取值为 0，否则取值为 1。由于审计意见类型有很多种，本研究按照其分类进行赋值。参考以往文献对财务披露质量进行赋值的方法，[1] 将审计意见类型分为标准无保留意见（含无保留意见加事项段）、保留意见（含保留意见加事项段）、无法发表意见和否定意见四种。若为标准无保留意见（含无保留意见加事项段）则取值为 4，保留意见（含保留意见加事项段）则取值为 3，无法发表意见则取值为 2，否

---

[1] 余得生、李星：《供应链金融模式下的中小企业信用风险评估——以电子制造业为例》，《征信》2019 年第 12 期。

定意见则取值为 1。

解释变量：ESG 表现。本研究采用和讯网披露的 A 股上市公司 ESG 评级数据来表征企业 ESG 表现。据和讯网披露的 ESG 评级等级，从 A—E 来看，对其按照等级依次进行赋值，分别为 5—1。

中介变量：内部控制质量。从数据的可得性和准确性来看，参考现有文献做法，本研究采用迪博（DIB）内部控制指数，并对其取自然对数。基于内部控制五大目标的实现程度设计的内部控制指数，可以反映公司的内部控制水平。

调节变量：机构投资者持股。本研究运用机构投资者持股比例来衡量，以上市公司年末排名前十的机构投资者持股比例之和来表示，其中机构投资者持股比例主要包括信托持股比例、财务公司持股比例、银行持股比例、非金融类上市公司持股比例等其他机构持股比例，10 个机构比例的汇总就是机构投资者持股比例。

控制变量，本研究控制了独立董事比例、资产周转率、审计复杂程度、董事会人数、总资产增长率、公司规模、营业收入增长率、流动比率、现金比率。为避免数值差异导致的系数差异，本研究对部分数据作对数处理。同时控制了年度和行业效应。

表1　　　　　　　　　　变量定义

| 变量类型 | 变量名称 | 符号 | 计算说明 |
| --- | --- | --- | --- |
| 被解释变量 | 审计意见 | Audit | 标准无保留意见取值为 4，保留意见取值为 3，无法发表意见取值为 2，否定意见取值为 1 |
| 解释变量 | ESG 表现 | ESG | 和讯网利用综合评价法计算出的 ESG 评分 |
| 中介变量 | 内部控制指数 | Intern | 迪博（DIB）内部控制指数的自然对数 |
| 调节变量 | 机构投资者持股比例 | Invest | 上市公司年末排名前十的机构投资者持股比例之和 |

续表

| 变量类型 | 变量名称 | 符号 | 计算说明 |
|---|---|---|---|
| 控制变量 | 独立董事比例 | Alone | 独立董事人数/董事人数 |
|  | 资产周转率 | Asset | 营业收入/平均资产总额 |
|  | 审计复杂程度 | Comp | （应收账款＋存货）/总资产 |
|  | 董事会人数 | Board | ln（董事会总人数＋1） |
|  | 总资产增长率 | Growth | 销售收入净额/平均资产总额 |
|  | 公司规模 | Size | 公司规模取自然对数 |
|  | 营业收入增长率 | Income | （当期营业收入－上期营业收入）/上期营业收入 |
|  | 流动比率 | Flow | 流动资产合计/流动负债合计 |
|  | 现金比率 | Cash | （货币资金＋有价证券）/流动负债合计 |
|  | 年度 | Year | 所在年度 |
|  | 行业 | Industry | 所在行业 |

## 三 模型设计

企业 ESG 表现与审计师意见决策关系的模型。为了验证企业 ESG 表现对审计师审计决策的影响，即假设 H1：企业 ESG 表现越高，该企业更易被审计师出具标准无保留意见。本研究借鉴以往文献的做法，构建企业 ESG 表现与审计师意见决策的关系模型：①

$$Audit_{i,t} = \beta_0 + \beta_1 ESG_{i,t} + \sum Controls_{i,t} + \sum Year + \sum Industry + \varepsilon_{i,t} \quad (1)$$

$Audit_{i,t}$ 是因变量，$ESG_{i,t}$ 是自变量，$Controls_{i,t}$ 代表所有控制变量，根据已有研究文献，本研究控制了独立董事比例、资产周转率、审计复杂程度、董事会人数、总资产增长率、公司规模、营业收入增长率、流动比率、现金比率，同时控制了年度与行业。

企业内部控制质量的中介作用。为了验证上市公司的 ESG 表现对审计师意见决策的影响机制，即假设 H2：企业内部控制质量对 ESG 表现与审

---

① 晓芳、兰凤云、施雯：《上市公司的 ESG 评级会影响审计收费吗？——基于 ESG 评级事件的准自然实验》，《审计研究》2021 年第 3 期。

计师意见决策的中介作用，本研究采用模型（1）—模型（3）对影响机制进行检验：

$$Intern_{i,t} = \beta_0 + \beta_1 ESG_{i,t} + \sum Controls_{i,t} + \sum Year + \sum Industry + \varepsilon_{i,t} \quad (2)$$

$$Audit_{i,t} = \beta_0 + \beta_1 ESG_{i,t} + \beta_2 Intern_{i,t} + \sum Controls_{i,t} + \sum Year + \sum Industry + \varepsilon_{i,t} \quad (3)$$

机构投资者持股的调节作用。为了验证假设 H3：机构投资者持股对内部控制质量与审计师意见决策的影响具有正向调节作用。借鉴温忠麟等的调节效应检验方法，① 本研究采用模型（4）对其影响机制进行检验：

$$Audit_{i,t} = \beta_0 + \beta_1 Intern_{i,t} + \beta_2 Invest_{i,t} + \beta_3 Intern_{i,t} \times Invest_{i,t} \\ + \sum Controls_{i,t} + \sum Year + \sum Industry + \varepsilon_{i,t} \quad (4)$$

为了验证假设 H4：机构投资者持股对 ESG 表现和审计师意见决策的中介效应具有调节作用，采用温忠麟和叶宝娟有调节的中介模型检验方法来对其影响机制进行检验，② 具体模型（5）—模型（7）如下：

$$Audit_{i,t} = \sigma_0 + \sigma_1 ESG_{i,t} + \sigma_2 Invest_{i,t} + \sigma_3 ESG_{i,t} \times Invest_{i,t} + \sum Controls_{i,t} \\ + \sum Year + \sum Industry + \varepsilon_{i,t} \quad (5)$$

$$Intern_{i,t} = \lambda_0 + \lambda_1 ESG_{i,t} + \lambda_2 Invest_{i,t} + \lambda_3 ESG_{i,t} \times Invest_{i,t} + \sum Controls_{i,t} \\ + \sum Year + \sum Industry + \varepsilon_{i,t} \quad (6)$$

$$Audit_{i,t} = \sigma_0 + \sigma_1 ESG_{i,t} + \sigma_2 Invest_{i,t} + \sigma_3 ESG_{i,t} \times Invest_{i,t} + \gamma_1 Intern_{i,t} \\ + \gamma_2 Intern_{i,t} \times Investor_{i,t} + \sum Controls_{i,t} + \sum Year \\ + \sum Industry + \varepsilon_{i,t} \quad (7)$$

## 第四部分　实证检验结果与分析

### 一　描述性统计分析

表 2 是本研究的解释变量、被解释变量及主要控制变量的描述性统计

---

① 温忠麟、侯杰泰、张雷：《调节效应与中介效应的比较和应用》，《心理学报》2005 年第 2 期。
② 温忠麟、叶宝娟：《有调节的中介模型检验方法：竞争还是替补》，《心理学报》2014 年第 5 期。

结果。其中审计意见的均值为3.915,标准差为0.370,最小值为2,最大值为4,表明样本中各公司审计意见差别不大。ESG的均值为2.120,标准差为0.540,最小值为1,最大值为4,表明样本中各公司ESG表现差别不大。内部控制指数的均值为6.069,标准差为1.525,最小值为0,最大值为6.730,表明样本中各个公司的内部控制指数差别较大。在控制变量中,流动比率的差异最大,标准差和均值分别为3.191和2.659,最大值和最小值分别为26.360和0.233。现金比率、流动比率和公司规模的差异较大,标准差分别为1.953、1.786和1.322。独立董事比例均值为0.369,最大值和最小值分别为0.600和0.250。资产周转率的最大值和最小值分别为3.290和0.030,标准差为0.516,说明样本中各公司的资产周转率差异不太明显。审计复杂程度的最大值和最小值分别为0.790和0,均值为0.284。董事会人数均值为2.216,最大值和最小值分别为2.890和1.610。以上变量的描述性统计值分布均较为合理。

表2 描述性统计分析

| 变量 | 样本量 | 均值 | 标准差 | 最小值 | 最大值 |
| --- | --- | --- | --- | --- | --- |
| ESG | 28176 | 2.120 | 0.540 | 1 | 4 |
| audit | 28176 | 3.915 | 0.370 | 2 | 4 |
| Intern | 28176 | 6.069 | 1.525 | 0 | 6.730 |
| Investor | 28176 | 0.107 | 0.140 | 0 | 0.669 |
| alone | 28176 | 0.369 | 0.059 | 0.250 | 0.600 |
| Asset | 28176 | 0.789 | 0.516 | 0.030 | 3.290 |
| comp | 28176 | 0.284 | 0.173 | 0 | 0.790 |
| board | 28176 | 2.216 | 0.218 | 1.610 | 2.890 |
| Growth | 28176 | 0.340 | 0.753 | -0.320 | 5.250 |
| size | 28176 | 3.685 | 1.322 | 0.847 | 8.246 |
| income | 28176 | 0.485 | 1.786 | -0.824 | 19.450 |
| flow | 28176 | 2.659 | 3.191 | 0.233 | 26.360 |
| cash | 28176 | 0.997 | 1.953 | 0.014 | 16.730 |

## 二 主回归结果分析

表 3 是针对 ESG 表现对审计师意见决策的影响效应和影响机制的检验。第（1）列的结果显示，ESG 表现与审计意见在 1% 的显著性水平上，且 ESG 系数为 0.050，这说明 ESG 表现与审计师意见决策之间呈正相关；第（2）列加入控制变量后的结果显示，ESG 表现与审计意见在 1% 的显著性水平上，且 ESG 系数为 0.044，这说明 ESG 表现好的企业更易被审计师出具标准无保留意见。以上分析说明公司的 ESG 表现越好，该公司的治理水平或者社会责任越高，降低了经营风险，所以审计师在审计时投入的人力和物力也就越少，更容易被出具标准无保留意见，以上分析可以验证假设 H1。

## 三 影响机制探讨

深入探讨 ESG 表现对审计师意见决策的影响机制，基于已有文献，本研究认为健全的内部控制体系能够帮助企业建立良好的信用体系，提升资源的利用效率，提高信息透明度，降低企业的经营风险，审计师在审计时可以减少人力和物力的投入。表 3 的第（2）—第（4）列检验了内部控制质量的中介效应。从表 3 中可以看出，主回归分析与 ESG 对内部控制质量的回归均显著，且第（3）列中关于内部控制质量的 ESG 系数为 0.216，两者之间呈正相关关系；第（4）列在考虑内部控制质量后，ESG 表现和审计意见的系数为 0.023，两者之间仍然呈正相关。由于第（3）列的系数大于第（4）列在考虑内部控制质量后的系数，说明内部控制质量在 ESG 表现对审计师意见决策的影响中起中介作用，且内部控制质量部分中介于 ESG 表现对审计师意见决策的影响，以上分析可以验证假设 H2。

案例十二　企业ESG表现能影响审计师意见决策吗？

表3　　　　　　　　主回归分析及影响机制检验

| 变量 | (1) audit | (2) audit | (3) Intern | (4) audit |
|---|---|---|---|---|
| ESG | 0.050*** (12.14) | 0.044*** (10.32) | 0.216*** (12.13) | 0.023*** (5.82) |
| Intern | | | | 0.096*** (32.91) |
| alone | | 0.107*** (2.63) | 0.046 (0.27) | 0.102*** (2.69) |
| Asset | | 0.062*** (13.48) | 0.286*** (15.07) | 0.035*** (8.46) |
| comp | | 0.042** (2.19) | 0.135* (1.82) | 0.029* (1.65) |
| board | | 0.024** (2.10) | -0.095** (-2.04) | 0.033*** (3.09) |
| Growth | | -0.010** (-2.47) | 0.043*** (3.47) | -0.014*** (-3.76) |
| size | | 0.008*** (3.72) | 0.068*** (8.05) | 0.001 (0.52) |
| income | | -0.007*** (-3.37) | -0.001 (-0.19) | -0.007*** (-3.34) |
| flow | | 0.003** (2.08) | 0.030*** (5.22) | 0.000 (0.14) |
| cash | | 0.003 (1.34) | -0.001 (-0.13) | 0.003 (1.45) |
| Constant | 3.885*** (301.67) | 3.755*** (96.58) | 5.196*** (25.42) | 3.256*** (75.58) |
| Year | YES | YES | YES | YES |
| Industry | YES | YES | YES | YES |
| $R^2$ | 0.034 | 0.045 | 0.040 | 0.195 |
| Observations | 28157 | 28157 | 28157 | 28157 |

注：***、**、*分别表示在1%、5%和10%水平上显著，括号内为t值。

## 四　调节作用的分析

本研究进一步分析了ESG表现对审计师意见决策影响的调节作用，即机构投资者持股的调节作用，具体的回归结果见表4。第（1）列是检验机构投资者持股对内部控制质量与审计师意见决策的调节作用，结果表明检

· 229 ·

验机构投资者持股与内部控制质量的交互项系数为0.077,在1%的水平上显著,即当机构投资者持股该公司的比例越高,公司的内部控制质量对审计师意见决策的正向影响就越显著,验证了假设H3。

第(2)—第(4)列是机构投资者持股对内部控制质量中介作用的调节效应的检验。从温忠麟、叶宝娟有调节的中介模型检验方法分析结果来看,第一步是检验回归方程(5)的系数$\sigma_1$和$\sigma_3$,检验$\sigma_3$可以知道在未考虑中介效应的时候,直接效应是否受到调节。[①] 从表5第(2)列结果来看,$\sigma_1$在1%的水平上显著,$\sigma_3$则不显著,说明在未考虑中介效应的时候,直接效应未受到机构投资者持股的调节。第二步是检验方程(7),由于回归方程(5)直接效应没有受到机构投资者持股的调节,所以检验回归方程(7)中的$\gamma_1$、$\gamma_2$是否显著。从表5第(4)列结果来看,$\gamma_1$、$\gamma_2$均在1%的水平上显著,且系数分别为0.089、0.077。由于$\gamma_1$、$\gamma_2$在1%的水平上显著,且$\gamma_1 \neq 0$、$\gamma_2 \neq 0$,说明机构投资者持股调节中介效应的后半段路径。以上分析可验证假设H4:机构投资者持股对ESG表现和审计师意见决策的中介效应具有调节作用,即机构投资者持股比例越高,说明该企业的内部控制越有效。ESG表现对审计师意见决策的影响越高,即被出具标准无保留意见的概率就越高。

表4    调节作用检验

| 变量 | (1) audit | (2) audit | (3) Intern | (4) audit |
|---|---|---|---|---|
| ESG |  | 0.045*** (8.09) | 0.228*** (10.32) | 0.024*** (4.65) |
| ESG × Investor |  | −0.006 (−0.33) | −0.104 (−1.26) | −0.007 (−0.38) |
| Intern | 0.090*** (24.22) |  |  | 0.089*** (24.08) |

---

[①] 温忠麟、叶宝娟:《有调节的中介模型检验方法:竞争还是替补?》,《心理学报》2014年第5期。

案例十二 企业ESG表现能影响审计师意见决策吗?

续表

| 变量 | (1) audit | (2) audit | (3) Intern | (4) audit |
|---|---|---|---|---|
| Investor | -0.445**<br>(-2.40) | 0.075<br>(1.57) | 0.532***<br>(2.68) | -0.434**<br>(-2.32) |
| Intern × Investor | 0.077***<br>(2.69) | | | 0.077***<br>(2.71) |
| alone | 0.102***<br>(2.68) | 0.100**<br>(2.46) | 0.016<br>(0.10) | 0.099***<br>(2.59) |
| Asset | 0.035***<br>(8.45) | 0.061***<br>(13.32) | 0.282***<br>(14.90) | 0.034***<br>(8.42) |
| comp | 0.030*<br>(1.71) | 0.042**<br>(2.19) | 0.135*<br>(1.83) | 0.030*<br>(1.73) |
| board | 0.034***<br>(3.20) | 0.023**<br>(2.03) | -0.099**<br>(-2.12) | 0.034***<br>(3.12) |
| Growth | -0.015***<br>(-3.92) | -0.012***<br>(-2.99) | 0.031**<br>(2.47) | -0.014***<br>(-3.75) |
| size | 0.003<br>(1.34) | 0.007***<br>(3.11) | 0.063***<br>(7.26) | 0.000<br>(0.00) |
| income | -0.007***<br>(-3.37) | -0.007***<br>(-3.34) | -0.001<br>(-0.14) | -0.007***<br>(-3.36) |
| flow | 0.000<br>(0.25) | 0.003**<br>(1.97) | 0.029***<br>(5.07) | -0.000<br>(-0.04) |
| cash | 0.003<br>(1.32) | 0.003<br>(1.35) | -0.001<br>(-0.12) | 0.004<br>(1.56) |
| Constant | 3.333***<br>(74.11) | 3.758***<br>(94.94) | 5.188***<br>(25.13) | 3.294***<br>(71.93) |
| Year | YES | YES | YES | YES |
| Industry | YES | YES | YES | YES |
| $R^2$ | 0.196 | 0.045 | 0.041 | 0.196 |
| Observations | 28157 | 28157 | 28157 | 28157 |

注: ***、**、*分别表示在1%、5%和10%水平上显著,括号内为t值。

## 五 稳健性检验

### 1. 替换自变量ESG表现的衡量

ESG评级在国际上没有统一的标准,目前国际上各个机构之间的研究指标都各有差异。从现有的研究来看,国外的ESG评级主要由MSCI等指数公司进行,而国内的ESG评级主要由第三方评级机构完成,如商道融

· 231 ·

绿、润灵环球、华证 ESG 评价数据等。各个机构的 ESG 评级各有差异，本研究使用的是和讯网 ESG 评级数据，稳健性检验时将和讯网 ESG 评级替换成华证 ESG 评级，重新检验了主回归效应，结果仍与主假设保持一致，即 ESG 表现越好，该公司被出具标准无保留意见的概率就越高。

2. 解释变量滞后一期

本研究的被解释变量为审计师意见决策，采用当年审计报告披露的审计意见进行量化，例如，2020 年的审计意见使用 2020 年审计报告披露的审计意见。但审计意见的发表具有滞后性，例如，2020 年的审计意见应为 2021 年审计报告出具的审计意见。为解决上述问题，本研究将解释变量滞后一期，对其再一次进行检验。企业 ESG 表现越好，说明该公司的治理水平或者社会责任较高，审计师在审计时的投入就越少，被出具标准无保留意见的概率也就越高，即解释变量滞后一期后，研究结论与主效应回归结果一致。

3. 更改样本量

考虑到新冠疫情等对公司经营的影响，从而对 ESG 表现产生影响，参考已有文献的做法，① 本研究剔除 2019 年、2020 年的数据。在剔除 2019 年、2020 年的数据之后，回归结果与假设 H1 仍保持一致，即 ESG 表现越好，该公司被出具标准无保留意见的概率越高。

## 第五部分 研究结论与启示

### 一 研究结论

本研究基于整体性思维构建了在机构投资者持股的调节下，企业 ESG 表现通过内部控制质量影响审计师意见决策的机理模型，利用中国上市公司 2010—2020 年的数据，研究了上市公司的 ESG 表现对审计师意见决策

---

① 王爱国、范腾龙：《签字 CPA 年报压力会影响审计意见类型选择吗?》，《南京审计大学学报》2022 年第 1 期。

的影响。统计分析结果显示，上市公司的 ESG 表现越好，该公司更易被出具标准无保留意见。此外影响机制的结果表明，内部控制质量对 ESG 表现与审计师意见决策的影响具有正向的推动作用，且内部控制质量在 ESG 表现和审计师意见决策间发挥的是线性的中介作用。健全的内部控制体系能够帮助企业建立良好的信用体系，提升资源的利用效率，提高信息透明度，降低企业的经营风险，而公司的固有风险越低，被出具标准无保留审计意见的可能性越高。

进一步研究机构投资者持股的调节作用发现，机构投资者持股对内部控制质量与审计意见具有正向调节作用。本研究还关注了机构投资者持股对 ESG 表现和审计意见的中介效应的影响，结论显示机构投资者持股通过调节内部控制质量与审计意见的关系，进而调节内部控制质量在 ESG 与审计意见中的中介作用，且机构投资者持股的调节作用也是线性的。

## 二 研究启示

企业 ESG 表现对审计意见的影响，给企业提供了积极提升自身 ESG 表现的理论依据和充足动力，有助于企业更加积极地在环境、社会责任和公司治理方面承担责任，提升企业的责任承担意识，顺应政府政策战略的同时，给自身争取更多的发展可能性，实现双赢。审计师在审计时应针对不同的 ESG 评级等级，同时根据企业所在行业特征、不同的 ESG 表现得分制定不同的审计方案，具体问题具体分析，从而发表更加科学有效的审计意见，引导企业贯彻绿色可持续发展理念，促进中国资本市场的不断完善和健康发展。社会各界人士应提高对 ESG 投资理念的关注度，投资者在进行投资决策时，不仅把审计意见纳入考虑范围，还应将 ESG 评级信息纳入考虑的范围，结合国家宏观政策，评估企业的未来发展前景和盈利能力。政府及相关机构在审计报告改革时，应考虑将 ESG 中环境、社会责任、公司治理三个维度纳入审计报告的范围中，提高信息的可靠度，降低信息不对称程度，有助于帮助利益相关者获得增量信息，同时也丰富了审计报告的内容。

# 案例十三

## 企业 ESG 表现与关键审计事项披露

万国超　刘怡宁

**摘要**：环境、社会和治理（ESG）已成为企业高质量发展的重要指标，并在国际企业界和金融界风险管理及投资决策领域中越来越重要。本研究以 XX 能科为案例对象，采用横向与纵向对比分析相结合的方法，在文献综述和理论分析的基础上，探讨了案例公司历年审计意见下的 ESG 表现及关键审计事项披露情况。本研究不仅揭示了案例公司的 ESG 表现与审计意见的关联，还指出了关键审计事项披露方面存在披露种类较少、个数和类型相对集中等问题。

**关键词**：ESG 表现；关键审计事项披露；审计意见

## 第一部分　引言

近年来，以《中华人民共和国国民经济和社会发展第十四个五年规划和 2035 年远景目标纲要》为指导，中国推进企业高质量发展并倡导发展绿色金融，支持向绿色低碳模式转型，以实现"碳达峰""碳中和"目标。同时，随着企业治理目标的不断发展，其重点也从改善企业的运营状况、提高市场绩效和寻求更多利润转向更加重视环境、社会和治理（ESG）等方面。通过加强企业对环境、社会和治理绩效的责任，企业可以获得声誉和社会认可，从而提高其长期回报和可持续发展能力。目前，环境、社会

## 案例十三　企业 ESG 表现与关键审计事项披露

和治理（ESG）已成为企业高质量发展的重要指标，也是国际企业界和金融界风险管理及投资决策领域中越来越重要的考虑因素。

然而，理论界和学术界对 ESG 的研究主要集中在 ESG 的经济后果方面，在审计领域的应用还有待进一步探索。2016 年，中国财政部发布了《中国注册会计师审计准则第 1504 号——在审计报告中沟通关键审计事项》。该准则要求审计人员披露可能导致重大错报的关键事项，并在审计过程中予以特别关注。此准则将重要会计事项进行了分类，定义了关键审计事项的概念，规定了审计人员必须遵循的规则和需要披露的信息，以帮助客户更好地理解审计过程。自该准则实施以来，会计和审计学者对相关审计问题进行了一系列讨论。现有文献大多关注关键审计事项的经济后果，主要涉及提高企业投资效率和降低股价暴跌的风险。至于关键审计事项披露影响因素的研究，现有文献主要以审计师个体状况与特色为变量进行探索，鲜有文献探讨企业 ESG 表现与关键审计事项披露之间的关系。本研究通过案例分析探讨企业 ESG 表现对关键审计事项披露的影响，从而扩展了企业 ESG 表现的信息价值效应研究，深化了企业 ESG 审计研究，并为实务界改进关键审计事项披露提供了新思路。

## 第二部分　文献综述与理论分析

### 一　ESG 表现的经济后果研究

在现有的文献中，关于 ESG 表现对经济后果的研究已经十分丰富。从财务角度来看，ESG 表现主要对企业的投融资、企业价值和财务状况等方面产生影响。在企业投融资方面，通过对生态文明建设背景下上市公司数据的实证研究发现，ESG 表现良好的企业融资成本较低，并且在企业环境表现增强的作用下，可以提高企业的市场估值。[①] 在 ESG 的三个维度中，

---

[①] 邱牧远、殷红：《生态文明建设背景下企业 ESG 表现与融资成本》，《数量经济技术经济研究》2019 年第 7 期。

环境和公司治理对降低融资成本的影响最大。关于 ESG 在股权投资组合中的影响，有研究认为在 ESG 评级数据分析中没有发现 ESG 产生的影响。① 关于 ESG 与 IPO 抑价之间的关系，有研究发现 MSCI 的 ESG 政府评级与 IPO 抑价呈负相关关系，其中环境、社会和治理支柱与 IPO 抑价之间存在较强的负相关关系，即 ESG 评级较高的国家，其上市公司的 IPO 抑价较低；ESG 评级越高，信息不对称的程度越低。②

从企业价值方面来看，企业 ESG 表现好会增加企业价值，并且融资约束在其中起到完全中介的作用。③ 通过分析环境、社会和治理（ESG）评级对不同行业回报的影响，有研究认为 ESG 对通信、消费品和技术行业具有显著的正向影响，然而对非必需消费品、工业和能源、金融和房地产行业有相反的影响，但 ESG 不影响公用事业、材料和卫生部门。在当前经济复苏之际，社会和环境两大支柱可能会成为投资战略考虑的重要因素。因此，建议投资者在投资策略中不仅要关注总体的 ESG 排名，还要关注个别的环境、社会和治理排名。④

从财务状况方面来看，管理层与投资者对社会责任的缺失导致国内电力上市公司的 ESG 评级与其系统性风险脱钩。然而，国内电力上市公司的财务状况与其 ESG 评级存在关联，较好的偿债能力、盈利能力和合理的资本结构与公司的 ESG 呈现正相关。⑤ 关于不同的 ESG 类别以及综合 ESG 因素对公司财务绩效的影响，有研究发现 ESG 总评级与企业盈利能力显著正相关，并且在治理较弱的公司中，公司治理对其盈利能力的影响最大；社会、治理和 ESG 总得分对信用评级有正向影响，且社会因素对信用评级的

---

① J. D. Spiegeleer et al., "ESG: A New Dimension in Portfolio Allocation", *Journal of Sustainable Finance & Investment*, No. 19, 2021, pp. 1-41.

② E. D. Baker et al., "ESG Government Risk and International IPO Underpricing", *Journal of Corporate Finance*, No. 67, 2021, p. 67.

③ 仝佳：《ESG 表现、融资约束与企业价值分析》，《商讯》2021 年第 29 期。

④ V. Díaz et al., "Reconsidering Systematic Factors during the Covid-19 Pandemic: The Rising Importance of ESG", *Finance Research Letters*, No. 38, 2021, p. 38.

⑤ 孙冬、杨硕、赵雨萱：《ESG 表现、财务状况与系统性风险相关性研究——以沪深 A 股电力上市公司为例》，《中国环境管理》2019 年第 11 期。

影响最为显著，环境得分对信用评级有显著的负向影响。① 通过定量检验企业社会责任与交易所交易基金（ETF）财务绩效之间的关系，并测试道德和财务绩效之间的关系，没有证据表明有道德的 ETF 优于传统的 ETF。② 公司争议与财务绩效之间存在显著的负相关关系，ESG 对企业争议与财务绩效之间的关系具有正向调节作用，较高的 ESG 实践缓解了争议对财务绩效的负面影响。③ 有研究分析了环境、社会和治理（ESG）评级对油气公司财务风险的影响，发现 ESG 绩效越高，油气企业的财务风险水平越低，ESG 评级对油气企业的总体风险具有显著的负向影响。④

除了成为财务投资和企业管理的考核指标，ESG 表现的影响还体现在企业创新、绿色治理、风险防控等方面。研究 2010—2017 年沪深 A 股上市公司的数据发现，ESG 表现对企业绩效有显著的正向作用，并且企业创新在其中发挥了中介效应。⑤ 通过研究 2015—2019 年沪深 A 股上市公司的数据发现，ESG 表现有助于企业的绿色创新，这种促进作用是以融资约束为中介的。⑥ 以重污染行业上市公司为研究样本，研究发现在 ESG 投资理念下，基金投资者的重仓持股更有利于企业的绿色治理。研究还发现，研发投入与绿色创新绩效呈显著的正向关系，而 ESG 表现对绿色创新绩效也有促进作用，起到中介效应。⑦ ESG 表现对多种风险都有影响，包括系统

---

① K. Sang, Z. F. Li, "Understanding the Impact of ESG Practices in Corporate Finance", *Sustainability*, Vol. 13, No. 7, 2021, p. 13.

② P. Weston, M. Nnadi, "Evaluation of Strategic and Financial Variables of Corporate Sustainability and ESG Policies on Corporate Finance Performance", *Journal of Sustainable Finance & Investment*, Vol. 13, No. 2, 2023, pp. 1–17.

③ N. Nirino et al., "Corporate Controversies and Company's Financial Performance: Exploring the Moderating Role of ESG Practices", *Technological Forecasting and Social Change*, No. 162, 2021, p. 162.

④ M. H. Shakil, "Environmental, Social and Governance Performance and Financial Risk: Moderating Role of ESG Controversies and Board Gender Diversity", *Resources Policy*, No. 72, 2021.

⑤ 李井林等：《ESG 促进企业绩效的机制研究——基于企业创新的视角》，《科学学与科学技术管理》2021 年第 42 期。

⑥ 张允萌：《企业 ESG 表现、融资约束与绿色技术创新》，《商业会计》2021 年第 11 期。

⑦ 朱爱萍、江岚：《ESG 理念下基金投资者网络对公司绿色治理的影响研究》，《哈尔滨师范大学社会科学学报》2021 年第 12 期。

风险、监管风险、供应链风险、产品和技术风险、诉讼风险、声誉风险和实体风险。① 同时还发现 ESG 对企业的系统风险存在影响，并且这种影响在产品差异化程度较高的企业中更加显著。② ESG 水平较高的企业更加富有弹性，因为在 2008—2009 年的国际金融危机期间，ESG 水平较高的企业表现得更好，说明 ESG 表现可以提高企业的抗风险能力。③

## 二 关键审计事项披露的影响因素研究

财政部在 2016 年发布了新制定的中国注册会计师审计准则，旨在增加审计报告的决策有用性。因为改革前的审计报告格式统一、缺乏信息含量，使得分析师难以接收审计报告中蕴含的风险，也就无法据此提升企业透明度。因而，IAASB 要求审计师在出具审计报告时增加关键审计事项段。这一做法能够向市场传递有用信息，减少外部投资者与管理层间的信息不对称。④ 有研究发现，行业专长不同的审计师披露的关键审计事项详细程度不同;⑤ 同质化现象也使得一些公司的关键审计事项披露不充分。⑥ 对于收到交易所年报问询函的公司，下一年关键审计事项的信息含量更高。⑦ 对于存在真实活动盈余管理的公司，审计师披露的关键审计事项相

---

① L. T. Starks, "EFA Keynote Speech: Corporate Governance and Corporate Social Responsibility: What do Investors Care about? What should Investors Care about?", *Financ. Rev*, Vol. 44, No. 4, 2009, pp. 461 – 468.

② R. Albuquerque, Y. Koskinen, C. Zhang, "Corporate Social Responsibility and Firm Risk: Theory and Empirical Evidence", *Manag. Sci.*, Vol. 65, No. 10, 2019, pp. 4451 – 4469.

③ K. V. Lins, H. Servaes, A. Tamayo, "Social Capital, Trust, and Firm Performance: The Value of Corporate Social Responsibility during the Financial Crisis", *J. Financ.*, Vol. 72, No. 4, 2017, pp. 1785 – 1824.

④ 王艳艳、许锐、王成龙:《关键审计事项段能够提高审计报告的沟通价值吗?》,《会计研究》2018 年第 6 期。

⑤ 陈丽红、易冰心、殷旻昊:《行业专家审计师会充分披露关键审计事项吗?》,《会计研究》2021 年第 2 期。

⑥ 叶忠明、郑晓婷:《关键审计事项同质化的成因研究——基于 A + H 股上市公司的角度》,《会计之友》2021 年第 16 期。

⑦ 耀友福、林恺:《年报问询函影响关键审计事项判断吗?》,《审计研究》2020 年第 4 期。

似度更低。① 客户越重要，审计师披露的关键审计事项越能反映客户盈余状况；② 审计师经验越丰富，其披露的关键审计事项越丰富。③ 关键审计事项是经过审计师"专业加工"过的企业信息，审计师在传递信息中发挥关键作用。如果审计师分析能力不足或有意隐瞒，关键审计事项的披露就会呈现内容相似、缺乏信息含量的现象，这将降低审计报告与市场的沟通价值；相反，如果审计师能够充分加工、披露信息，关键审计事项就会向市场传递更多经审计师认证的信息。不同企业关键审计事项披露的充分程度存在较大差异，即不同企业关键审计事项披露的详细程度、可读性、精确性及语调倾向均存在差异。④

综上所述，学者们已经进行了一些关于ESG表现对审计决策的影响的探索，但仍缺乏一致意见，尤其是关于ESG表现对关键审计事项披露的影响。随着越来越多的投资者关注企业的ESG表现，ESG因素在公司治理和业绩管理中扮演着越来越重要的角色。相应地，公司需要更加严格地披露与ESG有关的信息，以满足投资者的需求，同时需要更加有效地管理ESG相关的风险。在审计过程中，与ESG有关的信息也可能成为审计师关注的重点，通过关键审计事项披露进行专业沟通，进而会影响公司的审计意见。企业ESG表现能否为审计师发现客户舞弊风险提供新的解释呢？本研究旨在以企业ESG表现为视角，通过分析XX能科的案例，对此进行深入讨论。

## 三 理论分析

企业ESG表现是一种关注非财务绩效的企业评价指标与责任投资理

---

① 黄亮华、汤晓燕：《关键审计事项：审计师的"免责声明"？——企业真实活动盈余管理和关键审计事项披露的差异化》，《财经研究》2021年第2期。

② 付强、廖益兴：《审计独立性对关键审计事项披露的影响——客户重要性视角》，《审计与经济研究》2022年第37期。

③ 陈丽红、易冰心、殷旻昊：《行业专家审计师会充分披露关键审计事项吗?》，《会计研究》2021年第2期。

④ A. Köhler, N. Ratzinger-Sakel, J. Theis, "The Effects of Key Audit Matters on the Auditor's Report's Communicative Value: Experimental Evidence from Investment Professionals and Non-professional Investors", *Accounting in Europe*, Vol. 17, No. 2, 2020, pp. 105–128.

## 专题 五 企业 ESG 表现与审计决策

念，旨在通过强化企业的环保理念、敦促企业管理层履行社会责任、健全内部治理机制等方式促进企业的可持续发展。企业 ESG 表现不仅会显著影响其自身行为和绩效，还可以为审计师提供更多信息资源，从而为在审计报告中披露关键审计事项提供信息中介。

企业 ESG 表现可能会影响审计师对企业风险评估的判断。如果企业在环境、社会和治理方面存在较大的风险，这可能会影响其财务报表的真实性和完整性。审计师在评估企业风险时需要考虑这些因素，因此 ESG 表现可能成为审计师披露关键审计事项的重要原因之一。当企业 ESG 表现较好时，审计师可能会将与 ESG 相关的风险视为关键审计事项，并在审计报告中进行披露。较好的 ESG 表现反映了企业对风险管理的高度关注和执行力度，进而减少了企业面临的潜在风险，使得 ESG 相关的风险对财务报表的影响更加突出。同时，这也可能是因为一些 ESG 问题已经被证明对企业的长期经营和财务状况产生了显著的影响，审计师必须在其报告中披露这些风险以使受众了解其潜在的财务影响。例如，近年来，环境污染、气候变化等 ESG 问题越来越受到关注。一些公司已经公开承诺降低其碳排放量，并在其业务中积极寻求环保和可持续发展的解决方案。对于这些公司，审计师可能会将与其环境影响、碳排放和可持续性相关的风险视为关键审计事项，并在审计报告中进行披露。这样做的目的是确保受众了解这些风险可能对公司的财务状况产生的影响，从而使投资者能够更好地评估其投资风险和回报。当企业的 ESG 表现较差时，审计师可能会将与 ESG 相关的风险视为关键审计事项，并在审计报告中披露。这是因为 ESG 问题可能导致公司面临法律诉讼、供应链中断等风险，进而对公司的财务状况产生负面影响。同时，企业的 ESG 表现也可能会影响审计师对企业内部控制的评估。企业在环境、社会和治理方面的表现可能会反映其内部控制的质量和有效性。如果企业在这些方面存在较大的问题，审计师可能需要关注并披露这些问题。此外，企业的 ESG 表现也可能会影响审计师与客户之间的关系。如果企业在环境、社会和治理方面表现良好，这可能会增加审计师与客户之间的信任度和合作性。反之，如果企业在这些方面存在问题，这可能会导致审计师与客户之间的紧张关系,并需要审计师更加关注和披露相关问题。

总的来说,企业的 ESG 表现可能影响审计师在审计报告中关键审计事项披露的机制。企业的 ESG 表现良好可能会引起审计师的关注,并导致他们在审计报告中披露相关信息。在实践中,这需要审计师了解企业的 ESG 实践,并将其纳入审计工作中。具体来说,审计师需要审查企业的 ESG 报告,与利益相关者交流,并了解最佳实践标准,以评估企业的 ESG 表现,并在审计报告中披露关键审计事项。基于以上分析,企业的 ESG 表现会影响关键审计事项的披露。对于被审计单位由于欺诈行为而导致的重大错报风险,审计师更可能增加以文本方式披露关键审计事项的段落或异质性段落内容。

2016 年,中国财政部颁布并实施了《中国注册会计师审计准则第 1504 号——在审计报告中沟通关键审计事项》,最主要的部分是增加了关键审计事项段。关键审计事项在披露时应当注意以下几点。(1) 关键审计事项是将整个财务报表作为基础,形成发表审计意见,而不是对确定为关键审计事件这个事件单独发表自己的意见。(2) 关键审计事项是指那些已经得到圆满解决、不会对审计意见造成限制或与管理层意见不一致的事项。导致非无保留意见的事项、可能导致对被审计单位持续经营能力产生重大疑虑的事项或情况存在重大不确定性,虽然符合关键审计事项的定义,但这些事项在审计报告中专门的部分披露,不在关键审计事项部分披露。注册会计师应该对关键审计事项进行描述并说明该事件被确认为关键审计事项的原因,以及该事件在审计过程中是如何应对的,对实施的应对措施进行简单的描述,说明实施相关程序所带来的结果以及自身对该事件的看法,并且在披露时应该遵循相关要求:(1) 关键审计事项在描述时应该将其索引至财务报表对此的相关披露;(2) 不得暗示审计师在形成审计意见时对该事件没有解决;(3) 要避免使用标准化、格式化语言,所以在披露的时候要与企业的具体情况相结合;(4) 在披露时要能体现出该事件在财务报表披露中如何应对的考虑。确定关键审计事项分为以下几步。首先以"与治理层沟通的事项"为起点选择关键审计事项，与治理层需要沟通的事项包括审计师对重要的会计政策、会计估计等相关事务的看法，遇到的重大困难以及需要书面沟通的重大事项。其次从"与治理层沟通的事项"中选出"在执行审计工作时重点关注过的事项"，该事件通常包括相对复杂的职业判断，对注册会计师的审计策略、所耗费的审计资源与工时都产生影响，例如识别出的特别风险、重大管理层判断等。最后从"在执行审计工作时重点关注过的事项"中选出"最为重要的事项"，从而构成关键审计事项。

整体而言，该准则仍处于初级阶段，需要更深入的制度贯彻实施。当前，新的审计准则在关键审计事项的提出、披露标准以及注册会计师应该实施的审计程序等方面，只有原则性的条款可供参考，并且在注册会计师实务领域内，相关的重大疑难问题尚未取得一致性处理意见。因此，关键审计事项相关问题是一个充满不确定性的领域。在这样的背景下，按照学术规范对如此实务化的问题进行研究存在一定难度。由于目前没有可供选择的参考标准，关键审计事项的分类过程需要在对《企业会计准则》和《中国注册会计师审计准则第 1504 号——在审计报告中沟通关键审计事项》有深入理解的基础上，加入一定的主观判断才能完成。

本研究将所有关键审计事项分为六大类和 36 个小类，具体如下。

(1) 资产减值和折旧类事项，例如，应收账款和长期应收款减值准备、商誉减值、存货跌价准备、非流动资产减值等；长期股权投资的计量和减值（包括相关投资收益的确认）；贷款减值和非流动资产折旧。

(2) 特殊科目事项，例如，收入确认；金融工具；递延所得税；成本；费用；在建工程（包括转固定资产和工程结算）；特许经营权；长期应付职工薪酬（包括设定受益计划、辞退福利）和其他权益工具（包括可转债和专项储备）。

(3) 涉及管理层主观判断事项的会计处理和披露，例如，会计估计和判断事项（包括未决诉讼、产品质量保证、对外担保和弃置费用等预计负债、销售返回和公允价值计量事项）；结构化主体合并评估；投资性房地产公允价值；暂估入账和资产计量。

（4）重大交易和事项的会计处理和披露，例如，股权交易和处理子公司事项；关联交易（包括核算、会计处理和披露）；非同一控制企业合并（包括入账价值和合并范围）；政府补助；出售资产；持有待售和终止经营（包括确认和列报）；股权计量与转换（包括控制权界定）；同一控制企业合并和股份支付。

（5）报表层次广泛影响事项，例如，信息系统及内部控制缺陷；前期差错更正；会计估计变更；政策变更和财务重述；毛利率；跨境经营和审计过程特殊事项。

（6）其他特殊处理事项，例如，资本化（包括借款费用和研发支出）；债务重组和大额营业外收入。

## 第三部分　案例情况

XX能科的主营业务为清洁能源运营、移动能源运营以及综合能源服务。公司倾力打造从清洁能源生产、补能服务到储能的便捷、经济、绿色的出行生态圈，为电动化出行提供一体化能源解决方案，致力于成为领先的移动数字能源科技运营商。截至2021年，XX能科已成为全球最大的太阳能电池片生产商之一，在包括中国、马来西亚、泰国、印度等在内的国家拥有多个生产基地，并在全球范围内拥有广泛的客户群体。

在XX能科的发展历程中，其曾经历过多个阶段性的变化和挑战。最初，XX能科主要从事硅片业务，但由于产能过剩和市场竞争的加剧，公司转型进入太阳能电池片市场，并在此领域快速崛起。然而，在行业高速发展的同时，XX能科也面临着环境和社会方面的挑战，例如能源和水资源的浪费、土地和空气污染等问题。同时，公司也受到了财务方面的影响，如高额的债务和财务风险等。

**专题五　企业ESG表现与审计决策**

为了应对这些挑战，XX能科采取了一系列的行动。例如，公司积极推进可持续发展战略，加强环境保护和社会责任，包括节约能源、减少污染、提高资源利用效率等方面的工作。同时，公司还加强了财务管控和风险管理，通过降低负债率、优化资产结构等措施，提高了公司的财务健康状况。除此之外，XX能科还积极拓展海外市场，并加强科技创新和战略合作，以进一步提升企业的竞争力和可持续发展能力。

在ESG方面，XX能科一直致力于可持续发展和社会责任的实践。公司通过完善的环境管理和社会责任体系，不断提升企业的ESG表现，包括在环境方面加强资源管理和污染治理、在社会方面关注员工福利和公益事业等方面的工作。同时，公司也积极参与ESG投资和评级，倡导ESG投资理念，以推动企业可持续发展和社会责任的实践。XX能科发展历程中的重大事件如表1所示。

表1　　　　　　　　XX能科发展历程的重大事件

|  | 事件 |
| --- | --- |
| 2006年 | XX能科成立，开始从事硅片业务 |
| 2009年 | XX能科开始进军太阳能电池片市场 |
| 2011年 | XX能科成为全球最大的多晶硅片生产商 |
| 2014年 | XX能科被评为"全球最具创新力企业"之一 |
| 2015年 | XX能科收购了法国光伏企业CEA-INES，并成立了XX太阳能公司 |
| 2016年 | XX能科完成了对太阳能电池片生产商GCL System Integration Technology Co. Ltd. 的收购 |
| 2017年 | XX能科在中国、马来西亚、泰国、印度等地建立了多个生产基地 |
| 2018年 | XX能科完成了对XX智慧能源的收购 |
| 2020年 | XX能科成立了XX新能源公司，加强在氢能源领域的布局 |
| 2021年 | XX能科的产业链布局逐渐完善，包括从太阳能硅片到光伏组件和光伏发电的全产业链布局 |

资料来源：XX能科网站。

## 案例十三　企业ESG表现与关键审计事项披露

XX能科是一家以绿色能源为主营业务的企业，属于电力、热力生产和供应业。根据其网站上的介绍，XX能科以联合国可持续发展目标SDGs（Sustainable Development Goals）为努力方向，围绕产业创新、环境保护、健康与安全、能源效率、可持续采购、员工与社会六大方面，与各相关方共同推动可持续发展，以行动践行绿色承诺，率先实现自身"碳达峰""碳中和"目标。截至2022年年底，XX能科生产清洁能源电力200亿千瓦时，二氧化碳减排总量为830万吨，相当于植树630万亩。XX能科的企业ESG表现主要包括以下方面：

一是Environmental（环境）方面。XX能科是一家以可再生能源为主要业务领域的公司，致力于降低环境污染和碳排放。其在多晶硅片、太阳能电池、光伏组件等领域均采用了环保型工艺和材料，减少了对环境的不良影响。XX能科还积极推广新能源技术，如太阳能、风能、氢能等，为环境保护和碳减排做出了贡献。

二是Social（责任）方面。XX能科注重员工福利和安全，积极推动员工职业发展和培训，建立了健全的安全生产体系和员工关怀体系。其还积极参与公益事业和履行社会责任，为当地经济和社会发展做出积极贡献。

三是Governance（治理）方面。XX能科严格遵守法律法规，建立了健全的内部控制体系和风险管理体系。其还秉持公正、透明、诚信的经营理念，积极披露信息并发布社会责任报告，提升了公司治理水平和社会信任度。

综上所述，XX能科在环境、社会、治理等方面都有较好的ESG表现，为企业可持续发展做出了积极的贡献。

## 第四部分　案例分析

### 一　电力、热力生产和供应业ESG表现分析

在中国的"双碳"目标背景下，ESG理念备受关注。其中，电力、热

专题五　企业 ESG 表现与审计决策

力生产和供应业（以下简称"能源行业"）是与经济和社会发展密切相关的行业，其 ESG 表现在经济社会发展中扮演着重要角色。研究表明，能源产业碳排放量约占中国所有行业碳排放量总量的 45%。能源产业的 ESG 表现主要体现在以下几个方面：环境、责任和治理。

在环境方面，能源产业对环境的影响主要体现在能源开采、运输、利用和废弃物处理等方面。随着环保意识的提高和环境法规的加强，能源产业需要采用更环保的技术和材料，减少对环境的污染和破坏。例如，采用清洁能源、提高能源利用效率、减少废弃物的产生等措施，都是能源产业应该积极推进的方向。

在责任方面，能源产业的社会责任主要包括保障能源安全和供应、提高能源效率、关注员工福利和安全、参与公益事业和社会责任等方面。能源产业需要关注能源的可持续性和安全性，促进经济的发展和社会的进步。同时，能源产业还应该注重员工的职业发展和培训，保障员工的合法权益和安全，加强与供应链合作伙伴和利益相关者的沟通和合作，提升企业的社会形象和声誉。

在治理方面，能源产业的治理包括内部治理和外部治理两个方面。内部治理主要包括企业的组织结构、管理制度、内部控制等方面，外部治理则包括政府监管、信息披露、社会责任报告等方面。能源产业需要建立健全的内部控制体系和风险管理体系，维护公正、透明、诚信的经营理念，积极披露信息并发布社会责任报告。同时，政府和监管机构也应该对能源产业进行有效的监管和管理，确保企业的合法合规经营，促进能源产业的健康发展。总之，能源产业应该注重 ESG 表现，积极应对环境、社会、治理等方面的挑战，倡导可持续发展，为经济和社会发展做出贡献。只有在 ESG 表现良好的前提下，能源产业才能实现可持续发展，并为经济和社会发展做出更大的贡献。

然而，目前中国电力结构仍以火电（包括燃煤、燃油和燃气发电）为主要的能源获取方式。据《中国能源统计年鉴（2020）》的数据，2020 年火电发电量在中国总发电量中约占 68%。然而，煤电、油电和气电三类化石能源发电的二氧化碳平均排放强度远高于其他可再生能源。能源行业是国民经济的重要基础产业，也是实现"双碳"目标的主要领域。因此，本研究分析能源行业的 ESG 表现，对关键审计事项的影响进行研究，具有一定的意义。

## 二 XX 能科历年审计意见下的 ESG 表现分析

本研究采用和讯网公布的 A 股上市公司 ESG 评级数据来评估企业 ESG 表现。和讯网公布的 ESG 评级等级为 A/B/C/D/E 五个级别，本研究将这些等级依次赋值为 5/4/3/2/1 进行分析。本研究审计师的意见决策使用审计意见进行量化，目前衡量审计意见类型的主流方法是对其进行赋值。如果审计意见为标准无保留意见，则取值为 0，否则取值为 1。由于审计意见类型有很多种，本研究按照其分类进行赋值。参考余得生和李星对财务披露质量进行赋值的方法，[①] 本研究将审计意见类型分为四种：标准无保留意见（包括无保留意见加事项段）、保留意见（包括保留意见加事项段）、无法发表意见和否定意见。如果审计意见为标准无保留意见（包括无保留意见加事项段），则取值为 4；如果审计意见为保留意见（包括保留意见加事项段），则取值为 3；如果审计意见为无法发表意见，则取值为 2；如果审计意见为否定意见，则取值为 1 进行。

从图 1 中可以看出，XX 能科在 2012—2014 年的 ESG 评级发生了变化，同时审计意见也随之改变。随着 ESG 评级的下降，审计意见类型也出现了下降，直到 2015 年，ESG 评级和审计意见类型才趋于稳定。因此可以看出，XX 能科的 ESG 评级和审计意见之间存在一定的相关性。本部分将从公司的经营状况、ESG 评级（E、S、G 三方面）以及关键审计事项三个方面来分析该变化的原因。

---

① 余得生、李星：《供应链金融模式下的中小企业信用风险评估——以电子制造业为例》，《征信》2019 年第 12 期。

专题 五 企业ESG表现与审计决策

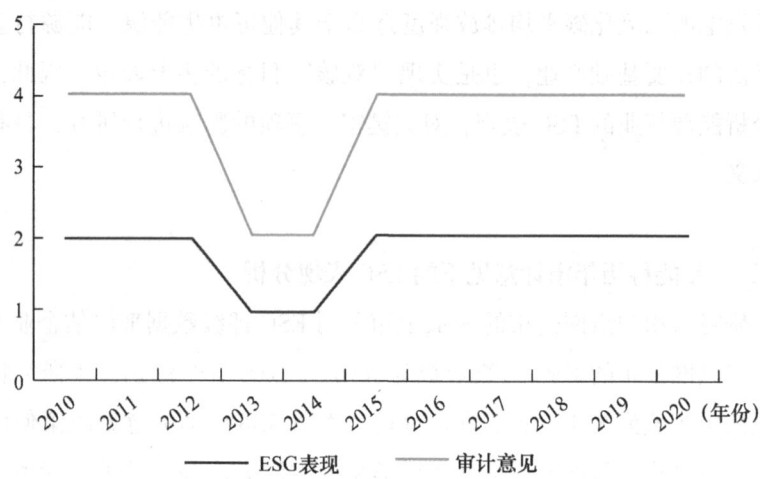

图1　2010—2020年XX能科ESG表现与审计意见对比

（一）公司经营状况的影响

1. 盈利能力分析

由表2的数据可知，2013—2014年，XX能科连续两年毛利润为负；虽然公司的营业收入在2010—2013年呈增长趋势，但到了2014—2018年，营业收入开始急剧下降。特别是2014年，XX能科的盈利能力表现非常糟糕，营业收入相比2013年同期下降了44.2%，毛利润下降了107.11%，公司出现了大幅亏损。此外，从XX能科整体的营业净利率趋势来看，2013年、2014年和2016年，公司的营业净利率均为负值。这些数据表明，XX能科的财务表现存在多方面的问题，尤其在盈利能力和营业净利率方面表现不佳。

表2　2010—2020年XX能科的盈利能力分析

| | 营业总收入（亿元） | 毛利润（亿元） | 总资产净利润率 | 净资产收益率 | 营业毛利率 | 营业净利率 | 总营业成本率 |
|---|---|---|---|---|---|---|---|
| 2010年 | 15.48 | 0.30 | 0.02 | 0.05 | 0.08 | 0.02 | 0.98 |
| 2011年 | 18.56 | 0.28 | 0.01 | 0.04 | 0.08 | 0.02 | 0.98 |
| 2012年 | 17.23 | 0.09 | 0.00 | 0.02 | 0.07 | 0.01 | 0.99 |

案例十三　企业ESG表现与关键审计事项披露

续表

| | 营业总收入（亿元） | 毛利润（亿元） | 总资产净利润率 | 净资产收益率 | 营业毛利率 | 营业净利率 | 总营业成本率 |
|---|---|---|---|---|---|---|---|
| 2013 年 | 20.79 | -4.08 | -0.15 | -1.00 | -0.10 | -0.19 | 1.20 |
| 2014 年 | 11.56 | -8.45 | -2.56 | — | -0.31 | -1.04 | 2.09 |
| 2015 年 | 3.93 | 0.04 | 0.30 | 0.33 | 0.08 | 0.28 | 1.00 |
| 2016 年 | 3.80 | -0.41 | -0.13 | -0.14 | 0.01 | -0.11 | 1.11 |
| 2017 年 | 4.10 | 0.10 | 0.03 | 0.03 | 0.08 | 0.02 | 0.98 |
| 2018 年 | 4.72 | 0.07 | 0.01 | 0.01 | 0.07 | 0.01 | 0.99 |
| 2019 年 | 108.98 | 11.38 | 0.03 | 0.11 | 0.20 | 0.08 | 0.92 |
| 2020 年 | 113.06 | 13.27 | 0.04 | 0.12 | 0.25 | 0.09 | 0.87 |

2. 成长能力分析

从表3中可以看出，除2013—2016年以外，其他年份的固定资产增长率都很高。这表明随着企业规模的扩大，需要增加更多固定资产的投入。然而，2013—2016年，XX能科的成长能力未能得到良好的展现。这一方面表明该企业无法突破发展难题并进一步拓展市场份额；另一方面，固定资产增长率为负数，这意味着企业经营活动所产生的现金流未能维持正常的生产活动，需要不断出售固定资产以保证现金流。因此，XX能科陷入了持续经营危机，其可持续增长率下降，并在2013—2014年和2016年出现了负增长率。这说明该企业的盈利增长能力较为有限，严重影响了其可持续经营能力。

表3　　　　2010—2020 年 XX 能科的成长能力分析

| | 固定资产增长率 | 总资产增长率 | 营业收入增长率 | 可持续增长率 |
|---|---|---|---|---|
| 2010 年 | 0.02 | 0.24 | 0.51 | 0.05 |
| 2011 年 | 0.12 | 0.29 | -0.24 | 0.04 |
| 2012 年 | 0.60 | 0.20 | 0.45 | 0.02 |
| 2013 年 | -0.10 | -0.06 | 0.16 | -0.50 |

续表

|  | 固定资产增长率 | 总资产增长率 | 营业收入增长率 | 可持续增长率 |
|---|---|---|---|---|
| 2014 年 | −0.79 | −0.82 | −0.29 | −2.20 |
| 2015 年 | −0.60 | −0.24 | 0.27 | 0.49 |
| 2016 年 | −0.08 | −0.13 | 0.20 | −0.12 |
| 2017 年 | 0.06 | 0.08 | 0.32 | 0.03 |
| 2018 年 | 0.01 | 0.92 | 0.29 | 0.01 |
| 2019 年 | 0.24 | 0.18 | 0.12 | 0.12 |
| 2020 年 | 0.24 | 0.17 | 0.11 | 0.11 |

3. 运营能力分析

从表 4 可以看出，XX 能科的应收账款周转率从 2010 年开始逐年下降，直至 2012—2013 年有了明显的上升趋势。然后，这一数据又开始下降，从 2015 年的 59.93 跌至 2020 年的 6.09。实际上，这表明 XX 能科在应收账款制度和管理方面存在较大问题，事后催收效果不佳。增加的应收账款意味着 XX 能科无法及时将收入转为现金流，对其偿债和盈利能力产生了严重影响。同时，应收账款的增加也增加了计提资产减值损失的风险，表明 XX 能科资产的利用效率不如前几年。

表 4　　　　2010—2020 年 XX 能科的运营能力分析

|  | 应收账款周转率 | 存货周转率 | 现金及现金等价物周转率 | 流动资产周转率 | 固定资产周转率 | 总资产周转率 |
|---|---|---|---|---|---|---|
| 2010 年 | 45.16 | 2.53 | 7.77 | 1.39 | 3.15 | 0.86 |
| 2011 年 | 38.44 | 2.59 | 14.56 | 1.39 | 3.36 | 0.79 |
| 2012 年 | 52.30 | 1.87 | 17.83 | 1.05 | 1.94 | 0.61 |
| 2013 年 | 151.45 | 3.94 | 54.83 | 1.36 | 2.60 | 0.79 |
| 2014 年 | 9.56 | 38.95 | 256.53 | 6.44 | 6.91 | 2.45 |
| 2015 年 | 59.93 | 4.26 | 3.83 | 1.54 | 5.83 | 1.10 |
| 2016 年 | 14.50 | 3.54 | 14.34 | 1.78 | 6.15 | 1.23 |

案例十三　企业ESG表现与关键审计事项披露

续表

|  | 应收账款周转率 | 存货周转率 | 现金及现金等价物周转率 | 流动资产周转率 | 固定资产周转率 | 总资产周转率 |
|---|---|---|---|---|---|---|
| 2017年 | 16.75 | 3.23 | 6.35 | 1.76 | 6.24 | 1.22 |
| 2018年 | 9.81 | 3.20 | 10.07 | 0.87 | 7.11 | 0.73 |
| 2019年 | 5.76 | 44.05 | 5.39 | 1.73 | 1.03 | 0.45 |
| 2020年 | 6.09 | 39.68 | 5.18 | 1.59 | 0.86 | 0.40 |

综上所述，和讯网在ESG评级中从环境责任、社会责任和公司治理责任三个方面来评价企业。由于XX能科在2013—2016年的可持续经营能力降低，因此其在公司治理责任层面的评分也会下降，最终导致ESG评级下降。同时，ESG表现较差的企业面临着审计师未来可能因企业经营状况不佳而卷入诉讼以及承担连带赔偿责任的风险，因此审计师出具非标准意见的概率也相对较高。① XX能科在2013—2016年的ESG评级下降，意味着其重大错报风险较高，审计风险也就更高。因此，审计师在2013—2016年审计时需要耗费更多的人力和物力，这也是导致在2013—2014年两次无法发表意见的原因。

（二）公司ESG表现的影响

1. S维度的影响

通过和讯网披露的A股上市公司ESG评级数据，将XX能科与同行业公司的ESG评级的环境责任（E）、社会责任（S）和公司治理（G）三方面平均值进行比较。根据和讯网公布的E、S、G三方面的数据，XX能科在2010—2020年的E（环境责任）没有相关数据。因此，本研究只对该公司在S（社会责任）和G（公司治理）两个维度进行比较分析。从图2中可以看出，2010—2012年，XX能科的S值高于能源行业的平均值，但在2013—2016年出现了断崖式下跌，XX能科的S值低于能源行业的平均值。

---

① 王瑶、郭泽光：《机构投资者持股与企业全要素生产率：有效监督还是无效监督》，《山西财经大学学报》2021年第2期。

从2017年开始，XX能科的S值开始增长，到2019年和2020年，XX能科的S值高于能源行业的平均值。原因分析如下：和讯网的ESG数据的S是从所得税占利润总额比得分和公益捐赠金额得分综合评价的，具体如图3所示。

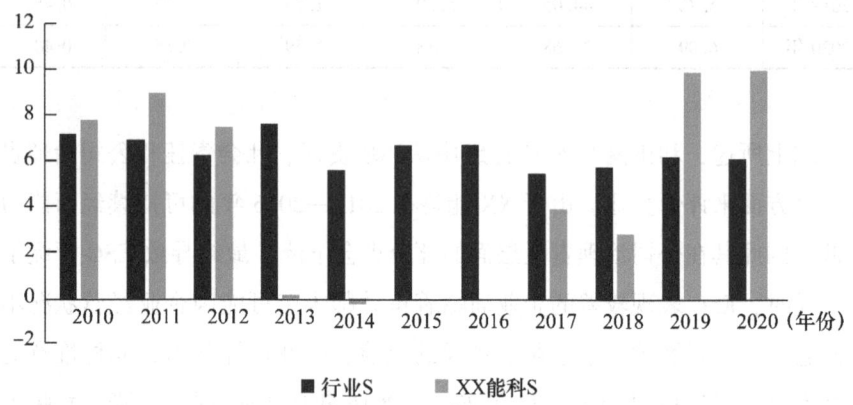

图2　2010—2020年XX能科与能源行业的S维度比较

从图3可以看出，在所得税占利润总额比得分方面，2010—2012年，XX能科公司的所得税占利润总额比得分高于能源行业的得分。从2013年开始，XX能科的所得税占利润总额比得分逐年下降，直到2016年接近于0。从2017年开始，XX能科的所得税占利润总额比得分开始慢慢增长，直到2019—2020年，XX能科的所得税占利润总额比得分高于能源行业的得分。这表明，在2013—2014年，该企业的S（社会责任）明显降低，导致该企业的ESG评级下降。由于ESG表现较差的企业能够增加审计师出具非标准意见的概率，而在2012—2015年，ESG评级对审计师意见决策的影响产生了显著性变化。因此，XX能科在2013—2016年的ESG评级下降，导致该公司在2013年和2014年连续两年被审计师出具无法发表意见。

案例十三　企业ESG表现与关键审计事项披露

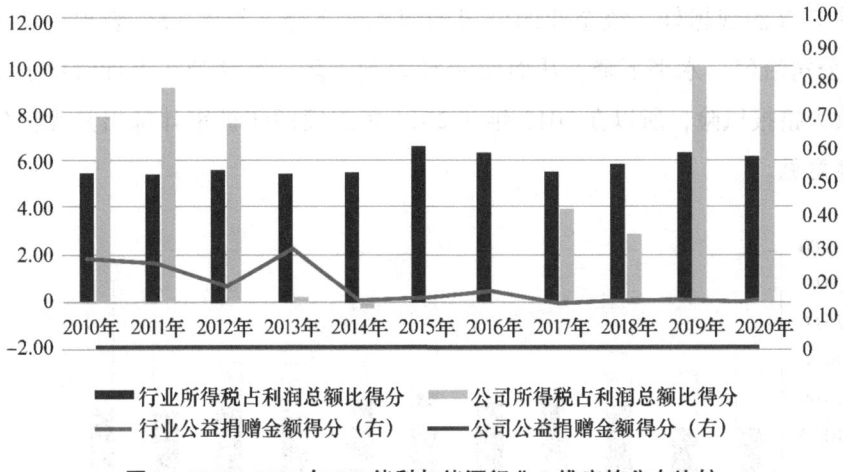

图3　2010—2020年XX能科与能源行业S维度的分布比较

2. G维度的影响

ESG表现的评价从E、S、G三个方面来考量，其中G（公司治理）指的是企业如何合理安排权力，科学有效地治理公司，合理分配股东的占比。这不仅可以提高企业的长期股权，还能够提高企业的财务业绩。从图4中可以看出，2010—2012年XX能科的G（公司治理）值高于能源行业的平均值，但在2013—2014年出现了断崖式下跌，XX能科的G（公司治理）值低于能源行业的平均值；从2015年开始，其值逐渐增长并高于能源行业的平均值。原因分析如下：内部控制对企业财务绩效有着显著的积极影响，因此，良好的内部控制制度能够帮助企业建立良好的信用体系，提高资源利用效率、信息透明度，降低企业经营风险，从而实现绿色可持续性发展。本研究使用内部控制指数来反映公司的治理水平。从图5中可以看出，2010—2012年，XX能科的内部控制指数高于能源行业的平均值，但是在2013—2014年出现了断崖式下跌，XX能科的内部控制指数低于能源行业的平均值。由于内部控制指数可以反映公司的治理水平，该企业的公司治理水平显然正在下降。内控质量越高，可以提高企业内部运营效率和外部竞争力，创造良好的投融资环境，使 ESG 表现越好。该企业的公司治理水平下降，导致 ESG 表现中的 G（公司治理）水平下降，从而使 ESG 表现下降，审计师在审计时增加了重大错报风险，所以在 2013 年和 2014 年连续两年被审计师出具无法发表意见。

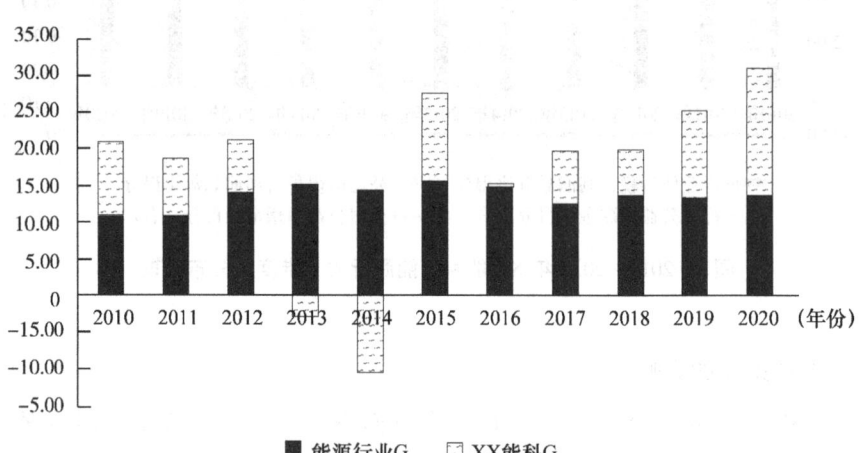

图 4　2010—2020 年 XX 能科与能源行业 G 维度的分布比较

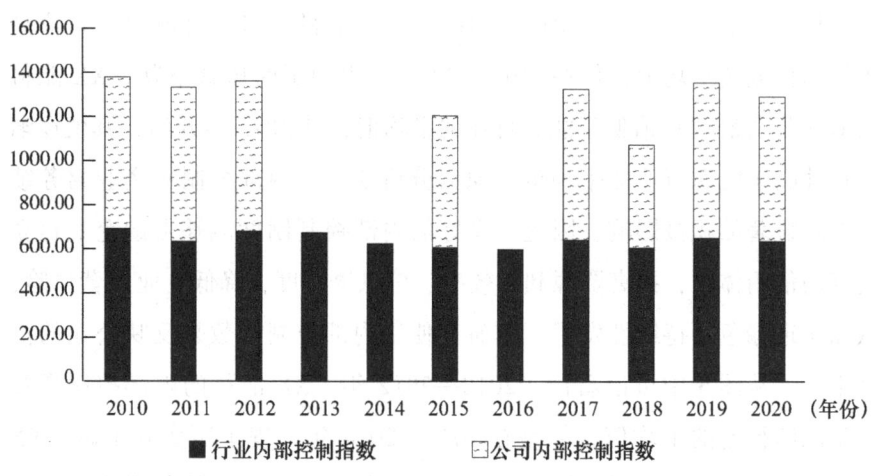

图 5　2010—2020XX 能科与能源行业的内部控制指数比较

### 三　XX 能科关键审计事项披露

2016 年的中国注册会计师审计准则中增加了更为明确的"关键审计事项"部分，这一部分主要用于确定财务报告中最为重要的审计事项。这一举措旨在提高审计报告的准确性和透明度，更好地帮助投资者了解公司的财务状况。通过对关键审计事项的描述和评估，独立审计机构能够更好地表达其审计意见，从而有效地降低审计风险，并提高市场参与者对企业财务报告的信心。美国公众公司会计监督委员会（PCAOB）认为，注册会计师在审计过程中可能会面临一些困难，例如缺乏适当的审计证据、主观性过强等，这可能导致审计报告产生偏差。因此，在确认关键审计事项时，PCAOB 侧重于解决这些困难。相比之下，中国将关键审计事项定义为审计师根据职业判断认为对当期财务报表审计最为重要的事项，并通过单独设立关键审计事项部分进行详细描述，以向投资者传达审计师评估和判断以及应对风险的方案和措施。这种方法强调了审计师的主观判断和专业能力的重要性，并更好地满足了投资者对企业财务报告真实性和透明度的需求。在这种情况下，注册会计师需要对关键审计事项进行详细描述，并说明这些事项被确认为关键审计事项的原因，以及在审计过程中如何应对这些风险。他们还需要简述实施相关程序所带来的结果，包括对企业财务报表和审计意见的影响，以及自身对这些事项的看法。在披露时，注册会计师需要按照相关要求进行，保证披露的内容透明、准确，并且符合规定。要确定关键审计事项，注册会计师需要遵循以下步骤。一是梳理审计对象及风险。明确审计对象的性质、规模、业务特点，综合考虑内外部环境及公司治理等因素，初步确定可能存在的审计风险。二是初步筛选关键审计事项。从初步确定的审计风险中，识别涉及财务报表及其披露的关键审计事项，如重要会计估计和会计政策、不良资产和减值、重大合约和交易等。三是确认关键性。根据审计风险及审计目标，进一步衡量关键审计事项的相对重要程度，特别注意是否能够对财务报表真实性及重要性的判断产生重大影响。四是设计审计程序。针对确认的关键审计事项，制定相应

专题五　企业ESG表现与审计决策

的审计程序，包括收集证据、进行分析和评价、跟踪确认等，保证审计工作的有效性与充分性。五是审计工作落实。执行审计程序，收集所需证据，进行审计判断及发现潜在问题，能够提高审计结论的可靠性。同时，对于发现的问题及时跟进，保证审计工作顺利进行。最后从"在执行审计工作时重点关注过的事项"中选出"最为重要的事项"，从而构成关键审计事项。

确认关键审计事项的步骤是一个动态、迭代的过程，需要持续分析风险及评价全面影响，提供有用的审计意见和建议，以保障审计质量。关键审计事项是为了提高审计报告的准确性和透明度而引入的，它对于保证公司财务报告的可靠性和真实性非常重要。它是审计师在审计过程中最为关键的事项之一，也是投资者了解公司财务状况的重要依据之一。

传统审计报告存在信息含量相对较低的问题，因为仅使用标准化文本来表达审计意见，并未详细说明审计过程中进行的风险评估和设计的应对措施等事项。因此，这种审计报告无法满足利益相关者的需求。为了解决这个问题，新的审计准则提出了关键审计事项段的说明，以强调注册会计师在审计财务报表时理解重要事项对财务报表使用者的至关重要性，并提醒财务报表使用者关注这些重要事项。通过这种方式，新的审计准则可以更加充分地保证审计报告的信息质量，提供更多需要的信息，并能更好地满足利益相关者的需求。注册会计师在已获取充分适当的审计证据证明这些事项不存在重大错报的情况下，应当在审计报告中强调这些关键审计事项，包括数量更多、篇幅更长、结论性评价更多等方面的充分披露。通过这种方式，客户盈余操纵与财务重述行为显著下降，为以后年度的审计提供了更可靠的依据。

（一）XX能科关键审计事项段的披露情况

由于关键审计事项段是从2016年开始要求披露的，因此，本研究首先对2016—2020年XX能科在能源行业的关键审计事项段披露情况进行比较。如图6所示，该行业总计60家企业，其中仅有一家企业在2016年披露了关键审计事项段。随后从2017年开始，所有能源行业的公司均开始披露关键审计事项段，XX 能科也不例外。可以看出，XX 能科与能源行业的整体趋势一致。

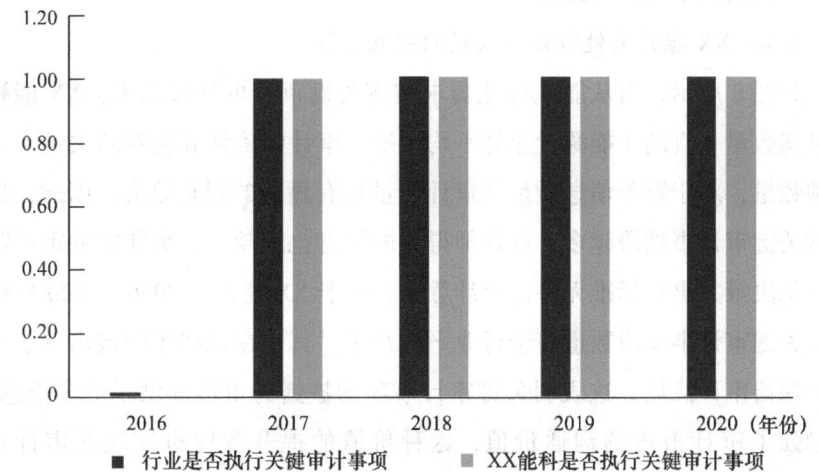

图 6　2016—2020 年 XX 能科与能源行业是否披露关键审计事项段情况

从图 7 中可以看出，自从要求披露关键审计事项以来，XX 能科的审计意见披露情况与行业平均值一致，均为标准无保留审计意见。这表明相

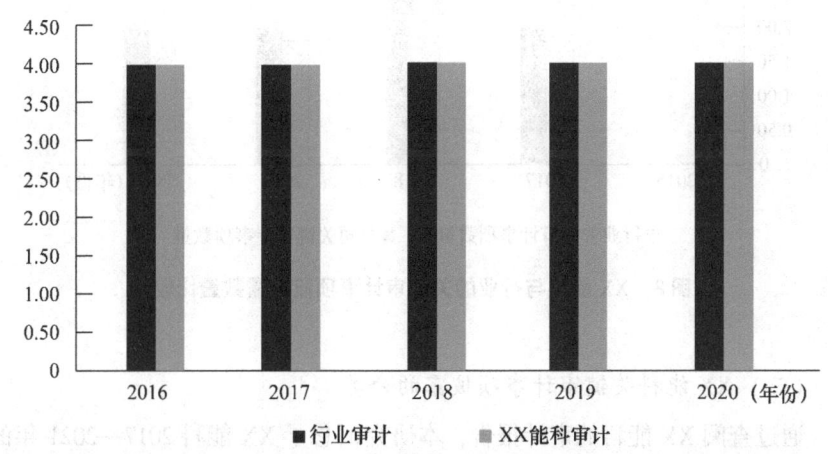

图 7　2016—2020 年 XX 能科审计意见与能源行业平均审计意见的比较

关行业的审计报告信息质量得到了提高。通过披露关键审计事项，市场获得了更多的信息，同时增强了审计报告的沟通价值。审计意见中体现了审计报告沟通价值的提升效应。

（二）XX能科关键审计事项段的披露数量

如图8所示，自从能源行业要求披露关键审计事项段以来，XX能科的披露数量一直高于能源行业的平均水平。审计师确认和应对的关键审计事项数量，对于财务信息质量和审计质量具有显著的累积效应。因此，披露的关键审计事项段越多，审计师得到的信息也就越多，更能影响审计师的意见决策并出具标准无保留审计意见。由于XX能科在2016—2020年披露的关键审计事项段数量高于行业平均水平，其也在这些年间被出具了标准无保留审计意见。这表明关键审计事项的披露为市场提供了更多信息，并增强了审计报告的沟通价值，这种价值的提升效应也体现在审计意见中。

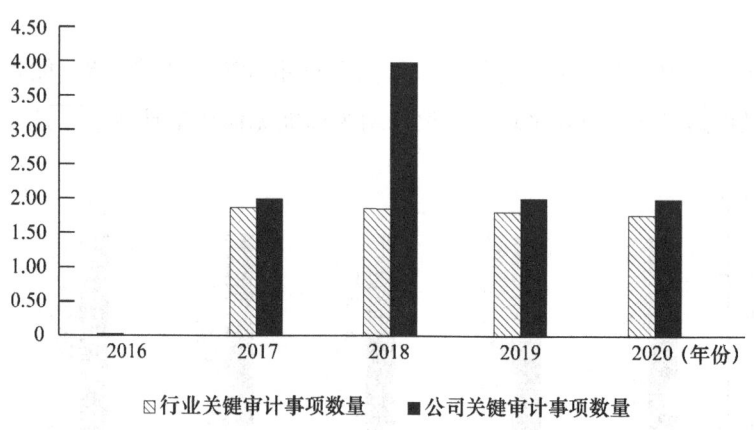

图8 XX能科与行业的关键审计事项段披露数量比较

（三）XX能科关键审计事项披露的分类

通过查阅XX能科的审计报告，本研究汇总了XX能科2017—2021年的关键审计事项段的披露情况（见表5）。由表5可知，审计师在审计报告中披露的关键审计事项主要集中于存货的存在性及跌价准备计提、收入确认、固定资产及在建工程的账面价值认定、应收账款的可收回性、关联交易等方面。由此可以看出，审计师在执行 XX 能科审计报告时，并未明显考虑企业环境、社会和治理（ESG）的整体表现。这可能是因为财务报表审计的主要目的是确保上市公司的财务报表准确反映企业的财务状况和经营业绩，审计师的工作职责是审核企业的财务报表并提供合理的保证，而 ESG 因素不是财务报表的重要组成部分，也不会直接影响财务报表的准确性。因此，审计师通常不会在披露关键审计事项时考虑企业的 ESG 表现。

然而，治理是公司的基石。作为公众公司，从公司文化理念、管理架构、内控流程、业务流程等方面实现对公司有效治理是公司的基础与根本。科学有效的公司治理，能够形成明确而清晰的公司发展方向与路径，避免出现重大偏差，以及出现大股东过度控制、内部人过度控制等异常现象。因此，审计师在考虑关键审计事项披露时，更多地将公司治理作为风险评估的主要环节，并将其视为重大错报或特殊风险较高的领域。

此外，从 XX 能科披露的关键审计事项来看，存在关键审计事项披露的种类较少、个数和类型相对集中、"模板化"和未充分披露的问题。同时，还未将企业的 ESG 表现视为察觉客户舞弊迹象的途径，特别是企业的环境表现和社会责任表现。

表5　　XX 能科 2017—2021 年关键审计事项披露

| 关键审计事项段 | 年份 | 具体内容 |
| --- | --- | --- |
| 存货的存在性 | 2017 | XX 能科的存货价值较大，且部分存放于委托加工单位，包括委托加工物资和加工完成后的产成品，XX 能科管理层（以下简称"管理层"）关于存货的存在性具有重大错报风险。因此，将 XX 能科存货的存在性作为关键审计事项 |
| 与已剥离的原子公司进行的交易 | 2017 | 2017 年，向滁州霞客销售约 4868.20 万元，向其采购商品及劳务约 3156.72 万元；向滁州安兴销售约 1.75 亿元，向其采购商品及劳务约 5394.98 万元；向黄冈霞客销售约 2935.14 万元，采购商品及劳务约 2115.07 万元<br>由于 XX 能科与已剥离原子公司的交易涉及不同类型且交易金额重大，因此将其作为关键审计事项 |

续表

| 关键审计事项段 | 年份 | 具体内容 |
| --- | --- | --- |
| 与已剥离的原子公司进行的交易 | 2018 | 2018年，霞客环保向滁州霞客销售约6759.96万元，向其采购商品及劳务约4056.30万元；向滁州安兴销售约1.93亿元，向其采购商品及劳务约6066.71万元；向黄冈霞客销售约2028.00万元，向其采购商品及劳务约1329.38万元<br>由于XX能科与已剥离原子公司的交易涉及不同类型且交易金额重大，因此将其作为关键审计事项 |
| 应收账款的可收回性 | 2018 | 管理层在确定应收账款预计可收回金额时，需要评估相关客户的信用情况及实际还款能力情况等因素<br>由于XX能科管理层在确定应收账款预计可收回金额时需要运用重大会计估计和判断，且影响金额重大，为此确定应收账款的可收回性为关键审计事项 |
| 存货跌价准备计提 | 2018 | XX能科以库存商品的估计售价减去估计的销售费用和相关税费后的金额，确定其可变现净值。管理层以库存商品的状态估计其预计售价，在估计过程中，管理层需要运用重大判断<br>于2018年12月31日存货账面金额重大，并且涉及可变现净值的估计，因此将其识别为关键审计事项 |
| 存货的存在性 | 2018 | XX能科的存货价值较大，且部分存放于委托加工单位，包括委托加工物资和加工完成后的产成品，XX能科管理层关于存货存在性的认定具有重大错报风险。因此，将XX能科存货的存在性作为关键审计事项 |
| XX能科的电力及蒸汽收入确认 | 2019 | 由于收入是衡量XX能科业绩表现的重要指标，且电力及蒸汽销售业务量大、交易频繁，使得收入存在可能被确认于不正确的期间或被操控以达到目标及预期水平的固有风险，因此，将XX能科的电力及蒸汽收入确认识别为关键审计事项 |
| XX能科固定资产及在建工程的账面价值的认定 | 2019 | 由于确定固定资产及在建工程的账面价值涉及重大的管理层判断，且其对财务报表具有重要性，因此将XX能科固定资产及在建工程的账面价值的认定作为关键审计事项 |
| 电力及热力收入确认 | 2020 | 由于收入是衡量XX能科业绩表现的重要指标，且电力及热力销售业务量大、交易频繁，使得收入存在可能被确认于不正确的期间或被操控以达到目标及预期水平的固有风险，因此，将XX能科的电力及热力收入确认识别为关键审计事项 |
| 固定资产及在建工程的账面价值的认定 | 2020 | 由于确定固定资产及在建工程的账面价值涉及重大的管理层判断，且其对财务报表具有重要性，因此将XX能科固定资产及在建工程的账面价值的认定作为关键审计事项 |
| 电力及热力销售收入的确认事项 | 2021 | 收入是衡量XX能科业绩表现的重要指标，且电力及热力销售业务量大、交易频繁，使得收入存在可能被确认于不正确的期间或被操控以达到目标及预期水平的固有风险，因此，将XX能科的电力及热力收入确认识别为关键审计事项 |
| 固定资产及在建工程账面价值的认定 | 2021 | 由于确定固定资产及在建工程的账面价值涉及重大的管理层判断，且其对财务报表具有重要性，因此将XX能科固定资产及在建工程的账面价值的认定作为关键审计事项 |

近年来，ESG因素已成为投资决策的重要考虑因素，越来越多的投资者和利益相关者要求企业披露其ESG表现。作为财务报表的监督者，审计师需要了解这些受到关注的因素以适应市场需求。此外，ESG因素与企业的风险管理和内部控制密切相关，如环境污染和社会责任问题可能导致企业面临法律诉讼和声誉损失等风险。因此，审计师需要考虑这些因素对企业的风险管理和内部控制的影响，并在审计报告中适当披露。同时，作为公共利益实体的一员，审计师需要保护公众利益，包括环境、社会和治理等方面的利益。考虑企业的ESG表现可以帮助审计师发现可能存在的风险和问题，并及时向公众披露以保护公众利益。因此，在披露关键审计事项时，审计师需要考虑企业的ESG表现以满足投资者和利益相关者的需求，加强企业的风险管理和内部控制，并维护公共利益。

执行财务报表审计工作时审计师需考虑企业的ESG表现，可以采取以下几个步骤。首先，审计师需要了解企业的ESG表现，包括环境、社会和治理等方面，可以通过阅读企业的ESG报告、公告、媒体报道等途径获取相关信息。其次，审计师需要评估ESG对企业的风险和影响，包括法律风险、声誉风险、经济风险等，可以通过与企业管理层沟通，了解其对ESG问题的态度和处理措施。再次，审计师需要评估ESG对财务报表的影响，包括其对财务报表披露的准确性、完整性、可比性等方面的影响。最后，如果审计师认为ESG事项可能对企业的财务报表披露产生重大影响，需要在审计报告中进行适当披露，以便投资者和利益相关者能够了解相关信息。

总之，审计师在披露关键审计事项时考虑企业的ESG表现，需要充分了解ESG问题、评估其对企业的风险和影响，以及评估其对财务报表的影响，并在审计报告中适当披露。

## 四 案例总结

本研究从XX能科的经营情况、ESG表现以及ESG中的社会（S）和公司治理（G）两个维度出发，对其2013—2014年被审计师出具无法发表

## 专题五　企业 ESG 表现与审计决策

意见的原因进行了分析。一方面，XX 能科在 2013—2016 年的可持续经营能力下降。从公司治理层面来看，该部分得分降低，导致 ESG 评级下降。由于 ESG 表现较差的企业审计风险也会增加，因此 XX 能科在这段时间内的重大错报风险较高，审计风险也更高，最终导致该企业在 2013—2014 年两次被出具无法发表意见。另一方面，从 ESG 表现的 S、G 两方面分析得知，该企业的所得税占利润总额比得分在 2013—2016 年逐年下降至接近于 0，说明在这期间该企业的社会责任得分也在降低。此外，2013—2014 年，企业的内部控制指数出现断崖式下跌，反映了该企业的公司治理水平在下降，导致 ESG 评级中的 G 水平下降，进而使 ESG 评级下降，审计师在审计时增加了重大错报风险，最终导致 2013—2014 年连续两年被审计师出具无法发表意见。本研究还对 2016—2020 年 XX 能科的关键审计事项进行了分析，发现披露的关键审计事项段越多，审计师得到的信息也就越多，更能影响审计师意见决策并出具标准无保留审计意见。但是，审计师更多将公司治理因素视为重大错报或特殊风险较高的领域。同时，从 XX 能科披露的关键审计事项来看，存在关键审计事项披露的种类较少，个数和类型相对集中的问题。最后，本研究提出审计师在披露关键审计事项时应考虑企业的 ESG 表现，特别是企业的环境表现和社会责任表现，以提高审计意见的准确性和可靠性。

## 大数据审计

# 案例十四

# 社交媒体互动质量与审计收费——互动文本分析案例研究

曾鑫宇　万国超

**摘要**：随着新媒体行业的发展，越来越多的上市公司在公开平台上与公众进行沟通交流。本研究通过对HTWY的审计费用逐年下降现象进行案例分析，并探讨了社交媒体互动质量与审计费用之间的关系。研究结果表明，互动质量越高，审计费用越低。本研究使用了大量的社交媒体数据，并通过互动文本分析技术对这些数据进行了处理。互动质量分为四个方面：社交媒体互动指数、社交媒体互动文本可读性、社交媒体互动语言强度以及社交媒体互动文本长度。本研究选择了"上证e互动"平台关注度前30个具有代表性的社交媒体账号进行了分析，并通过情感分析、词频分析和主题分析等方法对互动质量进行了评估。结果表明，互动质量高的账号在审计费用方面明显优于互动质量低的账号。

**关键词**：社交媒体互动质量；审计收费；互动文本分析

## 第一部分　引言

随着社交媒体的普及和发展，企业在社交媒体上与公众互动的趋势不断增强。社交媒体是企业向公众传达信息，以及与公众互动和沟通的重要渠道。社交媒体互动的质量对企业的声誉和财务状况产生深远影响。如果企业在社交媒体上得到公众的好评和认可，将增强企业的声誉，并吸引更多投资者。相反，如果企业在社交媒体上遭受公众的批评和质疑，将可能损害企业的声誉，导致投资者流失。社交媒体互动的影响也将对审计师的工作量和审计费用产生影响，因此审计师需要考虑企业在社交媒体上的活动，以确保审计的准确性和完整性。企业需要注意社交媒体的互动质量，以保护其声誉，从而减少可能的审计费用。目前，分析企业社交媒体互动质量对审计收费的影响已成为学术界研究的重点之一。本研究以上市公司HTWY 为分析对象，选取"上证 e 互动"平台中公众关注度排名前 30 的非金融、非地产公司作为对比样本，主要关注该平台 2014—2021 年的问答板块内容。本研究通过去重、去噪和标准化等处理，确保了数据的质量和一致性。然后，我们采用数据挖掘和机器学习等技术对数据进行分析，并提取与社交媒体互动质量相关的特征。基于数据分析的结果，本研究构建了相应的模型，以揭示社交媒体互动质量与审计收费的变化和趋势。本研究的可能创新之处在于，首先，采用了基于大数据的研究方法，利用社交媒体上的大量数据进行分析，这些数据具有多样性、实时性和真实性的特点，可以更准确地捕捉社交媒体互动质量与审计收费的本质问题。其次，本研究融合了多学科视角，如财务会计、信息系统和社会心理学等，以便从不同角度分析社交媒体互动质量与审计收费问题。然后，本研究着重于分析非传统审计手段的应用，如社交网络分析和自然语言分析等技术，以发现与审计相关的信息和问题，从而提高审计质量和效率。最后，本研究的结论具有很强的操作性，可以为相关企业和机构提供有价值的参考意见，从而促进社交媒体应用的合理性和审计效益的提高。

## 第二部分　文献综述与理论分析

### 一　文献综述

#### （一）社交媒体互动质量

较高的社交媒体互动质量在商业中可以产生许多的良性结果。社交媒

## 案例十四 社交媒体互动质量与审计收费——互动文本分析案例研究

体互动可以显著正向影响品牌忠诚度,[1] 并且如果管理层与投资者互动沟通的积极性提高,这有助于修复违规对投资者信任及公司价值造成的破坏。[2] 在更为接近消费者的营销市场中,公司使用社交媒体进行市场营销和客户服务等活动,可以提高企业的声誉和品牌知名度,并增加销售额和市场份额。此外,社交媒体的使用可以提高企业的员工参与度和创新能力,社交媒体互动也可以提高客户满意度和忠诚度,促进口碑传播,增加重复购买率和销售额。此外,社交媒体互动还可以帮助企业了解客户需求和行为,进而提高产品和服务质量。[3] 在互联网平台上,社交媒体互动可以增加在线评论的数量和质量,提高消费者对产品和服务的信任度。此外,社交媒体互动也可以帮助企业了解消费者对产品和服务的需求和偏好,进而改善营销策略和产品设计。[4]

### (二) 审计收费

从审计风险的角度来探讨审计费用的影响因素,公司规模、财务杠杆、资产负债率、股权结构等因素对审计费用有显著影响。[5] 其中,公司规模越大、财务杠杆越高、资产负债率越高、股权集中度越高的公司,审计费用越高。内部治理机制中,董事会规模、董事长兼职情况、监事会等因素对审计费用有影响;外部治理机制中,会计师事务所选择和公司规模等因素对审计费用有影响,所以内部治理机制和外部治理机制对审计费用都有显著影响。相关研究人员在探讨审计师任期对审计费用的影响中,通过对美国公开上市公司数据的分析,发现审计师任期对审计费用具有正向

---

[1] 冯缨、唐慧、孙晓阳:《基于 DEMATEL 的企业社交媒体信息效用的关键影响因素研究》,《情报理论与实践》2022 年第 4 期。

[2] 支晓强、王智灏、王瑶:《社交媒体互动沟通与投资者信任——基于公司违规事件的实证研究》,《中国人民大学学报》2022 年第 5 期。

[3] D. Wang, T. Liang, T. Turk, "The Impact of Social Media Interactions on Customer Relationship Management", *Journal of Travel Research*, Vol. 57, No. 1, 2018, pp. 87–99.

[4] Y. Chen, S. Fay, Q. Wang, "The Role of Marketing in Social Media: How Online Consumer Reviews Evolve", *Journal of Interactive Marketing*, Vol. 25, No. 2, 2011, pp. 85–94.

[5] 张鸿雁、黄彬、魏成荣:《审计风险因素与审计费用的关系研究》,《南开管理评论》2013 年第 3 期。

影响,[1] 即审计师任期越长,审计费用越高。并且从中国的审计市场出发,高审计费用的公司往往更倾向于聘请高质量的审计师,而这种趋势尤其在监管环境相对较强的地区体现得更加明显。[2] 还有一些研究人员通过对美国 SEC 发布的会计和审计执法案例的分析,发现存在较高的诉讼风险时,审计费用也相应增加。[3]

### (三) 社交媒体互动质量与审计收费

在社交媒体和资本市场的研究中,研究人员发现使用社交媒体可以减少信息不对称,降低公平成本。[4] 并且建议审计师应考虑将社交媒体数据纳入审计程序,以提高审计质量,降低审计费用。研究人员在研究公司使用社交媒体对审计师选择和董事会监督的影响中还发现,社交媒体的使用增加了董事会的监督,提高了审计师的独立性,从而降低了审计师被解雇的可能性,并降低了审计费用。[5] 并且作者建议审计师应考虑使用社交媒体数据作为审计程序的一部分,以提高审计质量。国外的研究人员在研究了中国公司使用社交媒体对审计师选择的影响后表明,社交媒体使用率较高的公司更有可能选择被认为具有更高审计质量的审计师。[6]

## 二 理论分析

### (一) 社交媒体互动与审计收费

公司社交媒体互动是指企业利用社交媒体平台(例如微博、"上证 e 互

---

[1] J. B. Kim, Y. Li, L. Zhang, "Auditor Tenure and Audit Fees: Evidence from PCAOB Inspections", *Auditing: A Journal of Practice & Theory*, Vol. 35, No. 2, 2016, pp. 1–23.

[2] M. Hung et al., "Audit Fees and the Market for Audit Quality: Evidence from China", *Journal of Accounting and Economics*, Vol. 63, No. 2–3, 2017, pp. 358–384.

[3] A. Duru, V. M. Iyer, "The Effect of Litigation Risk on Auditor Fees: Evidence from SEC Accounting and Auditing Enforcement Releases", *Advances in Accounting*, No. 45, 2019, p. 374.

[4] C. W. Hsu, Y. J. Luo, Y. T. Chan, "Social Media, Information Asymmetry, and Cost of Equity", *Journal of Accounting and Public Policy*, Vol. 36, No. 1, 2017, pp. 56–73.

[5] Z. J. Lin, L. Wu, J. L. Zhang, "Social Media Use, Board Monitoring, and Auditor Selection", *Journal of Accounting and Economics*, Vol. 65, No. 2–3, 2018, pp. 378–399.

[6] Y. Guan, X. Hu, J. Sun, "Social Media Usage and Auditor Choice: Evidence from China", *Pacific-Basin Finance Journal*, No. 57, 2019, p. 204.

## 案例十四 社交媒体互动质量与审计收费——互动文本分析案例研究

动"平台、互动易、东方财富、巨潮网等)与公众进行互动的一种活动。这种互动形式包括发布有关公司、产品或服务的信息,回答消费者的问题,提供客户服务,与消费者积极互动并回复他们的评论,以及建立品牌形象等。通过在社交媒体上积极互动,企业可以更好地了解公众对其产品或服务的看法和需求,并能够更加及时地回应公众的问题和疑虑。此外,社交媒体互动还有助于增强企业与公众之间的互动和联系,提高公众对企业的认知度和信任度,进而有助于塑造良好的口碑和树立积极的品牌形象。在社交媒体互动方面,企业需要考虑自身品牌和口碑的管理,制定相关的互动策略和规范,并及时回应公众的疑问和意见。此外,企业还需要在社交媒体上进行合规宣传,避免违反相关法律法规和行业规范,以保护企业和公众的合法权益。

从被审计单位的角度来看,审计收费是指该公司向审计公司支付的费用,以获得审计服务。审计服务的目的是保障被审计公司的财务报表和财务状况的独立性、准确性和完整性,同时提供独立的、专业的意见和建议。影响审计收费的因素有很多,主要包括以下几点。(1) 公司规模和业务范围。通常来说,规模较大、业务范围广的公司需要进行更为复杂的审计工作,因此审计收费也会更高。(2) 公司的风险和复杂度。如果公司的业务风险较高或业务过于复杂,审计公司需要投入更多的资源和时间进行审计工作,因此审计收费也会更高。(3) 审计公司的知名度和声誉。知名度和声誉较高的审计公司,通常会收取更高的审计费用。(4) 审计公司的专业水平。专业水平较高的审计公司在进行审计工作时,可能会提供更为深入和全面的审计意见和建议,因此也可能会收取更高的审计费用。(5) 监管和法律要求。一些行业或国家法律法规可能对审计费用进行了规定或者限制,这也会对审计收费产生影响。

有学者研究了社交媒体互动对审计费用的影响,并发现社交媒体互动可以降低审计费用。[①] 这是因为社交媒体互动可以提高公司的财务透明度

---

[①] Seungmin Chee, Jong-Hag Choi, Hae Jin Kim, "Can Social Media Engagement Reduce Audit Fees?", *Journal of Business Research*, No. 109, 2020, pp. 261-270.

和信息披露，从而减少审计师的审核工作量。具体而言，这种影响主要体现在以下三个方面。首先，公司与公众之间的互动可以提高公众对企业的了解和信任度，从而减少对企业的怀疑和质疑。公众对企业的了解越充分，就越能理解企业的经营状况和财务状况，也就越能信任企业的财务报告和披露的信息。如果企业能够积极回答公众的问题并提供准确的信息，那么可以增强公众的信任感和忠诚度，进而降低审计风险和费用。其次，公司与公众之间的互动可以促进信息的透明和公开，减少不必要的调查和审计。在数字化时代，公众更加关注企业的社会责任和道德行为。如果企业能够主动公开自己的信息，提高信息的透明度和公开性，那么就能够降低公众对企业的质疑，进而减少审计的工作量和费用。最后，公司与公众之间的互动可以提高企业的数字营销效果，减少数字营销活动的失误，从而降低审计风险和费用。在数字化时代，数字营销已成为企业获取客户和提高品牌影响力的重要手段。如果企业能够通过与公众之间的互动行为，了解公众对企业数字营销活动的反馈和意见，并及时调整数字营销策略，就能够提高数字营销效果，并且能够减少审计风险和费用。

综上所述，社交媒体互动对审计费用也有一定的影响。一方面，社交媒体互动可以提高公司的财务透明度和信息披露质量，从而降低审计风险和成本，影响审计费用水平；另一方面，较差的互动质量也可能反映出公司存在的问题，导致审计师需要增加审计程序和风险披露，进而提高审计费用。基于此，本研究提出以下假设。

H1：提高社交媒体用户互动质量，可以降低审计费用。

（二）社交媒体互动文本的可读性与审计收费

在数字化时代，文本互动已成为人们日常生活中不可或缺的一部分。随着社交媒体和即时通信工具的普及，越来越多的人选择使用文本方式进行交流。然而，随着文本互动的不断增加，如何保证文本的可读性已成为备受关注的问题。可读性理论是关于文本易读程度的理论研究，其中经典的可读性公式包括 Flesch-Kincaid 可读性公式和 Gunning Fog 指数等，这些公式使用不同的语言特征（如句子长度、单词难度等）来计算文本的可读

## 案例十四 社交媒体互动质量与审计收费——互动文本分析案例研究

性。此外,一些现代的可读性理论使用自然语言处理技术和机器学习算法来更准确地评估文本的可读性。文本互动的易读程度可以受多种因素影响,其中包括以下几个方面。(1) 文本清晰度。文本应易于理解和阅读,应避免使用过于复杂或晦涩的语言或术语,应尽可能使用简单明了的语言和术语。(2) 文本结构。文本的结构应有条理,使用段落、标题、编号等帮助读者理解和导航文本。(3) 字体和排版。应使用易于阅读的字体,合理设置字号、行间距、段间距等,使文本整洁、易读。(4) 互动形式。合适的互动形式可以使读者更积极地参与文本互动,例如问答、投票、评论等,这些形式也可以增加文本的吸引力和互动性。

已有的一些研究表明,互动文本的可读性可能会影响审计收费。相关研究对超过 1200 份公司年度报告中的董事会报告部分进行了分析,并测量了其中的互动性和可读性。[①] 研究结果表明,董事会报告的互动性和可读性与公司规模、行业、盈利能力等因素有关。一些研究人员通过对中国上市公司 2015—2019 年的年度报告中的董事会报告部分进行分析,探讨了公司互动文本可读性与审计质量之间的关系。研究结果表明,公司互动文本可读性与审计费用之间存在显著负相关关系。[②] 这些研究认为,可读性良好的互动文本可能会提供更多信息,从而影响审计收费。具体来说,以下两点原因可以解释这种关系。(1) 减少审计工作量。高可读性的互动文本可以让公众更快速地理解公司的经营状况、财务状况等信息,从而减少公众对公司的质疑和要求,降低了可能产生的审计工作量,进而降低了审计费用。(2) 提高审计效率。高可读性的互动文本可以让公众更快速地理解公司的经营状况、财务状况等信息,这样审计师在执行审计任务时也能更快速地理解和评估公司的情况,减少审计师在阅读、理解互动文本上所花费的时间和精力,进而降低审计成本。基于上述分析,本研究提出以下

---

[①] U. Bhattacharya, S. Blackwel, P. Halpern, "Interactivity in Corporate Board Reports and Its Determinants", *Journal of Business Communication*, Vol. 53, No. 4, 2016, pp. 416–434.

[②] L. Chen, T. Chen, Q. Liu, "The Influence of the Readability of Corporate Interactive Texts on Audit Quality", *Journal of Applied Accounting Research*, Vol. 22, No. 4, 2021, pp. 616–633.

假设。

H2：社交媒体发布的信息可读性降低，会削弱社交媒体互动质量与审计收费之间的负相关关系。

（三）社交媒体互动语言强度与审计收费

社交媒体互动语言强度指的是在社交媒体平台上，用户在与其他人互动时所使用的语言表达方式的强烈程度，这包括了使用的词语、语气、情感色彩等。在社交媒体互动中，语言强度的高低可以影响用户之间的关系和互动效果。通常情况下，语言强度越高，用户之间的互动越具有争议性、激烈性和情感性，可能会引起更多的关注，但也容易导致冲突和争执。相反，语言强度较低的互动则更加温和、和谐，更容易促进互相理解和合作。

近年来，越来越多的研究关注社交媒体语言强度的影响后果。研究人员利用中国Ａ股市场上的398家上市公司的数据，实证研究了社交媒体互动的语言强度与审计收费之间的关系。研究结果表明，社交媒体互动的语言强度与审计费用呈正相关关系，即互动文本中使用更强烈、更情绪化的语言会导致审计费用的增加。研究还发现，这种正相关关系在私募股权融资方面更加显著。研究者解释称，私募股权融资过程中，公司管理层可能会使用更加激进的语言来吸引投资者，但这可能会增加审计师的工作难度和工作风险，从而导致审计费用的增加。[①] 社交媒体语言强度可能会影响审计费用的原因包括以下几个方面。（1）审计师需要花费更多的时间和精力。当公司在社交媒体上与公众交流的语言强度越强时，审计师需要更多的时间和精力与公司沟通交流，以获取更多的信息和了解更深入的情况。这意味着审计师的工作成本会增加，因此审计费用可能会相应提高。（2）风险评估的复杂性增加。随着公司在社交媒体与公众交流的语言强度增加，审计师需要对更多的信息进行风险评估和审计程序的设计。这将增加审计师的

---

[①] 姚琳、童常青、王晓辉：《社交媒体互动与审计费用——基于中国上市公司的实证研究》，《会计研究》2019年第4期。

## 案例十四 社交媒体互动质量与审计收费——互动文本分析案例研究

工作量和难度,也可能导致审计费用的增加。(3)需要更高的专业技能和知识。与公司进行更深入的交流可能需要审计师具备更高的专业技能和知识,以便更好地了解和分析公司的财务状况、经营情况和风险情况。这可能会导致审计师费用的增加。(4)提高审计服务质量的需求。公司在社交媒体上与公众交流的语言强度越高,意味着公司的公众形象和声誉需要更好的维护和保护。在这种情况下,审计师可能需要提供更高质量的审计服务,以确保公司的公众形象和声誉不受影响。这也可能导致审计费用的增加。总的来说,这项研究提供了新的证据支持社交媒体互动与审计收费之间的关系,并进一步探究了互动文本的语言强度对审计收费的影响。基于此,本研究提出以下假设。

H3:社交媒体回复信息的语言强度越强,会削弱社交媒体互动质量与审计收费之间的负相关关系。

(四)社交媒体互动的文本长度与审计收费

互动文本长度理论是指针对人际互动文本通信而言的文本长度。该理论可以从信息传递和交互过程两个角度进行分析。从信息传递的角度来看,互动文本长度理论通常会考虑以下因素。(1)信息内容的复杂度和内容量。信息内容的复杂度越高,需要传递的信息量也就越大,因此互动文本长度也可能越长。(2)参与者之间的理解和沟通能力。参与者的理解和沟通能力会影响信息传递的效率。如果参与者之间的沟通能力较强,则互动文本的长度可能会更短。(3)文本形式和格式。互动文本的形式和格式也会影响文本长度。例如,使用缩写、符号、表情等可以减少文本长度。从交互过程的角度来看,互动文本长度理论通常会考虑以下因素。(1)交互的目的和场景。交互的目的和场景会影响互动文本的长度。例如,在需要表达较为复杂的信息或进行解释的场景中,互动文本长度可能会较长。(2)参与者之间的互动频率。参与者之间的互动频率会影响互动文本长度。如果互动频率较高,则互动文本长度可能会更短。(3)交互方式。交互方式也会影响互动文本的长度。例如,在语音通话中,互动文本长度可能会更短。

相关研究表明，互动文本长度较长的公司可能会被审计师视为更为复杂和具有挑战性，从而导致审计收费的增加。较长的互动信息可能反映了公司业务活动的复杂性和信息披露的透明度，这会使审计师花费更多时间和精力来完成审计程序，从而导致审计费用的增加。研究还发现，公司规模和复杂性也是影响审计费用的重要因素。一些研究人员探究了网络互动信息披露、文本复杂度与审计费用之间的关系。研究结果表明，网络互动信息披露与审计费用之间存在显著正相关关系，且互动文本复杂度也与审计费用呈现显著正相关关系。[1] 研究还发现，公司规模、行业类型等因素也对审计费用产生了显著影响。互动文本长度与审计费用呈正相关关系，即互动文本长度越长，审计费用也就越高。[2] 此外，该研究还探讨了其他可能影响审计费用的因素，如公司规模、行业类型等，发现它们也对审计费用产生了显著影响。因此，管理层在进行社交媒体互动时，应该注意文本长度，避免在互动信息中包含过多的细节和冗余信息。这有助于降低审计师的审计风险和审计费用。基于此，本研究提出以下假设。

H4：社交媒体回复信息的文本长度越长，会削弱社交媒体互动质量与审计收费之间的负相关关系。

# 第三部分 媒体互动质量设计

## 一 社交媒体互动质量体系

（一）社交媒体互动指数与审计收费模型

参考已有对社交媒体互动质量体系的研究，[3] 本部分使用"上证 e 互动"平台上企业每年的回复次数加 1 取自然对数来衡量社交媒体用户互动

---

[1] 安琪、陈金华、胡建：《网络互动信息披露、文本复杂度与审计费用》，《管理评论》2020 年第 2 期。

[2] 陈立、肖炳梅：《文本长度与审计费用：以我国上市公司为例》，《国际会计》2017 年第 12 期。

[3] 丁慧、吕长江、黄海杰：《社交媒体、投资者信息获取和解读能力与盈余预期——来自"上证 e 互动"平台的证据》，《经济研究》2018 年第 1 期。

程度。该指数越高,表示公司在社交媒体上与用户的互动性越强。

(二)社交媒体互动语言可读性

可读性指数是衡量一段文本可读性的度量,一般基于文本的句子长度、单词长度和音节数量等指标计算得出。常用的可读性指数包括 Flesch-Kincaid 指数、Gunning Fog 指数、SMOG 指数等,这些指数通常是基于一些规则和假设,如假定读者具备某些语言和文化背景知识、具有平均水平的阅读能力等。这些指数可以用于评估不同文本的可读性,帮助作者更好地编写易于理解和消化的文本,也可以用于辅助自然语言处理任务,如文本分类、文本生成等。本研究应用 Gunning Fog 指数,该指数的计算公式如下:

$$Gunning\ Fog\ Index = 0.4 \times [(单词数/句子数)\\ + 100 \times (复杂单词数/单词数)]$$

该指数越大说明语言的可读性越差,表示公司在社交媒体上与用户的互动性越弱。

(三)社交媒体互动语言强度

语言强度是指文本中使用的词语的复杂程度和多样性,通常可以通过统计文本中不同词语的数量和种类来衡量。使用较高难度的词语和专业术语可以提高文本的语言强度,而使用较简单的词语则可以降低语言强度。语言强度对于文本的可读性和理解难度有着重要影响,在社交媒体互动中,语言强度的高低也可能会对互动质量和效果产生影响。本研究用公司回复文本中"!"字符出现的总数来衡量回复内容的语言强度。

(四)社交媒体互动文本长度

文本长度是指文本中的字符数或单词数。在社交媒体互动中,文本长度可以作为衡量互动质量的指标之一,较短的文本可能更容易被阅读和理解,也更容易引起用户的关注和回复,而过长的文本可能会使用户感到无聊或疲劳。本研究用企业回复字数的自然对数来衡量回复内容的文本长度。

(五)审计费用

本研究采用 2014—2021 年的审计费用数据进行分析。考虑到数据样本的跨度时间长,本研究以2014年中国的通货膨胀率为基期,将此后年份的数据根据国家统计局公布的通货膨胀率数据调整至基期水平。并且,考虑到公司规模属于审计收费的重要影响因素之一,所以本研究采用统一资产规模的方法,用审计费用除以公司的总资产规模作为调整后的审计费用。

### 二 公司社交媒体互动质量分析

社交媒体互动质量包含了社交媒体的互动指数、可读性、语言强度和文本长度,本研究采取加权平均法设定互动指数、可读性、语言强度和文本长度的权重分别为0.3、0.3、0.2和0.2,则可以通过以下公式计算社交媒体互动质量:

$$社交媒体互动质量 = 0.3 \times 互动指数 + 0.3 \times 可读性 + 0.2 \times 语言强度 + 0.2 \times 文本长度$$

表1展示了社交媒体互动质量的计算模型。

表1　　　　　　　　社交媒体互动质量计算模型

| 综合指标 | 分类指标 | 权重 |
| --- | --- | --- |
| 社交媒体互动质量 | 互动指数 lnAn | 0.3 |
|  | 可读性 Fog | 0.3 |
|  | 语言强度 Intensity | 0.2 |
|  | 文本长度 Length | 0.2 |

## 第四部分　HTWY 的案例分析

### 一 公司基本情况

HTWY是一家总部位于广东省广州市的食品生产企业,成立于1993年。其产品涵盖酱油、醋、酱料、调味品、罐头、方便食品等多个品类,旗下拥有多个知名品牌。自成立以来,公司一直致力于提供优质、健康、安全的食品,赢得了广大消费者的信赖和喜爱。在中国食品行业中,HT-

## 案例十四 社交媒体互动质量与审计收费——互动文本分析案例研究

WY 的地位和业绩备受关注,经常被媒体提及和报道。作为一个活跃的参与者,HTWY 在"上证 e 互动"平台上发布了超过 700 次的公告和回答投资者的提问,涉及财务状况、业务发展、产品研发、营销策略、生产经营等方面的问题。高管和管理团队也积极参与这些互动活动,以回答投资者关心的问题并提供相关信息和解释。通过积极参与互动,HTWY 不仅加强了与投资者之间的沟通和联系,还提升了其品牌形象和知名度。

### 二 社交媒体互动指数与审计收费

HTWY 的社交媒体互动指数是指其在社交媒体平台上的互动程度和影响力。2014—2020 年,HTWY 共与公众进行了 726 次沟通回复,这表明其与公众之间存在良好的互动关系。从表 2 和图 1 可以看出,HTWY 的社交媒体互动指数在 2014—2021 年从 2.94 增长到 5.63。同期,HTWY 调整后的审计费用逐年下降,从 2008.25 万元降至 709.98 万元。HTWY 的社交媒体互动指数与调整后审计费用在置信度为 5% 的区间上呈显著负相关。此外,样本公司平均社交媒体互动指数与调整后审计费用在置信度为 1% 的区间上也呈显著负相关,这表明本研究的假设 H1 成立。

表 2　　　　　HTWY 社交媒体互动指数与审计收费　　　　（单位：万元）

| | HTWY 社交媒体互动指数 | HTWY 调整后审计费用 | 样本公司平均社交媒体互动指数 | 样本公司平均调整后审计费用 |
|---|---|---|---|---|
| 2014 年 | 2.944439 | 2008.245 | 3.21042 | 5796.361993 |
| 2015 年 | 3.044522 | 1958.052 | 3.774696 | 4062.387594 |
| 2016 年 | 2.772589 | 1697.113 | 3.25612 | 3831.419839 |
| 2017 年 | 3.713572 | 1355.256 | 3.93695 | 3099.609586 |
| 2018 年 | 4.110874 | 1072.266 | 4.317476 | 2745.320771 |
| 2019 年 | 3.433987 | 848.8032 | 4.17878 | 2500.456726 |
| 2020 年 | 4.770685 | 810.2415 | 4.768878 | 2335.185738 |
| 2021 年 | 5.63479 | 709.9766 | 5.061776 | 2397.498198 |

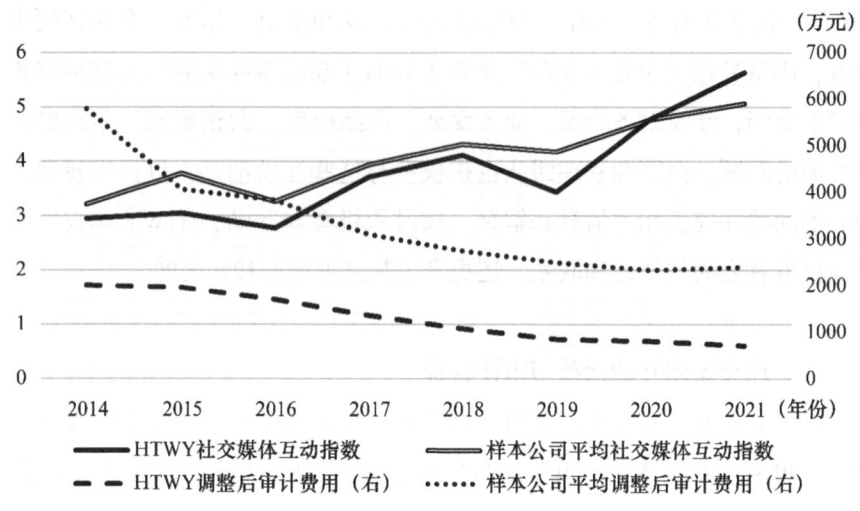

图 1 HTWY 社交媒体互动指数与审计收费

作为一家上市公司，HTWY 在"上证 e 互动"平台上与公众的互动指数逐年上升，可能有以下几个原因：第一，法规要求。《上市公司信息披露管理办法》规定，上市公司应积极回应公众关切和问题。因此，HTWY 可能会通过"上证 e 互动"平台积极回应公众的提问，以满足法规要求。第二，提高透明度。公众需要充分了解公司的运营情况、财务状况和未来发展计划等。通过与公众的互动，HTWY 可以提高公司的透明度，增加投资者对公司的信心和认可度。第三，提升公司形象。HTWY 在"上证 e 互动"平台与公众的互动频率越高，可能会引起更多投资者的关注，提升公司的知名度和形象。第四，市场竞争压力。作为一家在市场竞争中生存的上市公司，与公众的互动可以帮助 HTWY 更好地了解市场需求，及时调整经营策略，应对市场竞争压力。

从样本公司平均社交媒体互动指数和调整后平均费用的角度看，HT-WY 的社交媒体互动指数一直高于样本公司的平均水平，而调整后审计费用则一直低于样本公司的平均水平。可以看出，HTWY 在社交媒体平台上的互动程度和影响力比样本公司更高，其财务报表的审计费用则更少。

案例十四 社交媒体互动质量与审计收费——互动文本分析案例研究

在对中国上市公司投资者关系对审计费用的影响的数据研究中，投资者关系与审计费用呈负相关关系。也就是说，投资者关系越好，审计费用越少。[①] 作者解释说，投资者关系好可能意味着公司披露信息的透明度更高，减少了审计风险和成本，从而降低了审计费用。

本研究认为，HTWY 与公众的互动指数可以降低审计费用的原因主要包括以下几点。一是提高信息透明度。HTWY 与公众的互动指数越来越高意味着公司向公众披露了更多的信息，投资者和利益相关者对公司的了解更充分，这有助于降低审计师审核本公司财务信息的难度。二是提高内部控制。HTWY 与公众的高互动频率意味着公司更注重声誉管理和企业社会责任，公司对内部控制的要求更高，内部控制的有效性更高，从而降低了审计师对公司财务信息的审核难度和风险。三是降低审计风险。高互动频率可以帮助审计师更好地了解公司的业务模式、运营情况、风险管理情况等，有助于审计师识别 HTWY 潜在的风险，减少审计风险，从而降低审计费用。

综上所述，高互动频率可以提高信息透明度、加强内部控制和降低审计风险，从而减少审计费用。

### 三 可读性指数与审计收费

HTWY 的社交媒体互动可读性指数是指 HTWY 在社交媒体平台上的内容可读性程度，从表3和图2可以看出，该指数总体呈上升趋势，从2014年的 8.49 增加到 2021 年的 11.50。而样本公司的平均社交媒体互动可读性指数在同一时期也有类似的趋势，从 2014 年的 9.94 增加到 2021 年的 11.11。HTWY 社交媒体可读性指数与调整后审计费用在置信度为 1% 的区间上显著负相关，样本公司平均社交媒体可读性指数与调整后审计费用在置信度为 1% 的区间上显著负相关，这表明本研究的假设 H2 成立。

---

[①] T. Luo, J. Zhou, W. Zhang, "Do Investor Relations Matter for Audit Fees? Evidence from China," *Journal of International Accounting, Auditing and Taxation*, No. 28, 2017, pp. 16 - 29.

表3　　　　　HTWY 社交媒体互动可读性指数与审计收费　　　（单位：万元）

| | HTWY 社交媒体互动可读性指数 | HTWY 调整后审计费用 | 样本公司平均社交媒体互动可读性指数 | 样本公司平均调整后审计费用 |
|---|---|---|---|---|
| 2014 年 | 8.49 | 2008.25 | 9.94 | 5796.36 |
| 2015 年 | 8.82 | 1958.05 | 9.95 | 4062.39 |
| 2016 年 | 9.45 | 1697.11 | 10.48 | 3831.42 |
| 2017 年 | 9.96 | 1355.26 | 10.15 | 3099.61 |
| 2018 年 | 9.99 | 1072.27 | 10.46 | 2745.32 |
| 2019 年 | 9.70 | 848.80 | 10.17 | 2500.46 |
| 2020 年 | 11.34 | 810.24 | 10.47 | 2335.19 |
| 2021 年 | 11.50 | 709.98 | 11.11 | 2397.50 |

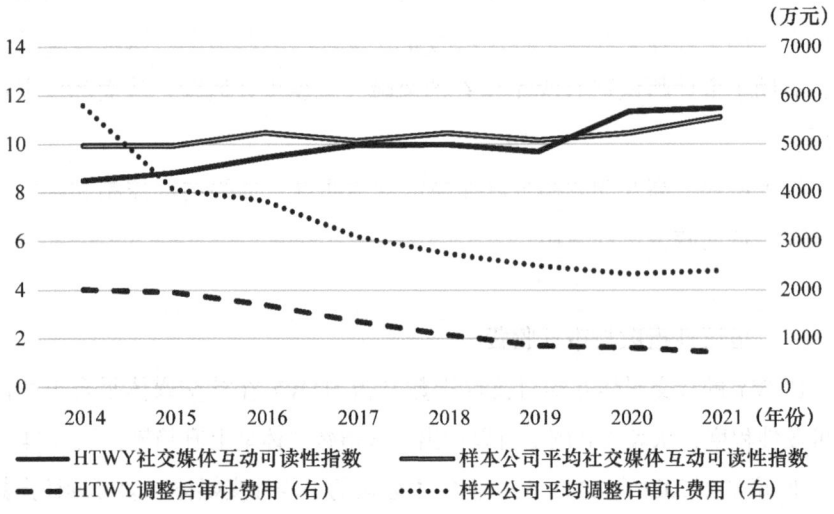

图2　HTWY 社交媒体互动可读性指数与审计收费

HTWY 与公众互动的可读性越来越高，可能是由于多种因素的综合作用。其一，HTWY 可能在不断投入和改进其公众互动的专业水平，例如雇用专业的社交媒体管理人员或提供培训课程来提高员工的社交媒体技能。这有助于确保其公众互动的质量和可读性。其二，随着社交媒体的普及，越来越多的人将注意力集中在这些平台上。因此，HTWY 可能更加重视在社交媒体上的

案例十四　社交媒体互动质量与审计收费——互动文本分析案例研究

互动，并投入更多资源来创建内容，以吸引更多关注者和粉丝。此外，HTWY 可能采取了一些改进措施，以提高其公众互动的可读性。例如，使用更容易理解和流行的语言与表达方式，使用更吸引人的图像和视频内容，以及通过交互式内容来吸引更多用户参与。这些措施有助于提高 HTWY 公众互动的质量和可读性，同时也反映了公司对于与公众建立良好关系的重视程度。

在 HTWY 和其他样本公司社交媒体互动可读性不断提高的情况下，研究发现二者的调整后审计费用发生了同向变化。这种趋势可能表明公众对公司披露的信息有更深入的理解，进而发现其中的问题和瑕疵，促使公司更加注重信息的准确性和完整性。这可以帮助审计师更快地发现问题，减少审计师查证信息的时间，从而降低审计费用。易于理解的审计报告能够提高公众对公司信息的理解和信任，从而减少投资者的不确定性和风险，降低审计师的审计风险和成本。[1] 本研究认为 HTWY 在社交媒体互动中文本回复的可读性越来越高，促使其接受审计的收费越来越低，原因有以下几点。一是提高信息的准确性和透明度。公司与公众互动的可读性提高，能够使公司披露的信息更加准确、透明，减少审计师对信息真实性的质疑和调查的工作量，从而降低审计费用。二是减少审计师的工作量。易于理解的信息披露能够使审计师更容易和快速地了解公司的经营、财务情况，降低审计师的审计风险和成本。三是降低投资者的风险。公司与公众互动的可读性提高能够提升公众对公司信息的理解和信任，减少投资者的不确定性和风险，从而降低审计师的审计风险和成本。

### 四　语言强度指数与审计收费

语言强度指数是衡量文本中词语使用强度的指标，通常指每个单词在文本中出现的频率或重要性。本研究使用社交媒体互动语言强度指数作为

---

[1] D. J. Janvrin, J. Bierstaker, D. J. Lowe, "Investigating the Effects of Audit Report Readability and Firm Performance on Nonprofessional Investor Decision-making", *Accounting Horizons*, Vol. 32, No. 1, 2018, pp. 31–48.

这个指标的近似值。从表 4 和图 3 可以看出，HTWY 的社交媒体互动语言强度指数在 2014 年为 0.78，逐年波动，2021 年降至 0.13。与此相比，样本公司在所有年份的平均语言强度指数都高于 HTWY，2014 年为 0.77，2021 年为 0.49。研究发现，HTWY 的社交媒体语言强度指数与调整后审计

表 4    HTWY 社交媒体语言强度指数与审计收费    （单位：万元）

|  | HTWY 社交媒体互动语言强度指数 | HTWY 调整后审计费用 | 样本公司平均社交媒体语言强度指数 | 样本公司平均调整后审计费用 |
| --- | --- | --- | --- | --- |
| 2014 年 | 0.78 | 2008.25 | 0.77 | 5796.36 |
| 2015 年 | 0 | 1958.05 | 0.60 | 4062.39 |
| 2016 年 | 1 | 1697.11 | 0.74 | 3831.42 |
| 2017 年 | 0.55 | 1355.26 | 0.67 | 3099.61 |
| 2018 年 | 0.33 | 1072.27 | 0.61 | 2745.32 |
| 2019 年 | 0.63 | 848.80 | 0.56 | 2500.46 |
| 2020 年 | 0.67 | 810.24 | 0.59 | 2335.19 |
| 2021 年 | 0.13 | 709.98 | 0.49 | 2397.50 |

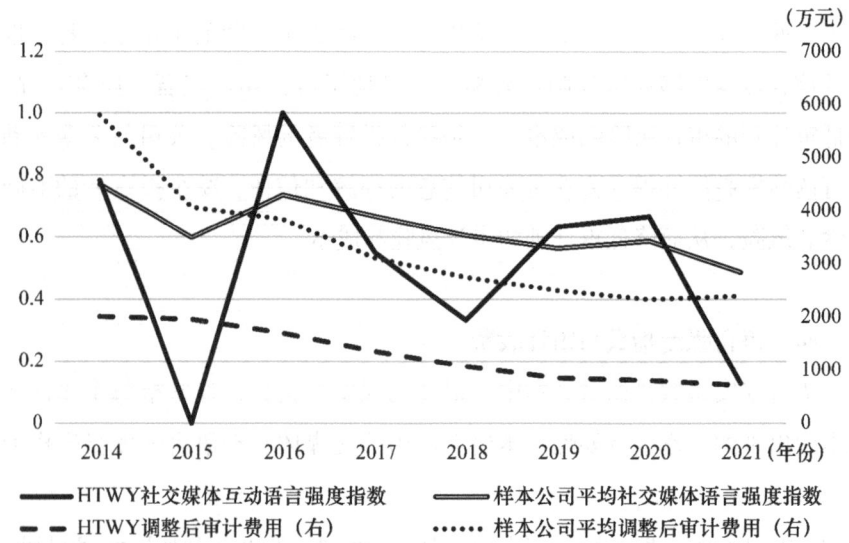

图 3    HTWY 社交媒体语言强度指数与审计收费

案例十四　社交媒体互动质量与审计收费——互动文本分析案例研究

费用在置信度为5%的区间上呈显著正相关,样本公司的平均社交媒体互动指数与调整后审计费用也在置信度为5%的区间上呈显著正相关,这表明了本研究的假设H3成立。

HTWY是一家在中国非常著名的酱油品牌。然而,该品牌在社交媒体上的语言强度降低,可能有以下几个原因。

首先,品牌口味定位发生了调整。HTWY的酱油产品一直以来口味独特,非常咸香浓郁,主要面向老年人和北方人。随着年轻人和南方人的消费力不断提高,品牌开始调整口味定位,推出更加清淡的口味和新品类产品,这也影响了品牌在社交媒体上的语言强度。

其次,目标受众也发生了变化。HTWY的社交媒体平台一直以来主要面向老年人和北方人,但随着社交媒体的普及,越来越多的年轻人和南方人开始接触HTWY的产品。为了吸引更广泛的受众,品牌开始调整语言风格,采用更加年轻化和口语化的表达方式,同时加入更多的情感元素。

最后,品牌也在反映消费者需求。在社交媒体上,消费者对品牌的语言强度和内容有更高的要求。品牌需要更好地了解消费者的需求和反馈,随时调整自己的语言风格,以便更好地与消费者沟通和交流。因此,HTWY可能也根据消费者反馈和需求来调整自己的语言强度。

相关研究结果显示,语言复杂度与审计费用之间存在正相关关系,即报告语言越复杂,审计费用就越高。[①] 因此,降低报告语言的复杂度可能有助于公司在与公众互动时更为谨慎,避免使用过于激烈的措辞,从而降低公司与公众之间的争议和纠纷,进而降低与审计相关的法律费用和诉讼费用。此外,更加平和与谦虚的语言可能会增强公司与公众之间的信任和合作,有助于公司在审计过程中展示良好的企业形象和道德风范,进而降低审计费用。因此,降低语言强度是一种可以减少公司与公众互动风险、提高公众对公司信任度的方法,进而降低审计费用。

---

[①] J. R. Francis, X. Li, X. Zhang, "Audit Fees and Linguistic Complexity in the Financial Statements", *Contemporary Accounting Research*, Vol. 32, No. 1, 2015, pp. 139 - 168.

### 五 文本长度指数与审计收费

社交媒体互动文本长度指数反映了公司在社交媒体上发布的文本内容长度的程度。该指数越高，说明公司在社交媒体上发布的文本内容越长。从表5和图4可以看出，HTWY在2014年的社交媒体互动文本长度指数为4.21，但在之后的年份逐渐降低，到2020年仅有3.82。同时，样本公司的平均社交媒体互动文本长度指数也呈下降趋势，说明公司在社交媒体上发布的文本内容逐渐趋向于简短化。值得注意的是，HTWY的社交媒体文本长度指数与调整后审计费用在95%的置信度水平上显著正相关，样本公司平均社交媒体文本长度指数与调整后审计费用在95%的置信度水平上也呈显著正相关。这表明假设H4得到支持。

表5　　　　　HTWY社交媒体互动文本长度指数与审计收费　　　　（单位：万元）

| | HTWY社交媒体互动文本长度指数 | HTWY调整后审计费用 | 样本公司平均社交媒体互动文本长度指数 | 样本公司平均调整后审计费用 |
|---|---|---|---|---|
| 2014年 | 4.21 | 2008.25 | 4.38 | 5796.36 |
| 2015年 | 4.21 | 1958.05 | 4.17 | 4062.39 |
| 2016年 | 3.94 | 1697.11 | 4.16 | 3831.42 |
| 2017年 | 4.01 | 1355.26 | 4.07 | 3099.61 |
| 2018年 | 4.15 | 1072.27 | 4.07 | 2745.32 |
| 2019年 | 4.01 | 848.80 | 4.00 | 2500.46 |
| 2020年 | 3.82 | 810.24 | 3.95 | 2335.19 |
| 2021年 | 3.71 | 709.98 | 3.98 | 2397.50 |

HTWY在统计前期回复公众的文本长度较长，但随后逐渐缩短。可能原因主要有以下两点。一是信息过载。在信息时代，人们的注意力被不断抢夺，受到各种信息的干扰。用户的耐心变得越来越差，对于过长的文本可能缺乏耐心阅读。因此，为了更好地吸引用户的关注，企业会选择发布简短的内容，更好地引起用户的兴趣。二是为了提升沟通效率。通过短文

案例十四 社交媒体互动质量与审计收费——互动文本分析案例研究

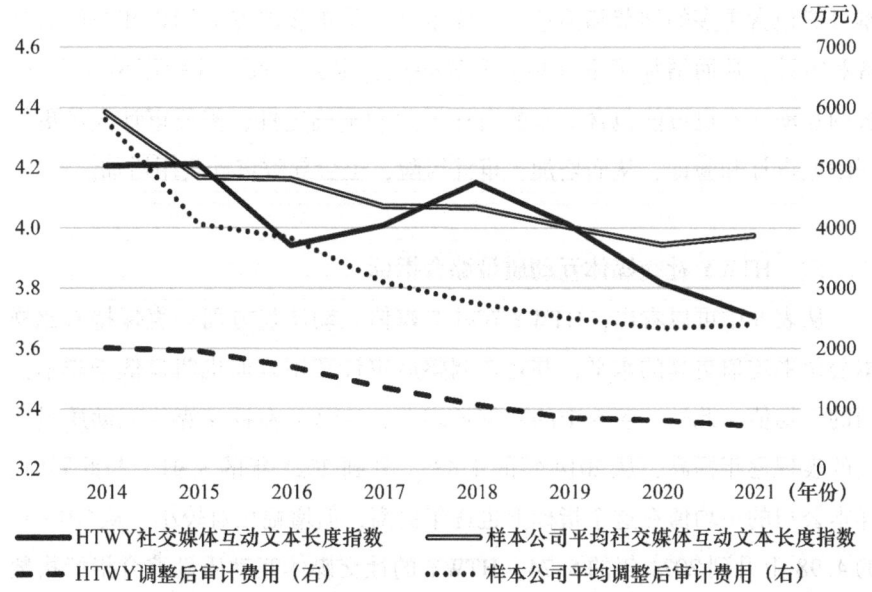

图4 HTWY社交媒体互动文本长度指数与审计收费

本进行交流，可以更高效地传递信息和进行沟通。长文本可能需要花费更多的时间来理解和回复，而短文本能够快速地得到反馈和回应，更加高效。然而，公司过长的回复互动文本会导致一系列不良后果，具体如下。一是降低公众的阅读意愿。公众通常希望能够尽快了解公司的回复和信息，而过长的回复文本可能会让公众感到枯燥乏味，从而降低公众的阅读意愿。二是增加误解的风险。长篇回复可能会让公众感到困惑，增加误解的风险。此外，过长的回复也可能会涉及许多技术术语和行业术语，这可能会让公众难以理解，从而增加误解和不满的风险。三是增加沟通成本。如果公司回复公众的文本长度过长，可能需要更多的时间和精力来处理和回复，从而增加公司的沟通成本。

综合来看，这些不良后果都会造成审计师对公司审计收费的提升。在对美国上市公司和审计机构之间互动文本长度和审计费用之间的关系研究中，互动文本长度和审计费用之间存在一定的正相关关系。较长的互动文本可能包含更多的细节和信息,需要审计人员更多的专业知识和技能去理解和审计,从而增加了审计难度和复杂度,也会导致审计费用增加。[1] 较长的互动文本也可能包含更多的潜在风险和不确定性,需要审计人员更加仔细地审计和验证,从而增加了审计风险,也会导致审计费用增加。

### 六 HTWY 社交媒体互动质量综合指标

从表 6 中可以看出,HTWY 在社交媒体互动质量方面一直保持着比样本公司平均值更高的水平,并且在调整后审计费用方面也明显低于样本公司的平均值。此外,表 6 中的数据还表明,HTWY 在社交媒体互动质量方面的表现逐年提高,从 2014 年的 4.43 上升到 2021 年的 5.91。与此同时,样本公司的平均值在这个指标上也逐年提高,但增幅相对较小,从 2014 年的 4.98 上升到 2021 年的 5.74。HTWY 的社交媒体互动质量综合指标指数与调整后审计费用在置信度为 1% 的区间上呈显著负相关,样本公司平均社交媒体互动质量综合指标指数与调整后审计费用在置信度为 1% 的区间

表 6　　　　　HTWY 社交媒体互动质量综合指标　　　　（单位:万元）

| | 指标 | HTWY | 样本平均 | 指标 | HTWY | 样本平均 |
|---|---|---|---|---|---|---|
| 2014 年 | 社交媒体互动质量 | 4.43 | 4.98 | 调整后审计费用 | 2008.25 | 5796.36 |
| 2015 年 | | 4.40 | 5.07 | | 1958.05 | 4062.39 |
| 2016 年 | | 4.66 | 5.10 | | 1697.11 | 3831.42 |
| 2017 年 | | 5.01 | 5.17 | | 1355.26 | 3099.61 |
| 2018 年 | | 5.13 | 5.37 | | 1072.27 | 2745.32 |
| 2019 年 | | 4.87 | 5.22 | | 848.80 | 2500.46 |
| 2020 年 | | 5.73 | 5.48 | | 810.24 | 2335.19 |
| 2021 年 | | 5.91 | 5.74 | | 709.98 | 2397.50 |

---

[1] Y. Zhao, X. Zhang, "Do Lengthy Auditor-client Interactions Increase Audit Fees?", *Journal of Accounting and Public Policy*, Vol. 34, No. 1, 2015, pp. 29–42.

案例十四　社交媒体互动质量与审计收费——互动文本分析案例研究

上也呈显著负相关。这表明在本研究中,社交媒体互动质量与审计收费之间呈负相关关系的结论成立。

## 七　研究结论与启示

本研究选取"上证 e 互动"平台上的问答为切入点,重点研究上市公司 HTWY,并将"上证 e 互动"平台中公众关注度排名前 30 的非金融企业作为研究样本,探究社交媒体互动质量对审计收费的影响。研究结果显示,HTWY 在"上证 e 互动"平台上与公众的互动质量程度和审计收费呈显著负相关。本研究使用社交媒体互动指数、可读性、语言强度以及文本长度四个互动文本特征作为衡量社交媒体互动质量的指标。结果表明,上市公司在平台与公众的互动频率的减少、互动文本可读性的降低、互动语言强度的提高以及文本长度的提高会显著削弱互动质量与审计收费之间的负相关关系。以上四个指标文本的特征均会增加公司与公众之间的信息不透明度,增加公众对企业的不信任感和质疑,从而促使审计师在进行审计过程中保持相对较高的怀疑态度,增加审计师的工作量,从而也增加了审计师所要求的报酬。在通过对样本公司在"上证 e 互动"平台与公众的互动质量程度以及平均调整后审计费用的分析后,本研究的主要结论仍保持不变。基于上述结果,本研究提出以下政策建议。

一是提高回答的专业性和及时性。上市公司在"上证 e 互动"平台回答投资者提出的问题时,应遵循专业化的回答流程和标准,提供准确、全面、可靠的信息。在回答问题之前,上市公司应充分准备,深入了解自身业务和市场状况。对可能被问到的问题,应提前准备相关数据和信息,以便给出准确回答。同时,应安排专人监督和回复问题,确保及时回答。上市公司需密切关注平台上的实时消息,及时了解听众的问题和需求。在发现问题的同时,应尽快回答并通知相关人员跟进处理,以提高公司社交媒体互动文本的可读性。

二是加强沟通交流。上市公司应积极主动地与投资者沟通交流,理解他们的关注点和疑虑,密切关注公众的需求和关注点,了解他们关心的问题，以便更好地回答问题，加强公司与公众之间的沟通关系。尤其涉及公司业务、财务等方面的问题，应及时、清晰地回答。同时，也应向投资者展示公司的发展战略、业务模式等方面的信息，提升公司的透明度和信任度，以提高公司社交媒体互动指数。

　　三是注重语言表达和形式。上市公司需要注意自身的语言表达，使用正确、准确的语言描述公司业务和发展情况，避免模糊、含糊不清的表述，造成误解和不必要的疑虑。在回答问题时，上市公司需要遵循用词规范，避免使用过于专业或行业术语较为模糊的表述，使得回答更易懂、易于理解。上市公司需注重形式美观，使用清晰明了的排版和格式，以及简洁明了的文字和图片，让听众更易接受和理解。需注意细节，如标点符号的使用、语法的准确性等，这些细节可能会影响听众对回答的理解和认可，使得公司社交媒体互动的语言强度能让公众更舒适、轻松。

　　四是提供优质的投资者关系服务。上市公司应该建立健全的投资者关系管理制度，为投资者提供优质的投资者关系服务。公司应该定期发布投资者关系活动信息，如业绩发布会、电话会议等，并积极参与投资者关系活动。此外，公司不仅可以通过"上证 e 互动"平台与公司交流沟通，也可以通过微博、微信公众号、抖音等平台与投资者进行交流与互动。

# 参考文献

## 一　中文文献

安琪、陈金华、胡建：《网络互动信息披露、文本复杂度与审计费用》，《管理评论》2020 年第 2 期。

毕文明：《会计师事务所函证程序问题及优化探究——以立信审计金亚科技为例》，硕士学位论文，中南财经政法大学，2019 年。

曹雪姣、骆平原：《重大公共卫生项目绩效评价体系设计研究》，《财政监督》2013 年第 20 期。

车响午、彭正银：《公司治理环境与内部控制信息披露关系研究》，《财经问题研究》2016 年第 2 期。

陈恭睿：《康得新财务舞弊案例研究》，《中国管理信息化》2021 年第 24 期。

陈立、肖炳梅：《文本长度与审计费用：以我国上市公司为例》，《国际会计》2017 年第 12 期。

陈丽红、易冰心、殷旻昊：《行业专家审计师会充分披露关键审计事项吗？》，《会计研究》2021 年第 2 期。

陈明灿：《提高会计信息质量对策研究——基于对 A 上市公司财务报告数据失真剖析》，《现代商贸工业》2014 年第 7 期。

邓鸣茂、阳久样：《国家现代化治理下财政专项资金绩效审计对策研究》，《财政监督》2021 年第 21 期。

# 参考文献

刁悦：《山东地矿频繁变更审计机构的动因及其后果研究》，博士学位论文，华东交通大学，2020年。

丁慧、吕长江、黄海杰：《社交媒体、投资者信息获取和解读能力与盈余预期——来自"上证e互动"平台的证据》，《经济研究》2018年第1期。

冯缨、唐慧、孙晓阳：《基于DEMATEL的企业社交媒体信息效用的关键影响因素研究》，《情报理论与实践》2022年第4期。

付强、廖益兴：《审计独立性对关键审计事项披露的影响——客户重要性视角》，《审计与经济研究》2022年第37期。

付瑞：《财政专项资金绩效审计研究》，博士学位论文，天津财经大学，2019年。

黄亮华、汤晓燕：《关键审计事项：审计师的"免责声明"？——企业真实活动盈余管理和关键审计事项披露的差异化》，《财经研究》2021年第2期。

姜丽霞：《浑水公司做空瑞幸咖啡报告中采用的审计方法分析》，《上海商业》2021年第2期。

雷蕾：《经营环节风险对重大错报风险的影响研究》，博士学位论文，河南农业大学，2020年。

李波、费睿：《财政支出的绩效审计与绩效评价》，《江汉论坛》2017年第5期。

李井林等：《ESG促进企业绩效的机制研究——基于企业创新的视角》，《科学学与科学技术管理》2021年第42期。

李清、闫世刚：《公司治理对内部控制指数的影响研究》，《吉林大学社会科学学报》2020年第6期。

梁绮婷：《鑫秋农业签订对赌协议诱发财务舞弊案例研究》，博士学位论文，广东工业大学，2020年。

廖贤鑫、薛同欣、白晶月：《资本市场做空机制分析——基于浑水做空"瑞幸咖啡"的案例研究》，《国际商务财会》2021年第2期。

# 参考文献

刘嘉祺：《獐子岛集团生物资产存货审计案例研究》，博士学位论文，华东交通大学，2020 年。

刘旺：《上市公司虚增利润舞弊的审计风险研究》，博士学位论文，河北经贸大学，2020 年。

刘晓波、王玥：《云南绿大地公司财务舞弊案例研究》，《会计之友》2013 年第 2 期。

刘智禹：《注册会计师审计独立性缺失问题研究——以立信会计事务所审计金亚科技为例》，硕士学位论文，江西师范大学，2018 年。

陆蓉、何婧、崔晓蕾：《资本市场错误定价与产业结构调整》，《经济研究》2017 年第 11 期。

骆彤：《瑞幸咖啡财务舞弊案例分析及审计启示》，《现代商业》2021 年第 2 期。

马建威、黄春：《国有控股公司治理、内部控制与企业绩效》，《科技促进发展》2019 年第 2 期。

邱牧远、殷红：《生态文明建设背景下企业 ESG 表现与融资成本》，《数量经济技术经济研究》2019 年第 7 期。

任淑杰、秦小涵：《信息不对称视角下上市公司被做空的分析——基于瑞幸咖啡的案例》，《中国市场》2021 年第 5 期。

沈洪涛、李双怡、林虹慧：《基于风险视角的 ESG 评级价值相关性再思考》，《财会月刊》2022 年第 9 期。

舒伟、张咪：《公司治理：新趋势与启示》，《管理现代化》2020 年第 2 期。

宋夏云、陈丽慧、况玉书：《康得新财务造假案例分析》，《财务管理研究》2019 年第 11 期。

孙冬、杨硕、赵雨萱：《ESG 表现、财务状况与系统性风险相关性研究——以沪深 A 股电力上市公司为例》，《中国环境管理》2019 年第 11 期。

谈礼彦：《獐子岛公司财务造假事件回顾与反思》，《国际商务财会》2021 年第 1 期。

## 参考文献

仝佳：《ESG 表现、融资约束与企业价值分析》，《商讯》2021 年第 29 期。

佟雪菲：《抚钢发展困境、化解历程及其对钢铁行业的启示》，《冶金经济与管理》2021 年第 2 期。

王爱国、范腾龙：《签字 CPA 年报压力会影响审计意见类型选择吗?》，《南京审计大学学报》2022 年第 1 期。

王海兵、韩彬：《社会责任、内部控制与企业可持续发展——基于 A 股主板上市公司的经验分析》，《北京工商大学学报》（社会科学版）2016 年第 1 期。

王海棠：《创业板上市公司审计失败研究——以立信审计金亚科技为例》，硕士学位论文，河北经贸大学，2019 年。

王良等：《基于数据挖掘算法的审计数据分析及案例应用》，《中国注册会计师》2020 年第 6 期。

王晓妍：《机构投资者持股与上市公司审计质量——来自中国国有上市公司的经验证据》，《现代管理科学》2012 年第 6 期。

王艳艳、许锐、王成龙：《关键审计事项段能够提高审计报告的沟通价值吗?》，《会计研究》2018 年第 6 期。

温忠麟、侯杰泰、张雷：《调节效应与中介效应的比较和应用》，《心理学报》2005 年第 2 期。

温忠麟、叶宝娟：《有调节的中介模型检验方法：竞争还是替补?》，《心理学报》2014 年第 5 期。

吾买尔江·艾山、艾力扎提·吐尔洪、郑惠：《机构投资者持股对企业价值的影响研究——基于 ESG 绩效的中介效应分析》，《价格理论与实践》2021 年第 3 期。

夏宁、杨硕：《异质性机构投资者持股水平与审计收费》，《审计研究》2018 年第 2 期。

夏萍萍：《云南绿大地生物科技股份有限公司内部控制分析》，《商业文化》（下半月）2012 年第 2 期。

晓芳、兰凤云、施雯：《上市公司的 ESG 评级会影响审计收费吗?——基于 ESG 评级事件的准自然实验》，《审计研究》2021 年第 3 期。

徐寿福、邓鸣茂：《管理层股权激励与上市公司股票错误定价》，《南开经济研究》2020 年第 2 期。

杨世玉、刘丽艳、李硕：《高校教师教学能力评价指标体系构建——基于德尔菲法的调查分析》，《高教探索》2021 年第 12 期。

杨侠、马忠：《机构投资者调研与上市公司内部控制有效性》，《学术研究》2020 年第 1 期。

杨云飞：《注册会计师审计失败的反思与应对策略研究——以新绿股份审计失败案为例》，《经营与管理》2021 年第 2 期。

姚琳、童常青、王晓辉：《社交媒体互动与审计费用——基于中国上市公司的实证研究》，《会计研究》2019 年第 4 期。

姚正海、张琳若：《基于 GONE 理论的农业上市公司财务舞弊案例研究——以獐子岛为例》，《财务管理研究》2021 年第 2 期。

耀友福、林恺：《年报问询函影响关键审计事项判断吗?》，《审计研究》2020 年第 4 期。

叶忠明、郑晓婷：《关键审计事项同质化的成因研究——基于 A + H 股上市公司的角度》，《会计之友》2021 年第 16 期。

于光杰：《新绿股份审计失败案例引发的思考》，《广西质量监督导报》2020 年第 8 期。

余得生、李星：《供应链金融模式下的中小企业信用风险评估——以电子制造业为例》，《征信》2019 年第 12 期。

张恒嘉：《西部基本公共卫生服务政策绩效评价及优化路径》，《中国农村卫生》2022 年第 1 期。

张鸿雁、黄彬、魏成荣：《审计风险因素与审计费用的关系研究》，《南开管理评论》2013 年第 3 期。

张美悦：《我国钢铁企业审计风险研究——以 ST 抚钢为例》，博士学位论文，北京交通大学，2020 年。

张允萌：《企业 ESG 表现、融资约束与绿色技术创新》，《商业会计》2021

年第 11 期。

赵瀚翔：《钢铁行业发展现状与产业结构调整战略选择——以抚顺特钢为例》，《现代商贸工业》2017 年第 1 期。

赵斯彤：《中国股票市场的 ESG 责任投资研究》，博士学位论文，中国社会科学院研究生院，2021 年。

浙江省审计学会课题组等：《全面预算绩效管理背景下财政资金绩效审计研究》，《审计研究》2020 年第 8 期。

支晓强、王智灏、王瑶：《社交媒体互动沟通与投资者信任——基于公司违规事件的实证研究》，《中国人民大学学报》2022 年第 5 期。

朱爱萍、江岚：《ESG 理念下基金投资者网络对公司绿色治理的影响研究》，《哈尔滨师范大学社会科学学报》2021 年第 2 期。

## 二 英文文献

A. Duru, V. M. Iyer, "The Effect of Litigation Risk on Auditor Fees: Evidence from SEC Accounting and Auditing Enforcement Releases", *Advances in Accounting*, No. 45, 2019.

A. Köhler, N. Ratzinger-Sakel, J. Theis, "The Effects of Key Audit Matters on the Auditor's Report's Communicative Value: Experimental Evidence from Investment Professionals and Non-professional Investors", *Accounting in Europe*, Vol. 17, No. 2, 2020.

C. W. Hsu, Y. J. Luo, Y. T. Chan, "Social Media, Information Asymmetry, and Cost of Equity", *Journal of Accounting and Public Policy*, Vol. 36, No. 1, 2017.

D. J. Janvrin, J. Bierstaker, D. J. Lowe, "Investigating the Effects of Audit Report Readability and Firm Performance on Nonprofessional Investor Decision-making", *Accounting Horizons*, Vol. 32, No. 1, 2018.

D. Wang, T. Liang, T. Turk, "The Impact of Social Media Interactions on Customer Relationship Management", *Journal of Travel Research*, Vol. 57, No. 1, 2018.

J. B. Kim, Y. Li, L. Zhang, "Auditor Tenure and Audit Fees: Evidence from PCAOB Inspections", *Auditing: A Journal of Practice & Theory*, Vol. 35, No. 2, 2016.

J. D. Spiegeleer et al., "ESG: A New Dimension in Portfolio Allocation", *Journal of Sustainable Finance & Investment*, No. 19, 2021.

J. R. Francis, X. Li, X. Zhang, "Audit Fees and Linguistic Complexity in the Financial Statements", *Contemporary Accounting Research*, Vol. 32, No. 1, 2015.

K. Sang, Z. F. Li, "Understanding the Impact of ESG Practices in Corporate Finance", *Sustainability*, No. 13, 2021.

K. V. Lins, H. Servaes, A. Tamayo, "Social Capital, Trust, and Firm Performance: The Value of Corporate Social Responsibility during the Financial Crisis", *J. Financ.*, Vol. 72, No. 4, 2017.

L. Chen, T. Chen, Q. Liu, "The Influence of the Readability of Corporate Interactive Texts on Audit Quality", *Journal of Applied Accounting Research*, Vol. 22, No. 4, 2021.

L. T. Starks, "EFA Keynote Speech: Corporate Governance and Corporate Social Responsibility: What do Investors Care about? What should Investors Care about?", *Financ. Rev*, Vol. 44, No. 4, 2009.

M. Hung et al., "Audit Fees and the Market for Audit Quality: Evidence from China", *Journal of Accounting and Economics*, Vol. 63, No. 2-3, 2017.

N. Nirino et al., "Corporate Controversies and Company's Financial Performance: Exploring the Moderating Role of ESG Practices", *Technological Forecasting and Social Change*, No. 162, 2021.

P. Weston, M. Nnadi, "Evaluation of Strategic and Financial Variables of Corporate Sustainability and ESG Policies on Corporate Finance Performance", *Journal of Sustainable Finance & Investment*, Vol. 13, No. 2, 2023.

R. Albuquerque, Y. Koskinen, C. Zhang, "Corporate Social Responsibility and

Firm Risk: Theory and Empirical Evidence", *Manag. Sci.*, Vol. 65, No. 10, 2019.

Seungmin Chee, Jong-Hag Choi, Hae Jin Kim, "Can Social Media Engagement Reduce Audit Fees?", *Journal of Business Research*, No. 109, 2020.

T. Luo, J. Zhou, W. Zhang, "Do Investor Relations Matter for Audit Fees? Evidence from China", *Journal of International Accounting, Auditing and Taxation*, No. 28, 2017.

U. Bhattacharya, S. Blackwell, P. Halpern, "Interactivity in Corporate Board Reports and Its Determinants", *Journal of Business Communication*, Vol. 53, No. 4, 2016.

V. Díaz, D. Ibrushi, J. Zhao, "Reconsidering Systematic Factors during the COVID-19 Pandemic: The Rising Importance of ESG", *Finance Research Letters*, Vol. 38, No. 3, July 2021.

V. Díaz et al., "Reconsidering Systematic Factors during the Covid-19 Pandemic: The Rising Importance of ESG", *Finance Research Letters*, No. 38, 2021.

Y. Chen, S. Fay, Q. Wang, "The Role of Marketing in Social Media: How Online Consumer Reviews Evolve", *Journal of Interactive Marketing*, Vol. 25, No. 2, 2011.

Y. Guan, X. Hu, J. Sun, "Social Media Usage and Auditor Choice: Evidence from China", *Pacific-Basin Finance Journal*, No. 57, 2019.

Y. Zhao, X. Zhang, "Do Lengthy Auditor-client Interactions Increase Audit Fees?", *Journal of Accounting and Public Policy*, Vol. 34, No. 1, 2015.

Z. J. Lin, L. Wu, J. L. Zhang, "Social Media Use, Board Monitoring, and Auditor Selection", *Journal of Accounting and Economics*, Vol. 65, No. 2-3, 2018.